SO SCHMECKT DEUTSCHLAND

SCHLEMMER
REISEN
VON DER
NORDSEE
BIS ZU
DEN ALPEN

KUNTH

Wurzelbrot
- Korn -
Sauerteig-
brot
dunkles
Vollkornbrot

ZU DIESEM BUCH

Würzige Alpenkräuter und frischer Meeresfisch, elegante Weine und süffiges Bier, deftige Hausmannskost und phantasievolle Sterneküche: Deutschland schmeckt zugleich nach Heimat wie auch nach weiter Welt. Seine kulinarische Palette ist so vielfältig wie seine Landschaften und die Menschen, die hier zuhause sind.

Bauern, Fischer, Handelsherren und international bestens vernetzte Adelsgeschlechter trugen schon vor Jahrhunderten zu den Gerichten bei, die zwischen Zugspitze und Rügen auf die Teller kamen. Klosterbrüder suchten und (er)fanden im Mittelalter köstliche Flüssignahrung für ihre Fastentage; findige Winzer führen das Weinbauerbe der Römer bis heute an Rhein, Main, Mosel, Saar, Ahr und Saale fort. Über die Häfen von Nord- und Ostsee kamen schon früh exotische Köstlichkeiten wie Kaffee, Tee, Kakao und Pfeffer ins Land. Und auch die Mandeln für das berühmte Lübecker Marzipan stammen ebenso aus der Ferne wie die Gewürze für die Nürnberger Lebkuchen. Selbst die auf deutschen Speisezetteln fast allgegenwärtige Kartoffel ist ein Einwanderer.

Dennoch ist die deutsche Küche nicht nur durch internationale Einflüsse geprägt worden, sondern aus sich selbst heraus gewachsen. Gerichte wie Maultauschen und Buletten, Kieler Sprotten und bayerischer Schweinsbraten, dunkles Brot und Frankfurter Kranz zeugen davon. Manches kennt man, anderes wie Lipperscher Pickert, Mutzenmandeln oder Mehlbüddel sind oft nur regional ein Begriff. Mit diesem Buch erhält man nicht nur einen wunderbaren Überblick darüber, was wo gegessen wird, ganz nebenbei erfährt man auch noch einiges über die deutsche Esskultur. Über Tischmanieren und die erste deutsche Fertig-Pizza, über Gault Millaut-Sterne und warum Deutschland als Brotback-Weltmeister gilt. Zahlreiche Adressen, Veranstaltungstipps und Rezeptvorschläge runden das mehrgängige Menü ab. Lassen Sie es sich munden, aus dem Glas, der Tasse, der Schale, vom Teller, mit Messer, Gabel, Löffel – oder schlicht aus der Hand. Zum Wohl – und guten Appetit!

Auch in Sachen Brot gilt Deutschland als äußerst vielfältig. An die 3000 unterschiedliche Brotspezialitäten werden hier täglich gebacken und verkauft.

INHALT

SCHLESWIG-HOLSTEIN

Das Essen in Schleswig-Holstein ist deftig und schmackhaft. Klar, denn wer in rauem Klima lebt, braucht viel Energie und Wärme. Neben dem Salzwiesenlamm gehören natürlich Krabben auf den Tisch. Sie werden sauer eingelegt, zu Frikadellen verarbeitet, landen als Friesen-Spezi mit Kartoffelpuffer auf dem Teller und sind Bestandteil von »Porrenpann«, einer friesischen Krabbenpfanne. Grünkohl und Scholle sind ebenso typisch für die Region wie Labskaus. Eine andere Spezialität ist »Queller«, eine Pflanze, die auf den Salzwiesen wächst. Man kann sie gut mit Bohnen mischen oder zu Salat verarbeiten. Ein süßer Klassiker ist die »Friesentorte«. Zwischen zart knusprigen Blätterteigböden schichten sich Mengen von Sahne und Pflaumenmus auf. Dazu passt gut ein »Pharisäer«, Kaffee mit Rum und Sahne, eine angeblich nordfriesische Erfindung.

KOCHEN

Labskaus

1 Gemüsezwiebel, 1 kg Kartoffeln
1 kg gepökelte Rinderbrust oder Tafelspitz
180 g Butter, 250 g Röstzwiebeln,

Gemüsezwiebel und Kartoffeln in Würfel schneiden. Gepökelte Rinderbrust oder Tafelspitz mit der Zwiebel, den Kartoffeln, Butter, Röstzwiebeln, 2 Lorbeerblättern, 1 TL Piment, Pfeffer und Salz in einen Topf geben und mit Wasser auffüllen, sodass alles bedeckt ist. Etwa 3 Stunden köcheln lassen. Das Fleisch mit den Zwiebeln durch die große Scheibe eines Fleischwolfs drehen. Die Masse in einem Topf mit Butter aufkochen und mit Salz und Pfeffer abschmecken. Die Kartoffeln durch eine Kartoffelpresse drücken. Das Kartoffelpüree mit der Fleischmasse mischen. Das Labskaus wird mit Roter Bete, Spiegelei, Salzgurken und Matjesfilet oder Bismarckhering serviert.

GENIESSEN

Labskaus

Es schmeckt wie ein sehr kräftiges Kartoffelmus und ist ein uraltes Seemannsgericht. Denn als man noch mit Segelschiffen auf große Fahrt ging, gab es an Bord kaum Möglichkeiten, Lebensmittel frisch zu halten. Also griff der »Smutje«, wenn die Vorräte aus dem Hafen aufgebraucht waren, fürs Mannschaftsessen auf haltbare Produkte zurück: Kartoffeln, Zwiebeln, gepökeltes Rindfleisch, eingelegte Rote Bete. Zu dem daraus gekochten Brei gab es mitunter noch Matjes und Spiegelei. Inzwischen erlebt Labskaus wieder eine Renaissance, wird allerdings eher mit Cornedbeef zubereitet und auch mal mit Gewürzgurke serviert. Ob der Matjes untergemischt wird oder man ihn separat serviert, ist allerdings bis heute strittig.

Kieler Sprotten

Schon Matthias Claudius setzte den feingrätigen Seefischen ein Denkmal: »D'rauf kauft' ich etwas kalte Kost / und Kieler Sprott und Kuchen« lässt er 1786 seinen Weltreisenden Urias im gleichnamigen Gedicht berichten. Und Alfred Brehm vermerkt 1844 in seinem Lexikon, es würden an den Küsten der Ostsee »alljährlich viele, bei Eckernförde allein etwa 16 Millionen Sprotten gefangen, meist geräuchert und dann unter dem Namen ‚Kieler Sprotten' in alle Welt versendet«. Inzwischen stammt das Gros der heringsartigen Winzlinge zwar weder aus Kiel noch aus Eckernförde, sondern aus der Nordsee sowie dem Nordost-Atlantik. Und ihren Goldton erhalten die silbernen Sprotten nur noch selten durch traditionelles Räuchern über Buchen- und Erlenholz, sondern meist in modernen, gasbetriebenen Öfen. Aber der Versand in den typischen flachen Holzkisten ist geblieben.

Lübecker Marzipan

Vom lateinischen »marci panis«, Markusbrot, soll das Marzipan seinen Namen haben; doch die Ursprünge der süßen Köstlichkeit liegen wohl in Kleinasien. In Lübeck wird sie erstmals in einer Zunftrolle des 16. Jahrhunderts erwähnt. Die Apotheker der Stadt verkaufen das Gemisch aus geschälten Mandeln, Zucker und Rosenwasser als teure Arznei gegen Kopfschmerzen, Herzbeschwerden oder Blähungen – und als Potenzmittel. Als im 19. Jahrhundert der Rübenzucker in Europa den kostbaren Rohrzucker ablöst, wird Marzipan auch für die breite Bevölkerung erschwinglich. Die berühmte Lübecker Variante besteht mindestens zu zwei Dritteln aus Mandelrohmasse und zu einem Drittel aus Zucker.

Holtseer Käse

Seit Generationen widmen sich viele Bauern aus der Gemeinde Holtsee der Milchwirtschaft. Vierzig von ihnen gründeten in den 1930er-Jahren eine Genossenschaft, die sich auf die Käseherstellung spezialisierte. Tilsiter, Ascheberger, Bernsteiner heißen die nach alten Familienrezepten produzierten Sorten. Inzwischen entstehen aber auch würziger Cheddar mit Meersalz oder das chilischarfe »Holtseer Feuer«.

Unten links: Die einen lieben es, die anderen betrachten es mit Skepsis. Labskaus, das Eintopfgericht aus Seemannszeiten, ist an Niederelbe, Nord- und Ostsee sowie im nördlichen Niedersachsen zu Hause. Unten rechts: Kieler Sprotten.

BESUCHEN

Holtseer Landkäserei
Wie die Löcher in den Käse kommen, wissen die Mitarbeiter der Holtseer Landkäserei ganz genau. Hier wird nämlich noch von Hand nach original norddeutschen Rezepturen geschöpft. Die Käseherstellung im milden Klima zwischen Nord- und Ostsee ist hier seit 1938 heimisch. Damals schlossen sich mehrere kleine Meiereien zusammen und bald machte sich vor allem der Holtseer Tilsiter einen Namen. Nur wenige Meter von der Käserei entfernt befindet sich in der »Holtsser Käsekiste« der Werksverkauf – ein wahres Probierparadies.
Dorfstr. 2, 24363 Holtsee, Tel. 04357/99710, www.holtseer.de

Eiskäseladen Giovanni L.
Milch und Käse meets Eis in Kiel, denn Giovanni L. eröffnete 2018 in Kooperation mit der Holtseer Landkäserei den ersten Eiskäseladen Deutschlands. Hier teilen sich die beiden Unternehmen einen gemütlichen Sitzbereich im Landhaus-Stil.
Holtenauer Str. 112, 24105 Kiel, Tel. 0431/5603938 oder Tel. 0431/9089592135, www.giovannil.com

KOHLosseum
Im historischen Gebäude der alten Dithmarscher Sauerkrautfabrik zeigt das KOHLosseum auf über 400 Quadratmetern alles rund ums Küstengemüse. Seit 1998 wird hier, im Herzen von Europas größtem geschlossenem Kohlanbaugebiet, Sauerkraut in verschiedenen Variationen hergestellt. Wie das aussieht, erfährt man in der Krautwerkstatt, ehe das Kohlmuseum weitere Einblicke gibt.
Bahnhofstr. 20, 25764 Wesselburen, Tel. 04833/45890, www.kohlosseum.de

Marzipan-Speicher
Wer an Lübeck denkt, spürt automatisch die berühmte schmelzende Süßigkeit auf der Zunge. Kein Wunder, schließlich gilt die Hansestadt als Marzipanland. Gleich vier Marzipan-Speicher warten am weltbekannten Holstentor direkt am Altstadt-Hafen: Im historischen Gebäude von 1871 wird man ganz in die Zeit von Thomas Manns »Buddenbrooks« zurückversetzt. Feinstes Lübecker Marzipan nach Königsberger Art will probiert und das Marzipan-Museum samt weltweit einziger Marzipan-Show besucht werden. Auch Torten, Eis und viele weitere Leckereien warten im Marzipan-Speicher-Café. Etwa 200 Meter entfernt befindet sich in der Beckergrube 97 zudem die »Lübecker Speicher-Rösterei« – der ideale Ort für Schleckermäulchen.
An der Untertrave 98, 23552 Lübeck, Tel. 0451/8973939, www.marzipanland.eu

Café Niederegger
Als Lübecks heimliches Wahrzeichen gilt das Niederegger-Stammhaus seit seiner Gründung 1806. Direkt am historischen Lübecker Rathaus gibt's nicht nur Konditorei-Spezialitäten, sondern auch die Geschichte des Marzipans im eigenen Museum. Schließlich verhalf Johann Georg Niederegger (1777–1856) seinerzeit dem Marzipan und seinem Unternehmen zu dem Ruhm, den es bis heute in der ganzen Welt genießt.
Breite Str. 89, 23522 Lübeck, Tel. 0451/5301127, www.niederegger.de

Kleine Teestube
Das winzige, originell eingerichtete Kaffee- und Teehaus ist längst kein Sylter Geheimtipp mehr. Zu verlockend sind Friesen- und Himbeertorte sowie Waffeln zur regionalen Getränkespezialität »Tote Tante« (Lumumba). Der Legende nach stammt ihr Name von einer Tante, die vom nordfriesischen Föhr nach Nordamerika ausgewandert war, deren Wunsch es aber zu erfüllen galt, nach ihrem Tod auf ihrer Heimatinsel bestattet zu werden. Da die Familie kaum Geld hatte, suchte man nach einer kostengünstigen Möglichkeit, die Schiffsüberfahrt zu bewerkstelligen. Schließlich wurde die »Tote Tante« in einer Kakaokiste verpackt nach Föhr verschifft. Zum Leichenschmaus gab es daher Kakao mit Rum und Sahne.
Westerhorn 2, 25980 Sylt/Keitum, Tel. 04651/31862 www.kleineteestube-sylt.de

Unten links: Marzipan, wohin das Auge blickt. Wer die köstliche Süßspeise erwerben möchte, geht ins »Café Niederegger«.
Unten rechts: Nordfriesland wie aus dem Bilderbuch. In der »Kleinen Teestube« in Keitum werden Teeträume wahr.

BESUCHEN

Nordfriesisches Lammkontor
Das Hof-Ensemble des Lammkontors setzt sich aus einem ehemaligen Bierlager der Flensburger Brauerei, Stallungen, einer Remise von 1860 sowie einem 200 Jahre alten Bürgerhaus zusammen und serviert im Restaurant des Eiskellers neben kleinen Snacks als Spezialität das beliebte Salzwiesenlamm, das auf dem deutschen Markt kaum zu erhalten ist.
Deichstr. 7-8, 25813 Husum, Tel. 04841/4042801, www.lammkontor.de

Husums Brauhaus
Husum hat eine lange Brautradition. Heute werden in der Gasthausbrauerei jährlich bis zu 16 selbstentwickelte Biersorten gebraut – vom Hellen übers Dunkle mit höherem Stammwürzegehalt bis zum fruchtig-spritzigen Weizenbier. Neben der Führung mit Bierprobe lockt täglich von 17 bis 19 Uhr die »Brauer Hour« mit Sonderpreisen.
Neustadt 60-68, 25813 Husum, Tel. 04841/89660, www.husums-brauhaus.de

GENIESSEN

(Dithmarscher) Kohl
Einem Wesselbrunner Gärtner verdankt das Dithmarsche seinen Wandel vom Korn- und Zuckerrübenland zum Garten Eden des Kohls. Denn schon um 1890 stellte Eduard Lass erste Zuchtversuche mit Kohlsamen an. Die Qualität der Masch- und Geerstböden ebenso wie die klimatischen Bedingungen begünstigten die Entwicklung der Pflanzen. Nach drei Jahren des Experimentierens im Mistbeet und auf einem Versuchsfeld pflanzte der Pionier der Gemüseforschung seinen Kohl auf 50 Hektar an; 1915 beginnt in der alten Zuckerfabrik eine Sauerkrautproduktion, die erst achtzig Jahre später ihr Ende findet. Heute misst das Dithmarsche Kohlgebiet fast 3000 Hektar – und ist damit das größte zusammenhängende Produktionsterrain seiner Art in Europa.

Salzwiesenlamm
Salzmelde, Queller, Andel, Seeaster und Schlickgräser – all das fressen Schafe, die frei auf den Deichen und den aus dem Meer gewonnenen Salzwiesen Nordfrieslands weiden. Schon die neugeborenen Lämmchen saugen den Geschmack der Salzwiesenpflanzen mit der Muttermilch ein; nach kurzer Zeit beginnen sie selbst, das aromatische Grün zu knabbern. Kein Wunder also, dass dieses Lammmfleisch nicht nur besonders zart, sondern auch auf natürliche Art gewürzt ist. Durch die viele Bewegung der Tiere in frischer Luft ist es zudem recht mager, aber dennoch saftig.

Groote Hans/Mehlbüddel
Ein Pudding und ein Kloß – so lässt sich der Unterschied zwischen dem »Großen Hans« und dem »Mehlbeutel« kurz beschreiben. Beide aber fallen in die Kategorie deftig trifft süß. Der Mehlbüddel besteht aus reinem Mehlteig – mit Eiern, Zitronenabrieb und an Festtagen zusätzlich bestückt mit Rosinen. Gegart wird das Ganze traditionell in einem Leinentuch oder -säckchen über dem Dampf einer Schweinebackenbrühe. Für den Großen Hans indes kommt der (Mehl/Hefe-)Teig in eine Puddingform und stockt darin im Wasserbad. Ursprünglich verwendete man altbackenes Brot für den Groote Hans; es gibt aber auch Rezepte mit Zwieback oder einem Grieß-Milch-Eierteig. Als Hauptgericht wird der Pudding-Hans mit Kassler, Bauchfleisch oder Mettenden serviert, dazu reicht man Kompott oder heiße Kirschen. Zum Mehlbüddel gibt es traditionell Schweinbacken-Scheiben und Backobst.

Raps
Auf mehr als einer Million Hektar leuchtet in Deutschland alljährlich der blühende Raps. Gut ein Zehntel davon wird in Schleswig-Holstein angebaut. Jeweils zwei bis drei Wochen lang stehen die Felder in Blüte und verzaubern das Auge. Nach der Ernte werden die Pflanzen in den Ölmühlen etwa von Kiel oder Hamburg zu Rapsöl gepresst. Fast zwei Milliarden Liter sind es jährlich. Dank seines ausgewogenen Fettsäuremusters und seiner fettlöslichen Vitamine verleiht Rapsöl Salaten, Dips und Marinaden ein nussiges Aroma.

Salzwiesenlämmer sind eine echte Delikatesse. Die Lämmer (vorwiegend der Rasse Texel) weiden traditionell auf den Salzwiesen und Deichen an der nordfriesischen Nordsee. Das Fleisch ist dadurch von Natur leicht salzig, saftig und cholesterinarm zugleich.

EINKAUFEN

Ütermarker Hof Pellworm
Schafe, Rinder, Hühner und Enten leben auf dem nach den Richtlinien des Biolandverbandes bewirtschafteten Hof. Ihr Futter wächst direkt auf dem Gelände, außerdem Obst und Gemüse. Das wird im Hofladen zusammen mit Fleisch, Milchprodukten, Eiern und Backwaren angeboten. Ein besonderes Extra: Je nach Saison gibt es Gestricktes aus der Wolle von Pellwormer Schafen.
Ütermarkerweg 11, 25849 Pellworm, Tel. 04844/230, www.bio-hof.de

Pharisäerhof Nordstrand
Auf dem Pharisäerhof kann man Urlaub machen, besonders gern auch mit Hund. Wer nicht gleich über Nacht bleibt, genießt im »Café mit Schwips« hausgemachte Kuchen und Torten. Im Hoflädchen gibt es Marmelade aus der Manufaktur, friesische Spezialitäten und zauberhafte Souvenirs.
Elisabeth-Sophien-Koog 3, 25845 Nordstrand, Tel. 04842/353, www.pharisaerhof.de

Hofladen Baumbach Nordstrand
Seine Spezialität sind Lammfleisch und -wurst direkt vom Hof sowie Produkte vom Galloway-Rind. Darüber hinaus gibt es Wolle, Textilien, Pflegeprodukte aus Schafwolle und vieles mehr.
Pohnshalligkoogstraße 1, 25845 Nordstrand, Tel. 04842/495, www.lammfleisch.de

Bauernhof Nielsen Föhr
Klein, aber fein ist der Laden auf dem Nielsen-Hof. In alten offenen Bauernschränken kommen Marmeladengläser und Likörfläschchen gut zur Geltung. Besonders lecker ist Nielsens Eierlikör. Im Sommer gibt es Erdbeeren. Wer Lust hat, pflückt sie selber.
Taarepswoi 5, 25938 Borgsum (Föhr), Tel. 04683/96120, www.bauernhof-nielsen.de

Hansenhof Sylt
Köstliche Fruchtaufstriche aus Sauerkirschen, Stachelbeeren oder Quitten, verschiedene Sorten Hausmacherwurst nach eigenen Rezepten und dazu das berühmte Sylter Ei locken auf den Hansenhof Sylt. Je nach Saison sind frische Köstlichkeiten im Angebot, wie zum Beispiel geräucherter Fisch.
Terpstig 65, 25980 Sylt/Morsum, Tel. 0171/2385074, www.hansenhof-sylt.de

Bingehof Hallig Hooge
Der Bingehof bietet nicht nur ein Appartement und eine Ferienwohnung, hier ist auch ein Hofladen zu finden. Angeboten werden Spezialitäten von der Hallig. Das sind Lammprodukte, Klee-Honig sowie Eier von auf Salzwiesen lebenden Hühnern.
Mitteltritt 3, 25859 Hallig Hooge, Tel. 04849/208, www.hallighofladen.de

Während die Bauern ihr Land beackern (unten), genießen andere – wie das neugierige Hühnervolk – auf den Bauernhöfen der Region das Landleben. In zahlreichen Hofläden werden regionale Köstlichkeiten wie selbst gemachte Marmeladen angeboten (Bilder oben).

KOCHEN

Porrenpann (Friesische Krabbenpfanne)

500 g Krabben
500 g Kartoffeln
1 Zwiebel
100 g Butter
375 ml Milch
2 EL gehackte Petersilie

Die Kartoffeln waschen und in Salzwasser mit etwas Kümmel weich kochen. Inzwischen die Zwiebel schälen und in Würfel schneiden. Die Butter in einer Pfanne erhitzen und die Zwiebel darin andünsten. Das Mehl darüberstreuen, verrühren und bei schwacher Hitze anschwitzen. Mit der Milch unter Rühren ablöschen, die Petersilie dazugeben und alles ca. 15 Min. bei schwacher Hitze köcheln lassen. Mit Salz, Pfeffer, frisch geriebener Muskatnuss und Zitronensaft abschmecken. Die Kartoffeln abgießen, abdampfen lassen und möglichst heiß pellen. Die Pellkartoffeln auf Tellern anrichten, mit Sauce übergießen und das Krabbenfleisch darauf verteilen.

GENIESSEN

Nordfriesische Austern

Sie leben zwischen Amrum, Föhr und Sylt im Watt – wilde Austern. Doppelt bis dreimal so groß wie ihre Zuchtschwestern schmecken sie zudem nussiger und »meeriger«. Von September bis Mai dürfen sie gesammelt werden – aber nur unter Aufsicht eines lizenzierten Fischers. Die übrigen Monate sind tabu, da laichen die hartschaligen Meeresbewohner. Sie gehören übrigens zur Spezies Pazifische Felsenauster und sind wohl eingewandert. Zwar gab es bereits ab dem 17. Jahrhundert Austernvorkommen in der Region – die sogenannten »Holsteiner«, die schon Dänenkönig Friedrich II. und später auch dem Dichter Heinrich Heine mundeten. Aber dann hatte Packeis in mehreren harten Wintern die Molluskeln scheinbar auf immer zerrieben. Um 1970 gelang Fischerei-Wissenschaftlern dann die Aufzucht japanischer Austern bei Sylt. Inzwischen gibt es dort, in der Binselbucht vor List, wieder beachtliche Kulturen.

Pharisäer

Zu Hause ist die alkoholische Kaffeespezialität überall im hohen Norden, erfunden wurde sie jedoch, so die Legende, auf der nordfriesischen Insel Nordstrand. Dort lebte im 19. Jahrhundert ein asketischer Pastor, der sogar von der Kanzel gegen die Trinklust seiner Schäfchen wetterte. Bei gemeinsamen Feiern mit dem Kirchenmann griffen die Insulaner daher zu einer List und gossen ordentlich Rum in ihren Kaffee, den sie zur Geruchstarnung noch mit einem dicken Klecks frisch geschlagener Sahne krönten. Im Rahmen eines Tauffests bekam auch der Kirchenmann versehentlich einmal eine solchen »Kaffee« in die Hand – und soll entsetzt »Ihr Pharisäer« ausgerufen haben. Der Pharisäer wird übrigens nicht umgerührt, sondern durch die Sahne getrunken – und er muss laut einem Gerichtsurteil mindestens 4 cl Rum enthalten.

Tote Tante

Sogar auf einen Krimi-Titel hat diese Dame es schon gebracht – und sie ist eng verwandt mit dem Pharisäer. Statt des frisch gebrühten Kaffees bildet aber ein heißer, gesüßter Kakao die Basis. Auch ihm wird dann ein guter Schuss brauner Rum zugegeben und eine Sahnehaube aufgesetzt. Aber das alles belebt ja eher, als zum Tode zu führen. Woher also der Name? Die Tante einer Familie auf Föhr, so heißt es, wanderte aus nach Amerika. Als sie starb, wollte sie gern in der Heimat bestattet werden. Da eine reguläre Überführung zu teuer war, wurde die Urne in eine Kiste mit Kakao gepackt. Und selbiger dann, angereichert mit obigen Zutaten, beim Insel-Begräbnis für die Trauergäste zubereitet.

Möwenschiss

Für die Küste Nordfrieslands sind Möwen ebenso typisch wie Leuchttürme und Gegenwind. Aber was haben die Ausscheidungen des heimischen Vogels mit unseren Geschmackspapillen zu tun? Ein kulinarischer Möwenschiss besteht aus vier Komponenten: Mettwurst, Senf, Sahne-

Unten links: Nordfriesische Austern gibt es zum Beispiel beim »Austernmeyer« auf Sylt. Unten Mitte: »Sylter Royal« ist die eingetragene Marke der »Dittmeyer's Austern-Compagnie« auf Sylt – Deutschlands einziger Austernzucht mit eigener Probierstube.

meerrettich und Doppelkorn. Und die Zubereitung ist recht einfach: Zunächst legt man eine Scheibe Wurst auf ein gut gefülltes Glas mit dem klaren Schnaps. Dann kommt jeweils ein Klecks Senf und Meerrettich auf die Wurst. Verzehrt wird das Ganze in umgekehrter Reihenfolge. Inzwischen steht der Begriff Möwenschiss aber auch für friesische Korndestillate – und sogar einen Möwenschiss-Likör gibt es inzwischen.

Biike-Brot (Grünkohlbrot)

Nein, mit einem Fahrrad hat diese Spezialität nichts zu tun. »Biike« bedeutet auf Friesisch »Feuerzeichen«. »Tjen di Biiki ön!« heißt es Ende Februar traditionell auf den Inseln und in vielen Orten an der Nordseeküste, wenn das Feuer zur Austreibung des Winters angezündet wird. Da es aber meist doch noch recht kalt ist an diesem Tag, gibt es zum Biike, bei dem die Umstehenden ihre vertrockneten Weihnachtsbäume, Strandgut und Äste aufgeschichtet haben und mit Fackeln entzünden, auch ein deftiges Grünkohlessen. Die Flammen des Biike und das grüne Wintergemüse inspirierten schließlich auch die friesische Bäckerzunft. Und bald kamen die ersten Biike-Brote aus dem Ofen. Roter Schinken und grüner Kohl sprenkeln den Sauerteig ebenso wie weiße Zwiebelstückchen. Ein deftiges Vergnügen – abgerundet noch durch etwas Schmalz.

Grüner Hering

Frisch, jung, unreif – nicht nur bei Menschen, sondern auch beim Hering steht die Bezeichnung grün für diese Eigenschaften. Ursprünglich betonte man mit dem Farbattribut den Unterschied zu den konservierten Salzheringen. Allerdings trägt der Atlantische Hering tatsächlich mitunter einen blau- oder graugrünen Schimmer auf seinem Rücken, während Seiten und Bauch silbrig gefärbt sind. Der Schwarmfisch kommt sowohl in der Nord- als auch in der Ostsee vor. Zubereitet werden Grüne Heringe in Norddeutschland traditionell nach »Müllerin-Art« – also in Mehl gewendet und in Butter gebraten. Man serviert sie frisch aus der Pfanne. Legt man sie danach zum Kaltverzehr ein, werden sie als Brathering bezeichnet. Traditionelle Beilagen zu Grünen Heringen sind Bratkartoffeln und gebratene Zwiebelringe; es passen aber auch Salzkartoffeln, Kartoffelpüree oder Kartoffelsalat.

Mädchenröte

Noch bis in die Mitte des vergangenen Jahrhunderts war diese feinschaumige Creme aus Eischnee und rotem Fruchtsaft ein beliebter Nachtisch. Allerdings wurde sie meist nur zu besonderen Anlässen gereicht. Die Zutaten hatte man zwar fast immer im Haus – aber das Aufschlagen des Eiweißes mit dem Schneebesen war mühsam. Dann mussten noch Johannisbeersaft und Zucker untergezogen werden. Zum Schluss stabilisierte mitunter in Saft aufgelöste Gelantine den rosigen Schaum. Ob die Mädchen erst bei seinem Verzehr erröteten oder schon rote Wangen von der Herstellung hatten, ist nicht bekannt. Sicher aber ist, dass die gut durchgekühlte Mädchenröte oft mit Vanillesauce oder Englischer Creme gereicht wurde.

BESUCHEN

Fischhaus Loof

Krabbenfischerei und Nordsee gehören zusammen wie Hafenstadt und Meer. Ob Garnelen, Porren oder Krabben, mit den kleinen Nordseetierchen lässt sich allerlei Köstliches machen: Selbstgepult, im Fischbrötchen oder in maritimen Gerichten gibt es die Husumer Krabben zum Beispiel im »Fischhaus Loof« direkt am Hafen. Hier wird auf zwei Stockwerken sogar das Krabbenpulen für Gruppen angeboten.
Kleikuhle 7,
25813 Husum,
Tel. 04841/2034,
www.fischhausloof.de

Unten rechts: Grüner Hering mit Sauerampfer, roter Zwiebel und Petersilie. In alten Rezepten wird empfohlen, die ausgenommenen Heringe innen mit Essig zu befeuchten. Dies soll den unangenehmen Geruch, der beim Braten von Heringen entsteht, verhindern.

ERLEBEN

Husumer Krabbentage

Die Einwohner von Husum finden sich jährlich an einem Wochenende im Oktober am malerischen Hafenbecken ein, wo Krabbenkutter ihren Fang frisch von Bord verkaufen. Auf der Showbühne im Zentrum tauschen nach der Krabbenpul-Meisterschaft Künstler Gitarre und Mikrofon gegen Kochmütze und Bratpfanne. Es werden verschiedene Rezepte gekocht und verköstigt, die eins gemeinsam haben – die Nordsee-Krabbe.
Tel. 04841/89870 (Touristeninfo), www.krabbentage-husum.de

Dithmarscher Kohltage

Sechs Tage lang geht's im September im grünen Nordseeland um die knackigen Kohlköpfe. Denn mehr als 80 Millionen davon werden hier pro Jahr geerntet. Besucher der Dithmarschen Kohltage können Kohlbrot backen, Kraut und Krabben naschen, das KOHLosseum besuchen und über Bauernmärkte in Büsum, Meldorf, Heide oder Brunsbüttel schlendern. Begleitet wird das Spektakel von viel Döntjes und Musik.
Tel. 04841/897510 (Nordseetourismus), www.dithmarscher-kohltage.de

Kappelner Fischmarkt

Egal ob Hering, Scholle, Butt, Aal, Barsch oder Dorsch – der Fischfang hat in Kappeln eine lange Tradition, die jeden letzten Sonntag im Monat von März bis Oktober mit dem Fischmarkt am Hafen gelebt wird. Vom frühen Morgen an werden die Fische je Saison direkt vom Kutter verkauft.
Vom Nordhafen an der Schleibrücke bis zur Hafenpromenade, Tel. 04642/920930 (Tourismusverein), www.wtk-kappeln.de

Weltfischbrötchentag

Im Norden trägt man Friesennerz und Gummistiefel – und man isst für sein Leben gern Fischbrötchen. Das nordische Pendant zur bayerischen Leberkässemmel hat inzwischen sogar einen kuriosen Feiertag. Jeden ersten Samstag im Mai dreht sich von Flensburg über Eckernförde bis hin zur Lübecker Bucht alles um das knusprige Brötchen belegt mit Makrele, Matjes, Lachs oder Bismarckhering.
www.weltfischbroetchentag.de

Sylter Lammtage

Während der Sylter Lammtage wird ab Mai neben kulinarischen Leckerbissen jede Menge Interessantes zur Schafhaltung geboten. Schließlich sind die kleinen, weißen Deichbewohner mehr als nur ein beliebtes Fotomotiv. Knapp 160 000 Schafe leben an der Küste und damit fast so viele wie Einwohner.
Tel. 04841/89750 (Touristeninfo), www.nordfrieslamm.de:

Schleswig-Holstein Gourmet Festival

Wenn der Sommer im September zu Ende geht, lockt seit 1987 das Schleswig-Holstein Gourmet Festival Feinschmecker aus nah und fern. Was genau wo und wann auf den vielen Inseln des hohen Nordens geboten wird, verrät ein Blick auf die Webseite, die stets aktualisiert wird.
Diverse Orte (Inseln und Festland), Tel. 030/780988515 (Veranstalter), www.gourmetfestival.de

Glückstädter Matjeswochen

Seit 1968 feiert Glückstadt jedes Jahr am zweiten Donnerstag im Juni den Start in die neue Matjes-Saison. Zum viertägigen Auftakt werden beim traditionellen Matjesanbiss Probehäppchen auf dem historischen Marktplatz gereicht und am Binnenhafen wartet die Open-Ship-Meile mit traditionellen und modernen Schiffen zum Anschauen und Mitfahren.
Am Markt/Am Hafen, 25348 Glückstadt, www.glueckstadt-tourismus.de

Biikebrennen

Der Überlieferung nach wurden die Biikefeuer ab dem 17. Jahrhundert zu Ehren der ausziehenden Seefahrer und Walfänger entzündet. Auch heute wird es am 21. Februar heiß, wenn sich mit Pauken und Trompeten die Fackelzüge zu den Biiken in Bewegung setzen, um den Winter zu vertreiben. Anschließend wird Grünkohl als traditionelles Biike-Gericht aufgetischt.
Diverse Orte, www.nordseetourismus.de

WISSEN

Lübeck – Dinieren wie bei Buddenbrooks

Karpfen blau, Muschelragout, Kalbsbraten, Plettenpudding, Baisers: Man ließ es sich munden bei den »Buddenbrooks«, wie Thomas Mann uns in seinem Gesellschaftsroman über den Niedergang einer Lübecker Kaufmannsfamilie im 19. Jahrhundert immer wieder detailliert wissen lässt. Nicht nur zum Weihnachtsfest, auch zum »ganz einfachen Mittagsbrot« kommen mehrere Gänge auf den Tisch. Zum Auftakt serviert man »heiße Kräutersuppe nebst geröstetem Brot«. Danach kam Fisch auf den Teller und anschließend »ein ziegelrot panierter Schinken nebst brauner säuerlicher Schalottensauce«. Wer das Ambiente und die Kulinarik der damaligen Zeit auch heute noch erfahren will, besucht das Gourmet-Restaurant »Buddenbrooks«. Im historischen Kurhaus serviert Sternekoch Dirk Seiger beste Gourmetküche für alle Sinne.
Außenallee 10, 23570 Lübeck, Tel. 04502/3070835 www.buddenbrooks-travemuende.de

Bilder oben: Belegte Brote mit Matjes, Apfel und Zwiebeln; fangfrische Krabben direkt vom Kutter gibt's bei den Husumer Krabbentagen. Bilder Mitte: Ostseehering auf Bratkartoffeln; ein alltägliches Bild an der Küste Schleswig-Holsteins – grasende Schafe auf dem Deich. Bilder unten: Wenn im September zur Huldigung des knackigen Feldgemüses die »Dithmarscher Kohltage« gefeiert werden, steht ganz Dithmarschen Kopf; das Biikebrennen wird traditionell am 21. Februar zelebriert.

HAMBURG & ALTES LAND

In den Regionen an Elbe und Nordsee ist der Fischfang zu Hause. Doch auch für Zuckermäulchen bieten die Hanseaten mit dem »Franzbrötchen« eine zimtige Leckerei. Nicht zu vergessen: der »Hamburger Klöben«, ein Hefestollen mit Rosinen. Der Norden mag es aber vor allem deftig – angefangen bei der Vorspeise mit der kräftigen »Königin der Suppen«, der Altländer Hochzeitssuppe. Im Hauptgang zählen gekochte Mehlklöße, sogenannte Klüten, zu den Spezialitäten unter den Beilagen. Oft wird mit Früchten gekocht, wie etwa beim beliebten Gericht »Birnen, Bohnen und Speck« oder bei den traditionellen Nachspeisen wie der Roten Grütze. Im Apfelanbaugebiet Altes Land ist die Trink- und Esskultur selbstverständlich vom Kernobst geprägt. Dazu gehören neben Kuchenvarianten besonders auch der »Altländer Diekpedder«, ein frischer Apfelsaft mit einem Schuss Obstler.

BESUCHEN

Astra St. Pauli Brauerei
An einem Sonntag im Juni 1922 drohten Franz Xaver Kugler, dem Wirt einer Ausflugsgaststätte vor den Toren Münchens, wegen des großen Ansturms einkehrender Radfahrer die Biervorräte auszugehen. Also streckte er das Hopfengetränk für die durstigen Radler mit Zitronenlimonade, was sich als erfrischend erwies. Das neue Getränk verbreitete sich rasch als »Radler«, in Norddeutschland wurde es wegen seiner reinen und hellen Farbe »Alsterwasser« genannt. Während die beiden Namen um Alleingültigkeit streiten, hat die Kultbrauerei Astra ihr Biermischgetränk 2017 kurzerhand in »Kiezmische« umbenannt. Entsprechend seiner Verbindung mit dem Hamburger Stadtteil St. Pauli gilt Astra (als Partner des FC St. Pauli) als »Hausbier« im Millerntor-Stadion. 2018 eröffnete die lang ersehnte Astra-Brauerei-Kneipe am Ende der Reeperbahn.
Nobistor 16, 22767 Hamburg, Tel. 040/22861948, www.astra-brauerei.de

GENIESSEN

Hamburger National

Viele der traditionellen Hamburger Gerichte stammen aus ärmeren Haushalten. Dort gab es keine abgetrennte Küche, sondern lediglich einen Feuerherd auf der Diele. Da Holz jedoch teuer war, wurde er nicht extra fürs Kochen angeheizt. Warme Speisen waren daher selten und wurden meist als Eintopf zubereitet. Wie der »Hamburger National«, ein deftiges Gemisch aus Kartoffeln, Steckrüben und geräuchertem oder gepökeltem Fleisch. Auch die Lübecker haben ihr »National«-Rezept mit Schweinenacken und -bauch; in Schleswig-Holstein heißt der Eintopf mit Kochwurst und Kassler »Rübenmalheur«. Er kann neben Steckrüben auch Karotten – die ursprünglich meist beide aus dem gemüsereichen Vierlanden stammten – enthalten und mit Salz, Pfeffer, Senf, Meerrettich, Sellerie, Porree, Petersilie und Zwiebeln angereichert werden.

Birnen, Bohnen & Speck

Ein absolutes Muss im Norden ist während der Spätsommer- oder Herbstwochen dieser Gemüse-Eintopf. Mitunter enthält er auch Kartoffeln – oder diese werden separat dazu gereicht. Der Speck wird übrigens nicht angebraten, sondern ein Viertelstündchen im Wasser gegart. Das gilt auch für die Schwarte. Danach kommen die Bohnen dazu ursprünglich eine Vierländer-Sorte namens »Türkische Erbsen«, heute meist grüne. Das Ganze wird gewürzt mit etwas frischem oder getrocknetem Bohnenkraut. Zuletzt gibt man die Birnen zu, Kochbirnen, die roh ungenießbar sind. Im Hamburger Raum werden bis heute die Vierländer- und die etwas süßeren Finkenwerder-Kochbirnen angeboten. Es eignen sich aber auch harte Tafelbirnen.

Hamburger Klöben

»Sie hatte einen Hamburger Klöben, einen Stollen aus Kuchenteig mit Mandeln und Rosinenin der Backröhre«, schreibt der Dichter Arnold Zweig in seinem Roman über den Wandsbecker Schlachtermeister Albert Teetjen. »Stuten« heißt das traditionelle Gebäck andernorts, genossen wird es meist zur Nachmittagszeit – und am besten schmeckt es bestrichen mit Butter. Vor allem zur Weihnachtszeit hört man auch heute in Hamburgs Bäckereien noch oft »einen Klöben bitte«. Und manch einer der Käufer erinnert sich, dass die Mutter oder Großmutter zu Hause den Hefeteig, bevor er in Brotform gebracht wurde, »99 mal warf«, um ihn mürbe zu machen.

Fischbrötchen

Was dem Münchner seine Leberkässemmel und dem Berliner seine Currywurst ist dem Hamburger sein Fischbrötchen. Es gehört zu der Alstermetropole wie ihr Hafen. Vor allem dort, im Stadtteil Altona, wo die Schiffe aus aller Welt anlanden und rund um die 1894 erbaute Fischauktionshalle am Anlandungsplatz der Elbfischer am Sonntagmorgen die Buden des traditionellen Fischmarkts stehen, mundet die leckere Mahlzeit. Denn Fisch definiert der Hamburger großzügig: von Matjes über Bismarckhering und

Unten links: »Beer'n, Bohn un Speck« werden entweder auf einem flachen Teller oder in der Speckbrühe als Suppe serviert.
Unten rechts: In den Astra-Brauereien sowie auch in 171 Hamburger Gaststätten werden Astra-Urtyp und Kiezmische ausgeschenkt.

Makrele bis hin zum (See-)Lachs und Krabben reicht die lange Palette.

Alsterwasser

Dank des englischen Autors Charles Dickens wissen wir, dass in seiner Heimat schon im 19. Jahrhundert die »perfekte Mischung aus Bier und Limonade« (beer and pop) ausgeschenkt wurde. »Shandy« heißt der Mix bis heute. Vielleicht brachten englische Seeleute die Kunde von dem Getränk mit in den Hamburger Hafen – wo es recht bald den Namen »Alsterwasser« erhielt. Vielleicht, so vermuten einige, weil man das Bier anfänglich mit Wasser mischte. Andere sagen, der Fluss hatte damals tatsächlich eine gelbliche Farbe. Wie dem auch sei: Wer heute in Hamburg und Norddeutschland ein Alster(-wasser) bestellt, erhält ein Pils mit Zitronenlimonade.

Teegebäck

Friesentaler, Kemmsche Kuchen, Hamburger Elbmuscheln – norddeutsches Teegebäck (das natürlich auch zum Kaffee schmeckt) kennt viele Varianten. Und manche der süßen kleinen Köstlichkeiten blicken zurück auf eine lange Geschichte. So machte Johann Georg Kemm in Altona schon 1782 die ersten Versuche, ein Gebäck ähnlich den bekannten und beliebten Lebkuchen zu kreieren. Die ersten Stücke waren – um sie haltbar für den Transport zu machen – doppelt gebrannt, ähnlich wie Zwieback. Bald wurde daraus der bis heute beliebte »braune Kuchen«, flach und klein wie ein Keks, mit Gewürzen wie Zimt, Sternanis und Nelken.

WISSEN

Hamburger Hafen

Die Geschichte des Hamburger Hafens begann vor über 800 Jahren, und die Entwicklung stagnierte nie. Im Gegenteil: Heute präsentiert sich der Hafen spannender denn je. Zu verdanken hat Hamburg seinen Hafen dem legendären Kaiser Friedrich I., besser bekannt als Barbarossa. Am 7. Mai des Jahres 1189 gewährte er den hiesigen Hanseaten einen Freibrief über die Zollfreiheit auf der Unterelbe. Auch wenn sich dieses Dokument längst als jüngere Fälschung erwiesen hat, feiern die Hamburger dennoch alljährlich am 7. Mai ihren Hafengeburtstag, eines der größten und erlebenswertesten Feste der Stadt. Dann blüht der Hafen auf, ist nicht mehr nur geschäftig und hektisch, sondern vielmehr fröhlich und für Touristen wie Einheimische ein absolutes Muss. Die schönsten Windjammer und andere nautische Schmuckstücke geben sich spektakulär die Ehre.

Unten links: Jeder Hamburger hat seine eigene Adresse für das beste Fischbrötchen der Stadt. Unten rechts: Klöben sind nicht nur zur Weihnachtszeit ein beliebtes Gebäck. Bilder oben: St.-Pauli-Landungsbrücken; Schiffswerft Blohm + Voss.

KOCHEN

Hadler Klüten

250 g Mehl
1 TL Salz
1 TL Butter

In einem Topf Salzwasser zum Kochen bringen. Inzwischen das Mehl mit dem Salz und der Butter in einer Schüssel mischen. Dann langsam so viel kochendes Wasser mit einem Holzlöffel unterrühren, bis ein fester Teig entsteht. Mit angefeuchteten Händen aus dem Teig etwa 12 pfirsichgroße Klöße formen. In einem großen Topf reichlich Salzwasser aufkochen und die Klöße darin knapp unter dem Siedepunkt (das Wasser darf nicht mehr kochen) etwa 15 Minuten ziehen lassen. Wenn die Klöße nach oben steigen, mit dem Schaumlöffel herausnehmen. Am besten werden die Hadler Klüten als Beilage beispielsweise in einer süßen Suppe wie Kirschsuppe oder aber auch in einer herzhaften Suppe wie der Hochzeitssuppe serviert.

GENIESSEN

Hadler Klüten

Weit dehnte sich einst das Land Hadeln; heute beschränkt sich sein Name hauptsächlich auf die eingedeichte Marsch in der Tieflandbucht südlich der Elbemündung. Da in der Marsch auch Weizen gut gedeiht, gehörten, anders als in den meisten Teilen Norddeutschlands, auch gekochte Mehlklöße zu den Hadler Grundnahrungsmitteln. Man isst diese Klüten mit Apfelmus traditionell zu »Jüchen«, einem Eintopf aus geräucherter Rinderbrust mit Steckrüben. »Bröden Klüten« hingegen werden im Hadler Land aus einem Hefeteig gemacht und in einer speziellen Pfanne gebacken. Man nennt sie auch Ochsenaugen; in Ostfriesland heißen sie »Prüllkers«.

Fliederbeersuppe

Holunder – auf Norddeutsch Fleder oder Flieder – gilt seit alters her als probates Hausmittel gegen Erkältung sowie zur Stärkung von Herz und Kreislauf. Seine Beeren reifen im Spätsommer, daher wundert es nicht, dass die Fliederbeerensuppe vor allem ein Herbst- und Wintergericht ist. Traditionell werden dafür frische Holunderbeeren mit Zucker gekocht, gesiebt und der entstandene Saft eventuell mit Speisestärke gebunden. Auch Zitronenschale oder -saft, geschälte Apfel- und Birnenstückchen sowie Mehl- oder Grießklößchen kommen in die fruchtige Suppe. Manch einer würzt seine Fliederbeerensuppe auch noch mit Zimt und Nelken – und nimmt schon mal fertigen Saft statt der Beeren.

Lütt un Lütt

»Klein und Klein« heißt diese kuriose Getränke-Kombination auf Hochdeutsch; schon Ende des 19. Jahrhunderts war sie bei den Arbeitern des Hamburger Hafens beliebt, um das Ende der Schicht zu begießen. Ins kleinste der beiden Gläser schenkte der Wirt dafür einen Zentiliter Kümmel(schnaps) ein, ins größere zapfte er zehn Zentiliter Bier. Getrunken wird das Duo traditionell gleichzeitig aus einer Hand: Daumen und kleiner Finger halten das lütte Bierglas; Mittel- und Ringfinger balancieren das lütte Schnapsglas so über dem Bierglas, dass beim Trinken der Korn zuerst ins Bier und mit diesem dann in den Mund läuft. Der Preis für Lütt un Lütt lag übrigens seinerzeit stets unter einem normalen Glas Bier.

Maischolle

Von Finkenwerder bis Büsum steht sie alljährlich im Wonnemonat auf den Speisekarten von Gasthäusern und Restaurants. Für viele Hamburger gehört die Maischolle zum Frühjahr wie die Gans zur Weihnachtszeit: klassisch mit Speck und Garnelen gefüllt und im Ofen gebacken oder knusprig in der Pfanne gebraten, mit Zwiebelwürfeln und Butter. Als Beilage passen zu beiden Varianten Bratkartoffeln oder Kartoffelsalat. Schollen werden traditionell im Mai gegessen, da sie früher der erste Fang waren, den die Fischer nach den Frühjahrsstürmen heimbrachten. Experten meinen jedoch, im Juni oder Juli schmecken die Fische meist noch besser, da sie sich zwischenzeitlich vom anstrengenden Laichen erholen konnten.

Unten links: Traditionell steht die gebratene Scholle im Mai auf der Speisekarte der Gasthäuser im Alten Land. Unten rechts: Die fruchtige Fliederbeerensuppe besteht aus gekochten Holunderbeeren, Zucker und Birnen- oder Apfelstückchen.

EINKAUFEN

Biolandhof Fischer
Hier weiden Kühe und Kälber, Mastochsen wachsen auf Salzwiesen heran, Schweine werden mit Getreide aus eigenem Anbau gefüttert. Hofladen mit Bio-Produkten.
Arenscher Str. 56,
27476 Cuxhaven-Arensch,
Tel. 04723/3201,
www.biolandhof-fischer.de

Bio-Obsthof Königreich
Der Familienbetrieb pflegt den ökologischen Anbau von Äpfeln, Birnen und Zwetschgen. Das Bio-Obst wird zudem zu Säften und Obstbränden verarbeitet.
Königreicher Straße 13,
21635 Jork-Königreich,
Tel. 04162/458,
www.bio-obsthof-koenigreich.de

Hof Icken
In dem Bio-Betrieb zwischen Elbe und Weser sind die Schweine ganzjährig draußen auf der Weide. Jeweils montags wird geschlachtet, dienstags gibt es das frische Fleisch und freitags Brat-, Leberwurst oder Sülze im Hofladen.
Sievern, Hörn 4,
27607 Geestland,
Tel. 04743/1038,
www.hof-icken.de

Obsthof Axel Schuback
Auf dem Jorker Obsthof kann man nicht nur selbiges erstehen, sondern auch eine Apfelbaum-Patenschaft übernehmen.
Hinterdeich 172, 21635 Jork,
Tel. 04162/911105,
www.apfelpatenhof.de

Obsthof Matthies
Hier gibt es neben Altländer Spezialitäten wie Wurst, Likör und Käse auch Torten nach überlieferten Rezepten im Café.
Am Elbdeich 31,
21635 Jork-Borstel,
Tel. 04162/91580,
www.obsthof.de

Altländer Obsthof
Von Äpfeln bis Zwetschgen reicht das Angebot von Familie Beckmann. Hausgemachte Chutneys und Obstweine ergänzen das Angebot.
Hollernstr. 97,
21723 Hollern-Twielenfleth,
Tel. 04141/7220,
www.altlaenderobsthof.de

Oben: Auf vielen Höfen im Alten Land wird die Apfelernte direkt verkauft. Bilder unten: Ein charakteristischer Anblick im Alten Land – blühende und tragende Apfelbäume in ländlicher Idylle.

KOCHEN

Apfelstreuselkuchen

8 Äpfel (Jonagored od. Boskoop); für den Teig: 140 g Margarine, 140 g Zucker, 4 Eier, 240 g Mehl, 1 Päckchen Backpulver, 1 Fläschchen Zitronenaroma; für die Streusel: 160 g Mehl, 80 g Zucker, 70 g Margarine

Den Backofen auf 160 °C Umluft vorheizen und eine Springform einfetten. Die Margarine mit dem Zucker schaumig schlagen. Eier, Mehl, Backpulver, Zitronenaroma und 1 Prise Salz dazugeben und alles mit den Quirlen des Handrührgeräts zu einem glatten Teig verrühren. Den Teig in die Kuchenform geben. Die Äpfel schälen, vierteln und die Kerngehäuse entfernen. Die Apfelviertel in Scheiben schneiden, auf den Teig legen und mit Zimt und Zucker bestreuen. Streusel: Mehl, Zucker und Margarine mit den Händen zu Krümeln kneten und auf dem Kuchen verteilen. Den Kuchen im Ofen auf der mittleren Schiene etwa 50 Minuten backen.

GENIESSEN

Ro(o)de Grütt

Erst um das Jahr 1800 tauchte die Rote Grütze erstmals in einem norddeutschen Wörterbuch auf – beschrieben als Getreidebrei »in Johannisbeersaft dick gekocht und mit Milch oder Rahm«. Bald aber schon standen in den Rezepten als mögliche Zutaten auch der Saft von anderen roten Früchten wie Himbeeren – und Rotwein. So wurde aus der ursprünglich einfachen, nur mit Wasser oder Brühe zubereiteten Getreide-Hauptspeise ein köstlicher Nachtisch. Zum Binden der Fruchtgrütze nutzte man die Stärke von Weizen, Mais, Kartoffeln, Reis oder Sago. Auch Varianten mit Grieß oder Buchweizenmehl sind bekannt. Für manches Süßmäulchen gehört zur Hamburger Roten Grütze unbedingt Vanillesauce; andere heben einen Teil der Früchte ungekocht unter die Grütze.

Schwarzsauer

Einst auf den Dörfern Norddeutschlands entstanden, um die Reste vom Schlachten zu verwerten, ist diese Spezialität fast überall längst vom Speisezettel verschwunden. Das liegt sicher auch an der Hauptzutat: tierischem Blut. Ursprünglich stammte es vom Schwein, gerann durch die Zugabe eines würzigen Essigsuds und verband als schwärzliche Masse die ihm zugefügten minderwertigeren Fleischstücke wie Schnauze, Pfoten, Schwanz und Schwarte. Auch aus Gänse- oder Entenblut wurde Schwarzsauer zubereitet. Hier kamen Flügel, Magen und Füße mit in den Topf.

Altländer Apfelkuchen

Das Alte Land gilt als der Obstgarten des Nordens. Mehr als zehn Millionen Apfel-, Kirsch-, Birn- und Zwetschgenbäume sorgen hier im Frühling und Frühsommer für ein wunderbares, rosaweißes Blütenmeer. König unten den Früchten der Region, die neben den Hamburger Stadtteilen Neuenfelde, Cranz und Francop mehrere Gemeinden in Niedersachsen umfasst, ist jedoch der Apfel. Fast jeder dritte deutsche Apfel stammt aus dem Alten Land; mehr als zwei Dutzend Sorten werden hier angebaut – darunter auch Raritäten wie die Altländer Glocken. Kein Wunder also, dass Apfelkuchen traditionell ein absolutes Muss auf dem Speisezettel ist. Und zwar nicht nur in seiner süßen Form, mit Rum und Mandeln, sondern auch pikant: mit Zwiebeln und Speck.

Ochsensteert-Suppe

Sogar auf so manchem Silvester-Menü in Hamburger Nobelrestaurants findet sich noch heute eine Ochsenschwanzsuppe – meistens aromatisiert mit einem Schuss Madeirawein. Ursprünglich wurde der Ochsensteert sogar erst in die aufgesprittete Spezialität von der gleichnamigen Insel eingelegt oder die angerösteten Fleischstücke damit abgelöscht. Durch den Handel Hamburgs mit Portugal war Madeirawein in der Hansestadt schon früh bekannt und in der bürgerlichen Küche verbreitet. Im traditionellen Rezept wird der Ochsenschwanz in heißer Brühe gekocht, dann das Fleisch vom Knochen gelöst und erneut, zusammen mit Kartoffelwürfeln und gehacktem Gemüse, in die Bouillon gegeben.

Unten links: Apfelkuchen gibt es im Alten Land in den unterschiedlichsten Varianten.
Unten Mitte: Nicht selten wird Rote Grütze mit einem Klecks Vanillesauce und frischen Früchten serviert.

BESUCHEN

Bäckerei Heinrich Wulf
»Hamburger Klöben« nennen die Norddeutschen ihren Hefestollen mit Rosinen. Die süße Leckerei ist vor allem in der »Bäckerei Heinrich Wulf« begehrt, die seit 1906 in Eimsbüttel als Familienunternehmen zu finden ist. Seit über 100 Jahren wird dort auch das Hamburger Lieblingsteilchen Franzbrötchen mit der richtigen Mischung aus Zimt und Zucker auf saftigem Teig täglich frisch gebacken. Absolutes Highlight sind die Heißwecken (ein süßes Kreuzbrötchen aus Johannisbeeren oder Rosinen), die in Hamburgs Bäckereien mittlerweile rar geworden sind.
Eppendorfer Weg 52, 20259 Hamburg, Tel. 040/405852, www.baecker-wulf.de

Max & Consorten
Das Auge isst mit? Nicht immer! Bestes Beispiel ist Hamburger Labskaus mit gestampften Kartoffeln, Rollmops, Spiegelei, Roter Bete in Scheiben und Gewürzgurke. Was nach einer wilden Mischung klingt, schmeckt richtig gut. Vor allem in der gemütlichen Kneipe »Max & Consorten«. Seit über 30 Jahren werden hier rustikale Speisen und abendliche Snacks serviert.
Spadenteich 1, 20099 Hamburg, Tel. 040/2802228, www.maxundconsorten.de

Zusatzstoffmuseum
Als das »Deutsche Zusatzstoffmuseum« 2008 seine Pforten öffnete, herrschte noch Unsicherheit darüber, ob eine so spezielle Ausstellung bei der breiten Öffentlichkeit auf Zuspruch stieße. Doch das Interesse an Pulvern und Flüssigkeiten, die Bestandteil unserer Lebensmittel sind, ist groß. *Banksstraße 28, 20097 Hamburg, Tel. 040/32027757, www.zusatzstoffmuseum.de*

Der Keksbäcker
Nougattropfen spritzen, Schokolade aufstreichen, gehackte Mandeln streuen – in der Eimsbütteler Plätzchenmanufaktur wird seit 1914 jedes Gebäckstück in traditioneller Handarbeit hergestellt.
35 Keksexperten sorgen für Nachschub an Butterspritzgebäck »Hamburger Elbmuscheln«, Bärentatzen und vielem mehr. Direkt an die Backstube ist ein Betriebsladen mit kleinem Café angeschlossen, wo der Duft von Zimt und Marzipan Erinnerungen an Omas Backkünste weckt.
Sorthmannweg 10, 22529 Hamburg, Tel. 040/562587, www.der-keksbaecker-shop.de

Wein- und Friesenstube
Jeden Mai hat sie Saison: die Scholle. Frisch gefangen kommt sie mit ordentlich durchwachsenem Speck in die Pfanne und wird von beiden Seiten angebraten. Besonders knusprig schmeckt sie seit über 30 Jahren in der »Wein- und Friesenstube« in Ochsenwerder. Kleiner Tipp: Im Juni und Juli sind die Fische meist noch besser, da sie sich vom anstrengenden Laichen erholen konnten.
Ochsenwerder Kirchendeich 10, 21037 Hamburg, Tel. 40/7374198, www.wein-und-friesenstube.de

Zur Alten Mühle
Idyllisch gelegen, ist das Restaurant mit bodenständig-regionaler Küche für seine großen Portionen zu kleinen Preisen bekannt. Im September dominiert vor allem die Kombination aus herzhaft und süß die Saisonkarte, wenn das traditionelle Gericht »Birnen, Bohnen und Speck« langsam den Herbst einläutet.
Eppendorfer Landstr. 176, 20251 Hamburg, Tel. 040/517820, www.zuraltenmuehle-eppendorf.de

Apfeldiplom im Obstparadies
Im Obstparadies »Schuback« gilt es nicht nur, Direktsäfte, Apfelsaftgummibären oder Obstbrände zu kaufen, sondern auch das Altländer Apfeldiplom zu erlangen. Zur Begrüßung wartet ein »Diekpedder« (heißer Apfelsaft mit einem Schuss Apfelbrand), ehe es in der gemütlich eingerichteten Obstscheune um Wissenswertes rund um die Frucht, das Alte Land und den Anbau geht. Nach zwei Stunden folgt schließlich die »schriftliche Prüfung«, deren Fragen im Anschluss besprochen werden – bis jeder Gast sein Apfeldiplom in den Händen hält.
Schuback, Westerjork 81, 21635 Jork, Tel. 04162/370, www.obstparadies-jork.de

Unten rechts: Der Name der legendären Franzbrötchen soll auf das 19. Jahrhundert zurückgehen. Aus dem Franzbrot, einem langen Laib Brot ähnlich dem französischen Baguette, entwickelte sich damals das heutige süße Hefe-Plundergebäck mit Zimt.

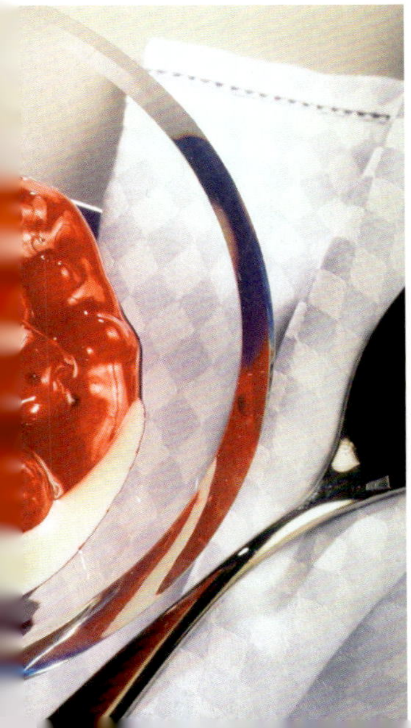

WISSEN

Apfelanbau

Der Obstanbau im Alten Land blickt auf eine jahrhundertelange Tradition zurück. Berichte über die ersten Obstgärten gibt es schon aus dem frühen 14. Jahrhundert. Heute ist das Alte Land das größte zusammenhängende Obstanbaugebiet Deutschlands. Auf mehr als 100 Quadratkilometern wachsen rund zehn Millionen Apfel-, Kirsch- und Birnbäume. Mit einem Anteil von etwa 75 Prozent dominiert dabei eindeutig der Apfel. So lockt dann auch jedes Jahr im Mai das leuchtend weiße Kleid der Apfelblüte die Besucher in die Marschlande südlich der Elbe. Der genaue Zeitpunkt für dieses Naturspektakel ist schwer vorherzusagen – aber auf den Internetseiten der Tourismusvereine zeigen aktuelle »Blütenbarometer«, ab wann die Bäume in voller Blüte stehen. Gerade dann empfiehlt sich eine Radtour an den Deichen entlang und vorbei an den Fachwerkhäusern, um die Natur in ganzer Pracht zu genießen. Auch zur Erntezeit im Herbst lohnt ein Besuch, wenn sich die Äste der Obstbäume unter dem Gewicht der reifen Früchte biegen. Dann gibt es im Alten Land an jeder Ecke etwas zu sehen und zu schmecken. Am besten man kehrt in einen der typischen Obsthöfe ein, um Apfelsaft, Obstkuchen und andere Spezialitäten zu probieren.

ERLEBEN

Wochenmarkt Groß Flottbek

Seit über 60 Jahren gibt es den traditionsreichen Markt, der noch das typische Flair ausstrahlt und zum Bummeln und »Klönschnack-Halten« einlädt. Obst, Gemüse, Fleisch, Käse, Brot, Blumen und mehr lassen sich an der Osdorfer Landstraße jeden Mittwoch und Samstag von 8 bis 13 Uhr bei Stammhändlern frisch kaufen.

Osdorfer Landstr., 22607 Hamburg,
Tel. 040/428116070, www.hamburg.de

Altländer Apfeltage

Eine Besonderheit der »Altländer Apfeltage« zur Erntezeit im Alten Land stellt am zweiten Septemberwochenende der »Tag des offenen Hofs« dar, an dem viele Bauern ihre Tore öffnen. Auch eine Fahrt mit dem Obsthofexpress durch die Plantagen gehört teils zum Programm.

Diverse Höfe, Tel. 04162/914755, (Touristeninfo),
www.tourismus-altesland.de

Hamburger Hafengeburtstag

Einmal im Jahr lädt der Hamburger Hafen drei Tage im Mai traditionsgemäß seit 1977 zum größten Hafenfest der Welt ein. Mehr als eine Million Menschen feiern auf der bunten Meile mit über 500 Schaustellern und Händlern entlang der Elbe zwischen Hafencity und dem Museumshafen Oevelgönne. Highlights sind die Schiffsparaden, das AIDA-Feuerwerk und das einmalige Schlepperballett an den Landungsbrücken.

www.hamburg.de/hafengeburtstag

Franzbrötchen-Wettbewerb

In Hamburger Bäckereien gehört das Franzbrötchen zum Pflichtprogramm. Das Geschmacksgeheimnis: viel Butter. Der feine Duft von Zimt und karamellisiertem Zucker liegt einmal im Jahr auch im Museum für Hamburgische Geschichte in der Luft, denn hier wird das beste Franzbrötchen des Nordens gekürt. Dabei sein können alle. Im Eintrittspreis sind eine Verkostung, Backpräsentation und Lesungen enthalten.

Museum für Hamburgische Geschichte,
Holstenwall 24, 20355 Hamburg,
Tel. 040/428132100, www.franzbroetchen.de

Vierländer Erdbeerfest

Mitten in der Hochsaison der beliebten und leckeren Frucht bildet das »Vierländer Erdbeerfest« im Juni vor der Kulisse des Rieck-Hauses den Höhepunkt. Mit einem Spektakel für die ganze Familie richtet Hamburgs großer Garten, die Vier- und Marschlande, seit 1999 die Veranstaltung für rund 4500 Gäste aus.

Freilichtmuseum Rieck Haus, Curslacker Deich 284,
21039 Hamburg, Tel. 040/7231223,
www.bergedorfer-museumslandschaft.de

Matjes-Meisterschaft

Matjes-Meister gesucht: Nur wer ordentlich fett ist, schafft es jährlich im Frühsommer in die Endauswahl des Wettbewerbs im Altonaer Kaispeicher. Hier wird der Traditionshappen, der ursprünglich aus den Niederlanden stammt, von sechs Teams ganz neu und kreativ auf den Löffel gebracht.

Friesenkrone Feinkost, Kaispeicher Altona,
Große Elbstraße 279, 22767 Hamburg,
www.friesenkrone.com

Norddeutsche Apfeltage

»Himmel und Erde« – nicht nur beim rheinischen Klassiker treffen Apfel und Kartoffel aufeinander, sondern auch beim zweitägigen Fest im September auf Gut Wulksfelde. Neben dem bunten Markt und Mitmachstationen wie Karftoffelbuddeln, lockt vor allem Norddeutschlands größte Obstausstellung.

Gut Wulksfelde, Wulksfelder Damm 15-17,
22889 Tangstedt, Tel. 040/6442510,
www.apfeltage.info

Altländer Blütenfest

Im Frühjahr gibt es wohl kaum eine Gegend, in der Kirsch- und Apfelbäume in einer so faszinierenden Blütenpracht stehen, wie in der Region Altes Land am Elbstrom. Höchste Zeit, um das Naturschauspiel als Blütenfest im Ortszentrum von Jork zu feiern. Höhepunkt der Veranstaltung im Mai ist die Wahl der neuen Blütenkönigin mit dem anschließenden Festumzug und Blütencorso, der mit einem Feuerwerk endet.

Zentrum, 21635 Jork,
www.altlaender-bluetenkoenigin.de

Bilder oben: Äpfel und die Apfelblüte bieten im Alten Land jedes Jahr mehrere Anlässe zum Feiern. Bilder Mitte: Auf Gut Wulksfelde kann man beim alljährlichen Apfelfest an die 220 Apfel- und 70 Birnensorten sowie eine große Kartoffelvielfalt bestaunen; beim Vierländer Erdbeerfest gibt es Erdbeeren und andere regionale Produkte zu probieren. Bild unten: Das leuchtende Feuerwerk bildet einen der gigantischen Höhepunkte des alljährlichen Hamburger Hafengeburtstags.

BETRETEN
STRENGSTENS
VERBOTEN !!!
SECOND FLUSH
DJ/2003
PRODUCE OF
PURE

GUTES AUS DER FERNE — HAMBURGS IMPORTE

Kaffeebohnen, Kakao, Tee, Gewürze – in Hamburgs Hafen landeten schon vor Jahrhunderten Schiffe mit damals oft noch weitgehend unbekannten Köstlichkeiten an. Orientierte sich der Elbische Fernhandel im frühen Mittelalter noch nach Westen, Flandern und England vor allem, sind bald Portugal und Spanien neue Partner. Gegen Ende des 18. Jahrhunderts beginnt Hamburg dann seinen Warenaustausch mit (Süd-)Amerika, Afrika und dem Orient. Um die immer größere Menge an Ballen, Säcken, Kisten und Fässern aus aller Welt zu lagern, zu bemustern oder auch – wie bei Kaffee oder Tee – zu verkosten und zu mischen, baut man ab 1883 auf den Elbinseln Kehrwieder und Wandrahm die Speicherstadt. Kaiser Wilhelm II. weiht ihren ersten Abschnitt 1888 mit silbernen Maurerwerkzeugen ein. Bald schon hieven die Quartiersleute das aus allen Himmelsrichtungen über die Ozeane gesegelte Stückgut mithilfe von Seilwinden direkt von der Fleet (Wasserseite) in die fünf »Böden« (Geschosse) der auf Eichenpfählen ruhenden Speicher. Da diese meist ungeheizt waren und weitgehend aus Bretter-Ebenen bestanden, herrschte in ihnen ein recht gleichmäßiges Lagerklima. Als weltgrößter historischer Lagerplatz zählt die Hamburger Speicherstadt inzwischen zum UNESCO-Welterbe. Sie erstreckt sich zwischen Kehrwiederspitze, Sandtorhöf und dem ehemaligen Teerhof bei der Oberbaumbrücke.

Die Arbeit mehrerer Ingenieure, Architekten und Bauzeichner war nötig, um den Bau der Hamburger Speicherstadt zu realisieren. Sie steht auf einer Fläche von etwa 26 Hektar und wird von sechs Fleeten durchzogen, über die rund 20 Brücken führen. Der Handel mit traditionellen Rohstoffen wie Kaffee, Tee, Kakao und Gewürzen wird heute von der Manufaktur »Speicher & Consorten« fortgeführt.

OSTFRIESLAND & EMSLAND

Die ostfriesische Küche hat eine lange Tradition. Gegessen wird gerne und gut. Typische Gerichte sind »Smoortaal« oder Grünkohl. Die »Mockturtlesuppe« – früher mit Schildkrötenfleisch, heute mit Kalb zubereitet – ist eine wahre regionale Spezialität. Von »Stipp in de Pann« spricht der Emsländer, wenn er sich Räucherspeckstreifen in der Pfanne anbrät. Ammerländer Schinken wird gar als »Praliné in deftig« gereicht. Sehr süß ist die »Ostfriesische Knüppeltorte« aus geschichteten Pfannkuchen. Nicht ganz so gehaltvoll sind »Puffert un Peer«, eine Abwandlung der Dampfnudel. Ohne Tee geht in Ostfriesland nichts. Er wird mehrmals am Tag zur »Teetied« (Teestunde) getrunken. Natürlich mit »Kluntje«, also Kandiszucker, und Sahne. Hochprozentig ist Rumpunsch, der zur Hälfte aus Tee, zur anderen aus Rum und Rotwein besteht.

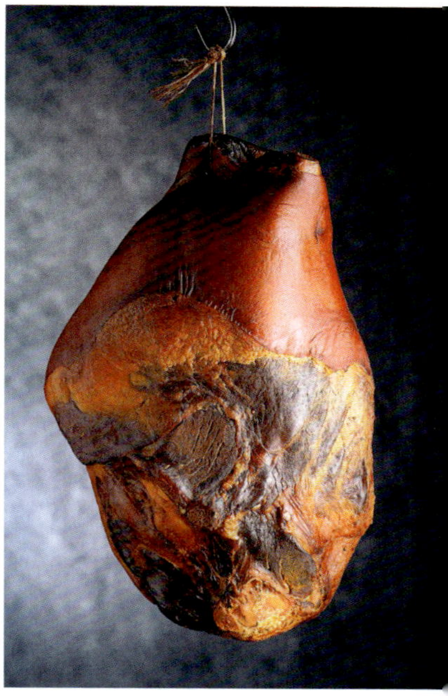

KOCHEN

Ostfriesische Knüppeltorte

Zutaten
für die Pfannkuchen:
6 Eier, 200 ml Milch,
75 g Zucker, 200 g Mehl;
für die Tortenfüllung:
300 g Zucker, 100 ml Zitronensaft,
250 g gemahlene Mandeln,
1 Päckchen Vanillezucker,
1 EL Rum, 100 g Orangeat

Aus den Eiern, der Milch, dem Zucker und dem Mehl am Vortag 7 Pfannkuchen (mit je etwa 24 cm Durchmesser) backen. Für die Tortenfüllung den Zucker mit dem Zitronensaft in einem Topf unter Rühren erhitzen, bis der Zucker aufgelöst ist. Mandeln, Vanillezucker, Rum und Orangeat unterrühren. Eine Springform mit Backpapier auslegen, einen Pfannkuchen darauf platzieren, mit etwas Füllung bestreichen. Die restlichen Pfannkuchen abwechselnd mit der Füllung aufeinanderschichten, mit einem Pfannkuchen abschließen. Über Nacht kühl stellen. Am nächsten Tag mit Sahnetupfen, Mandeln und Orangeat verzieren.

GENIESSEN

Ostfriesische Knüppeltorte

Tatsächlich ist dieser Kuchen nach dem Auskühlen erst einmal »knüppelhart« – daher der Name. Eine zweite Besonderheit des Traditionsgebäcks (die vielleicht die erste bedingt): Seine Basis bilden frische gebackene Pfannkuchen, dazu kommt eine Mandel-Zucker-Masse. Das Ganze wird dann in eine eingefettete, manchmal noch am Rand mit Mandeln bestreute Springform gedrückt und mindestens für eine Nacht kühl gestellt. Erst kurz vor dem Servieren kommt die Knüppeltorte in den heißen Ofen. Da sie sehr süß ist, reicht man sie nur in kleinen Portionen – in der Regel zu einer Tasse Tee.

Tee mit Kluntje

Bis ins 17. Jahrhundert reichen die Anfänge der ostfriesischen Teekultur zurück – denn schon bald, nachdem die ersten Schiffe der Niederländischen Ostindien-Kompanie erste Ladungen der zarten Blätter nach Europa brachten, wurde Tee anstelle des bisherigen Bieres zum Hauptgetränk in der Region zwischen Leer, Emden, Aurich, Wittmund und den küstennahen Inseln. Inzwischen zählt die ostfriesische Teekultur zum immateriellen Erbe der UNESCO. Wann immer ein Ostfriese Besuch erwartet, stehen für die »Teetied« (Teezeit) zarte Tassen mit der unverkennbaren »ostfriesischen Rose« als Muster, Sahnekännchen, ein »Kluntje-Pott« (für den Kandiszucker) und das Stövchen mit der dickbauchigen Kanne auf dem liebevoll gedeckten Tisch. Das Ausschenken übernimmt übrigens immer der Gastgeber und auch das Trinken folgt einer bestimmten Zeremonie. Umrühren gehört aber keinesfalls dazu!

Snirtje

»Kleines Stück« lautet die Übersetzung des plattdeutschen Begriffs »Snirrtje«, während dem Verb »sniertjen« die Bedeutung »brutzeln« oder »zischend braten« zukommt. Beides trifft zu auf den »Snirtje(braa)«. Traditionell wurde dieser »Schweinebraten« am Schlachttag zubereitet. Man schnitt dazu, noch bevor das Tier zerteilt wurde, Fleisch aus der Schulter und vom fettreichen Nacken, teilte es in grobe Stücke, briet es scharf an, gab Wacholderbeeren, Piment, Loobeerblätter und Nelken dazu und schmorte das Ganze mindestens zwei Stunden. So war nach getaner Schlachtarbeit das Essen für alle Helfer (und mitunter auch für die Nachbarn) fertig. Heute wird »Snirtje« mit Apfelrotkohl, Roter Bete und Kürbis, manchmal auch mit Wachsbohnen und Pflaumenkompott als Festessen serviert – und auch die Fleischarten variieren.

Updrögt Bohnen (Getrocknete Bohnen)

Ein ostfriesisches Nationalgericht, das Geschick erfordert. Denn zum Trocknen müssen die Bohnen zunächst auf dünne Fäden, die sogenannten »Bohntjefäden«, gefädelt werden. Mindestens zwei Tage lang hängen sie dann von der Decke und werden für eine Nacht wieder eingeweicht, bevor man sie zum leckeren Bohneneintopf mit Speck oder Mettwurst verarbeitet.

Bilder unten: »Teetied« in Ostfriesland – zur Teezeit wartet vollmundiger Ostfriesentee mit süßer »Knüppeltorte«. Serviert wird mit einem Teeservice bestehend aus bauchiger Kanne, Stövchen und Kluntje-Pott, die häufig mit der ostfriesischen Rose verziert sind.

BESUCHEN

Ostfriesisches Teemuseum
Willkommen in der Welt der Teekultur! Im Alten Rathaus erhält man Einblick in die 5000 Jahre alte Geschichte des Tees, der heute nach Wasser das am häufigsten konsumierte Getränk der Welt ist. Vor allem in Ostfriesland hat der »Ostfriesentee« – eine spezielle, kräftige Mischung, die aus bis zu zehn Schwarzteesorten besteht – besondere Bedeutung. Vom historischen Fernhandel durch die asiatischen Steppen und die Weltmeere vorbei am Kap der Guten Hoffnung spannt sich der Bogen bis zu diversen Teebräuchen. Und auch die gehobene Wohnkultur des 17. bis 19. Jahrhunderts sowie antikes Norder Silber wird präsentiert. Lebendig und interaktiv zeigt sich das traditionelle Handwerk in Werkstätten eines Zinngießers, Schmieds, Stövchenmachers und Porzellanmalers, bevor es anschließend zur Teestunde geht.
Am Markt 36, 26506 Norden,
Tel. 04931/12100,
www.teemuseum.de

Café ten Cate
Eine »Teetied« (Teezeit) mit »Kluntje« (Kandiszucker) und Sahnewolke gehört bei den Ostfriesen zu einem gelungenen Tag einfach dazu. Und zwar am besten mit einem Stückchen »Knüppeltorte«. Diese Spezialität darf natürlich auch im »Café ten Cate« inmitten der ältesten Stadt Ostfrieslands nicht fehlen. 1878 als Familienbetrieb gegründet und bereits von der fünften Generation geführt, ist er sogar Schauplatz der Ostfriesenkrimis von Klaus-Peter Wolf. So lässt der Autor seinen Kriminaldirektor Ubbo Heide hier seine Marzipan-Seehunde beziehen. Aber nicht nur Konditorwaren sind begehrt, sondern auch die ostfriesischen Brotspezialitäten »Swartbrot« (Schwarzbrot aus Roggenvollkorn), »Krintstuut« (saftiges Rosinenbrot), »Peppernöten« (knuspriges Würzgebäck mit Pfeffernüssen) und »Leegemoor-Zwieback« mit einem Schuss Rosenwasser.
Osterstr. 153,
26506 Norden,
Tel. 04931/2420,
www.cafe-ten-cate.de

Im historischen Alten Rathaus der Stadt Norden (ganz oben) befindet sich das Ostfriesische Teemuseum. Hier erfährt man Wissenswertes über Ostfriesentee und kann regelmäßig an Teezeremonien (oben) teilnehmen. Unten: Festsaal mit historischem Norder Silber.

KOCHEN

Emsländer Kürbissuppe

750 g Kürbisfleisch, 1 Zwiebel, 2 Möhren, 250 ml Weißwein, 500 ml Fleischbrühe, 2 EL Obstessig, ½ TL Currypulver, frisch geriebene Muskatnuss, 1 Spritzer Tabasco, Salz, Pfeffer, Saft von 1 Zitrone, 200 g Crème fraîche, 100 g grob gehackte Kürbiskerne

Kürbis, Zwiebel und Möhren in Würfel schneiden. Die Zwiebelstücke in einem Topf mit Butter andünsten. Möhren und Kürbis dazugeben, kurz anbraten. Mit Weißwein ablöschen und ca. 5 Minuten köcheln lassen. Mit dem Stabmixer pürieren und so viel Fleischbrühe hinzufügen, bis die gewünschte Konsistenz erreicht ist. Den Obstessig unterrühren. Mit Currypulver, etwas Zucker, Muskatnuss, Tabasco, Salz sowie Pfeffer würzen und abschmecken. Zitronensaft und Crème fraîche unter die Suppe rühren, kurz köcheln lassen. Die Kürbiskerne rösten und jeweils über die Portionen Suppe streuen.

GENIESSEN

Brotspezialitäten

»Swartbrot«, »Krintstut«, »Speckendicken«, »Neejahrskuken« – deftig, aber manchmal auch fein geht es zu beim Backwerk der Ostfriesen. Alljährlich zu Silvester kommen die mit Speck und Mettwurstscheiben belegten, aus einem flüssigen Roggen- oder Weizenmehlteig gebackenen »Speckendicken« aus dem Waffeleisen (oder aus der Pfanne) auf den Tisch. Ebenfalls im Eierkuchen-Eisen backt(e) man zu Neujahr die wie Eishörnchen eingerollten »Rullerkes« oder »Neejahrskuken«. Auch nur an Feiertagen gab es früher »Stuten«; ein »feines Weißbrot«, angereichert manchmal mit Rosinen oder Korinthen (»Krint«). Im Alltag war das Brot der Ostfriesen »so schwarz wie der Torf, den sie brennen«. Und wie Ende des 16. Jahrhunderts ein Reisender notierte: »...schwer zu verdauen, säuerlich und zu einer beinahe vier Fuß langen Teigmasse geformt.« Gebacken wurde das »Swartbrot« meist nur einmal im Monat, in Torföfen außerhalb des Haues – und zwar bis zu 24 Stunden.

Schinken & Mettwurst

Fleisch zur Weiterverarbeitung wird in Ostfriesland selten geräuchert, sondern seit alters her eher gepökelt oder luftgetrocknet. Schinken, Speckseiten und Würste baumelten in den Bauernküchen einst oft wochenlang im »Wiem« von der Decke, einer Latte oder einem Rauchfanggerüst aus Weide dicht beim offenen Feuer. Ammerländer Katenschinken etwa hängt gut zwei Monate im Buchenrauch; sein mildwürziger Geschmack und seine helle Farbe unterscheiden ihn von anderen Räucherschinken. Ebenfalls geräuchert sind die typischen »Pümmel«, halblange, harte Mettwürste, deren Fleisch mit einem Schuss Alkohol verfeinert wurde. Eine weitere deftige Spezialität Ostfrieslands ist das »Nagelholz« – sehr hart gewordenes tiefdunkles Dörrfleisch vom Rind. Selbst wohlhabende Bauern leisteten es sich einst nur selten und dann hauchdünn geschnitten.

Emsländer Kürbissuppe

Papenburg, Bawinkel, Lingen – auch im Emsland wird vielerorts Kürbis angepflanzt. Zur Erntezeit im Herbst feiern die Kürbishöfe der Region meist ein großes Fest, bei dem nicht nur Wissen um Hokkaido, Butternut, Muskatkürbis oder um den ursprünglich aus Frankreich stammenden, früh reifenden Roten Zentner vermittelt wird. In der Regel köchelt an diesem Tag auch eine traditionelle Suppe aus den blassgelben oder leuchtend orangefarbenen Ackerfrüchten in großen Töpfen. Zwiebeln und Crème fraîche oder Sahne gehören unbedingt zu ihren Zutaten. Gewürzt wird unter anderem mit frisch geriebener Muskatnuss und gegebenenfalls auch mit etwas Kümmel.

Unten links: Die Emsländer Kürbissuppe wird traditionell mit gerösteten Kürbiskernen verfeinert. Unten rechts: »Speckendicken«, die besonderen, herzhaften Pfannkuchen Ostfrieslands, sind vor allem zu Neujahr eine beliebte Spezialität.

EINKAUFEN

Janßen Hof Rastede
Schweine grunzen zufrieden, und auf der Schauwiese sind Heidschnucken zu Hause. Neben selbst gemachten Konfitüren und Gelees werden im Hofladen Liköre und Säfte sowie Eier aus eigener Haltung angeboten. Im dazugehörigen nostalgischen Hofcafé kommen hausgemachte Kuchen und Torten auf den Tisch.
Pantinenweg 4, 26180 Rastede, Tel. 04402/2482, www.janssen-hof.de

Horster Grashaus Hofladen und Hofcafé
Idyllisch im Grünen liegt das Horster Grashaus. Im Hofladen kann man hausgebackenes Schwarzbrot, Kekse, Marmeladen, Griebenschmalz, Freilandeier, Gemüse, aber auch kleine Geschenk- oder Dekoartikel erwerben. Das Hofcafé lädt bei Wohnzimmer-Atmosphäre zu hausgebackenen Windbeuteln und vorzüglichen Torten ein.
Am Horster Grashaus, 26446 Horsten, Tel. 04422/9992620, www.horster-grashaus.de

Rutteler Mühle Zetel-Ruttel
Direkt neben der noch aktiven Rutteler Mühle ist das großzügige Mühlencafé in einem Friesenhaus untergebracht. Dort lässt es sich herrlich frühstücken oder Torten sowie frisch gebackene Waffeln genießen. Im Mühlenladen nebenan gibt es verschiedene Naturkostwaren.
Friedeburger Str. 2, 26340 Zetel-Ruttel, Tel. 04452/333, www.rutteler-muehle.de

Horster Grashaus Horsten
In einem ehemaligen Bullenstall ist heute das Hofcafé zu finden. Windbeutel sind die absolute Spezialität. Im Hofladen gibt es hausgemachtes Schwarzbrot und Kekse nach Omas Rezepten. Dazu kommt eine große Auswahl an Eingemachtem, Gemüse sowie Fleisch- und Wurstwaren.
Grashaus 1, 26446 Horsten, Tel. 04422/9992620, www.horster-grashaus.de

Kräuterhof Rosen
Der Kräuterhof Rosen mutet mit seiner idyllischen Lage am Waldrand wie ein verwunschenes Hexenhäuschen an, in dem eine Kräuterfrau aus vergangenen Zeiten wohnen könnte. Haushaltsgeräte von früher und ein Kräutergarten verstärken diesen Eindruck. Die Einrichtung des Hofladens trägt das Prädikat vintage. Hier sind auch hauseigene Kräuterteemischungen, Dekoratives sowie regionale Leckerbissen zu erstehen.
Zum Wald 12, 49744 Geeste/Bramhar, Tel. 05963/981060, www.kraeuterhof-rosen.de

Hofladen Kartoffelhof Anneken
Der Familienbetrieb baut die namensgebenden Knollengewächse schon in der vierten Generation an. Im Hofladen sind Kartoffeln – die Haupterzeugnisse des Hofes –, aber auch typische Papenburger Kräuter und Gurken sowie Obst und Gemüse aus eigenem Anbau erhältlich.
Lerchenweg 8, 26871 Papenburg, Tel. 04961/7989, www.hof-anneken.de

Hof Blekkers
Das Gebäudeensemble steht unter Denkmalschutz. Es beherbergt ein Wohnheim, eine Werkstatt für Menschen mit Behinderung und ein Hofcafé. Dort wird in uriger Atmosphäre selbst gebackener Kuchen angeboten. Im Hofladen gibt es regionale Produkte wie Wurst vom Bunten Bentheimer Schwein, Liköre, Fruchtaufstriche und handgefertigte Stücke aus den Werkstätten zu kaufen.
Am Feriengebiet 5, 49843 Uelsen, Tel. 05942/989377, www.gemeinsam-leben-und-wohnen.de

Querdels Hof
Im Hofladen wird Obst und Gemüse aus eigenem Anbau angeboten. Je nach Saison sind Spargel, Erdbeeren, Heidelbeeren und Himbeeren sowie Kartoffeln, Eier, Brot, Eingekochtes und Eingemachtes aus eigener Produktion zu erwerben. Im gemütlichen Hofcafé kann man die nach alten Familienrezepten verarbeiteten Produkte genießen. Ein besonderes Angebot, das vor allem Kindern großen Spaß bereitet, ist das Selberpflücken der Früchte auf dem Feld.
Hauptstr. 2, 48488 Emsbüren, Tel. 0591/3848, www.querdel.de

Unten links: Auf vielen Höfen Ostfrieslands, wie zum Beispiel auch auf dem Janßen Hof in Rastede, leben glückliche Schweine.
Unten rechts: Die Rutteler Mühle ist noch immer in Betrieb. Hier lohnt ein Besuch im angrenzenden Café und Naturkostladen.

KOCHEN

Bookweiten-Janhinnerk (Buchweizen-Pfannkuchen)

200 g Buchweizenmehl,
375 ml kalter Kaffee vom Vortag,
2 Eier, 150 g Speck

Das Buchweizenmehl mit dem Kaffee, 2 Eiern sowie 1 Prise Salz zu einem Teig verrühren. Den Teig etwa 5 Stunden quellen lassen. Eine Pfanne erhitzen und etwa 150 g Speck darin auslassen. Herausnehmen und auf Küchenpapier abtropfen lassen. Etwas Fett in der Pfanne belassen. Den Teig kräftig umrühren. Etwas Schmalz in der Pfanne erhitzen und etwa 3 Speckstreifen darin verteilen. Portionsweise Pfannkuchenteig auf jeden Speckstreifen geben und unter Wenden goldbraun backen. Die restlichen Pfannkuchen auf dieselbe Weise zubereiten. Im Emsland werden die Buchweizenpfannkuchen traditionell mit Kaffee zubereitet. In Ostfriesland wird lieber schwarzer Tee verwendet.

GENIESSEN

Matjes

Heringe gehören zu Ostfriesland wie die »Teetied« und Deutschlands schmalste Autobrücke. Sogar Aktien gab etwa die Heringsfischerei Dollart aus – anno 1900 immerhin noch mit einem Wert von 1000 Mark und dem Abbild von Fangloggern unter Segel. Mit dem Matjesfest erinnert die Hafenstadt Emden regelmäßig an die langeTradition ihrer Heringsfischerei, die bis zur letzten Fangreise 1969 vielen Emdener Familien ihr Auskommen sicherte. Frischer Matjes ist außen silbrig und innen rosa. Filetiert und ohne Haut, isst man ihn meist nur mit ein paar Zwiebelringen – oder norddeutsch mit Pellkartoffeln und grünen Bohnen.

Pilsner Bier

Bierbrauen hat auch in Ostfriesland eine lange Tradition. Zwar ist die Zahl der Brauereien schon lange nicht mehr so groß wie im 19. Jahrhundert, als etwa in Jever Diedrich König das Friesische Brauhaus gründete. Aber Neugründungen wie im Örtchen Weener zeigen, dass der Gerstensaft in der Region nach wie vor eine wichtige Rolle spielt. Aus der kleinen Privatbrauerei der Familie König entwickelte sich nach dem Verkauf 1867 in den nächsten drei Jahrzehnten ein Unternehmen, für das der neue Eigentümer, der sich auch am Bau der ersten Wasserleitung für die Jever beteiligte, sogar spezielle Flaschen anfertigen ließ. Inzwischen ist das »Jever Pils« weit über Deutschlands Norden hinaus bekannt.

Oben: Typisch norddeutsch – Matjes mit Kartoffeln und Grünen Bohnen. Unten links: Norddeutsche Buchweizenpfannkuchen, »Bookweiten-Janhinnerk«. Unten rechts: Das Jever Pils macht heute etwa zwei Drittel der Gesamtproduktion des Großkonzerns Jever aus.

BESUCHEN

Friesisches Brauhaus Jever
»Wie das Land, so das Jever« – mit diesem Werbespruch hat sich die Kreisstadt einen Namen gemacht. Einen Eindruck davon, wie vor über hundert Jahren gebraut wurde, bekommt man beim Rundgang durch das historische Brauereimuseum. Anschließend führt der Weg in die moderne Produktionsstätte des friesisch-herben Gerstensafts. Eine kleine Bierprobe samt »Treber-Stuutje« (Treber ist ausgekochter Malzschrot, der beim Brauen von Bier übrig bleibt und im Brötchenteig verarbeitet wird) gehört zu jeder Führung dazu.
Elisabethufer 18, 26441 Jever, Tel. 04461/13711, www.jever.de

Puppen-Café
Hier ist der Name Programm, denn Spielzeug aus Urgroßmutters Zeiten geben der Lokalität einen ganz besonderen Charme. Fernab vom Straßenlärm genießt man direkt am malerischen Museumshafen nicht nur Gastfreundschaft und original Ostfriesentee, sondern auch die wohl besten Windbeutel Norddeutschlands. Vor allem der »Rote Jan« (Windbeutel gefüllt mit Vanilleeis und friesischer Roter Grütze und Sahne) hat es den Gästen angetan.
Am Hafen West 12, 26409 Carolinensiel, Tel. 04464/429

Milchtankstellen
In Ostfriesland gibt es Bauernhöfe, die über sogenannte »Milchtankstellen« verfügen. Soll heißen: An den Automaten kann man sich zu jeder Tages- und Nachtzeit die frische Milch der hofeigenen Kühe abfüllen. Wie das geht? Noch während des Melkens wird die Milch auf 4 Grad heruntergekühlt. So bleibt der natürliche Fett- und Eiweißgehalt trotz Automat erhalten. Das Zapfen ist dabei ganz einfach: Geld einwerfen, Flasche unter die Ausgabe halten und Startknopf drücken. Die kleinste Abnahmemenge liegt bei einem halben Liter.
Adressen im Überblick unter www.ostfriesland.de

Schatteburger Melkhuske
Weiden, Ruhe und frische Luft: Entlang der »Deutschen Fehnroute« findet man zahlreiche kleine »Melkhuskes« (Milchhäuschen), die zu einer Stärkung von frischen Milchprodukten einladen. Besonders schön ist es im bezaubernden Café »Schatteburger Melkhuske«, umgeben von Apfelbäumen und satten Wiesen.
Backemoorer Str. 63, 26817 Rhauderfehn, Tel. 04952/7580, www.melkhuske-schatteburg.de

Ammerländer Schinken im Freilichtmuseum Ammerländer Bauernhaus
Eine Ammerländer Spezialität ist der Schinken: Sechs Monate muss er ruhen, dabei wird er von Hand gesalzen und erhält am Ende der Reifezeit sein mildes Aroma. Als wahres Schinkenparadies zeigt sich das Freilichtmuseum Ammerländer Bauernhaus. Hier hingen vor mehr als hundert Jahren zur Zeit der Räucherung noch ganze Schinken unter der Decke – der sogenannte Schinkenhimmel. Der rauchige Duft liegt noch jetzt in der Luft. Auch das Ammerländer Schinkenmuseum in Apen ist einen Besuch wert: 1748 wurde die Räucherei von Johann Nikolaus Meyer gegründet und ist nunmehr die älteste museal aktive Schinkenräucherei des Ammerlandes. »Praliné in deftig« nennt Inhaber Arnd Müller seine Schinken, die bei einem Besuch probiert werden dürfen.
Auf dem Winkel 26, 26160 Bad Zwischenahn, Tel. 0440/2071, www.ammerlaender-bauernhaus.de sowie
Ammerländer Schinkenmuseum, Hauptstr. 212, 26689 Apen, Tel. 04489/6501, www.schinkeneum.de

Restaurant Spieker
Aal aus dem Zwischenahner Meer sind schon seit Jahrhunderten eine norddeutsche Delikatesse. Nach dem Fang werden sie geräuchert, daraus entsteht die bekannte Spezialität »Smoortaal«, die man im Restaurant traditionell mit dem »Ammerländer Löffeltrunk« genießen kann.
Am Hogen Hagen 4, 26160 Bad Zwischenahn, Tel. 04403/2324, www.spieker-gaststaette.de

Bilder unten: Bei einer Brauereiführung im »Friesischen Brauhaus« Jever lernt man Wissenswertes rund um das Bierbrauen und darf das Malzgetränk natürlich auch verkosten.

ERLEBEN

Emder Matjestage

Die Emder Heringsfischerei sicherte über 450 Jahre das Einkommen vieler Familien. 1969 wurde der ostfriesische Betrieb aber nach Bremerhaven verlagert. Als Erinnerung an die alte Tradition wird heute das Matjesfest gefeiert, bei dem vier Tage lang Traditionsschiffe aus dem In- und Ausland im Binnenhafen und Ratsdelft einen Hauch der längst vergangenen Seefahrerromantik versprühen.

Rund um den Delft, 26721 Emden, www.matjestage.de

Schortenser Klinkerzauber

25 Künstler aus zehn Nationen präsentieren sich jährlich im Juni für ein Wochenende beim Straßenkunst- und Musikfestival. An insgesamt fünf Standorten erwarten Groß und Klein im Innenstadtbereich Zauberer und Jongleure, Clowns und Akrobaten, und ein Jahrmarkt lockt mit zahlreichen Leckereien, Fahrgeschäften, Musik und Feuerwerk.

Menkestr., 26419 Schortens, Tel. 04461/9820 (Rathaus), www.schortens.de

Friedeburger Festival

Eine Festmeile bestehend aus kulinarischen und weiteren Händlerständen sowie Live-Musik wartet am vierten Wochenende im September auf der für Autofahrer extra gesperrten Hauptstraße beim Friedeburger Festival. Am Finaltag wird auf der Showbühne schließlich traditionell das »Friedeburger Burgfräulein« gewählt.

Dorfplatz, 26446 Friedeburg, www.gemeinde-friedeburg.de

Schneeglöckchenmarkt

Schneeglöckchen stehen auf dem Klostergelände in Ihlow beim namensgebenden Markt im Mittelpunkt. Ausgerichtet wird er vom Klosterverein an zwei Tagen im Februar. Bereits der Fußweg vom Parkplatz durch den Wald stimmt mit bebilderten Geschichtstafeln und grün-weißen Bändern auf die kleinen Frühblüher ein, ehe das Klostercafé traditionell mit einem Stück Schneeglöckchentorte verwöhnt.

Kloster Ihlow, Zum Forsthaus 1 (mitten in einem Waldstück am Rand von Ihlowerfehn und Ludwigsdorf), 26632 Ihlow, Tel. 04929/8900 (Rathaus), www.kloster-ihlow.de

Schinkenfest

Der Verein für Heimatpflege lädt jährlich im Mai rund um das Ammerländer Bauernhaus beim Freilichtmuseum zum traditionellen Schinkenfest ein. Die rund 200 Schinken, die zum Räuchern unter dem Hausdach hängen, werden dann nämlich abgeschnitten und gekostet. Neben Schwarzbrot und Rauchbier gibt's vom Fleischermeister höchstpersönlich Infos zur Spezialität.

Freilichtmuseum Ammerländer Bauernhaus, Am Hogen Hagen, 26160 Bad Zwischenahn, Tel. 04403/2071, www.bad-zwischenahn-touristik.de

Schollenbraten im Watt

Ein Erlebnis ist jedes Jahr wieder das Schollenbraten im Watt, wo in der Gemeinde Wangerland unter der Schirmherrschaft der Gastronomiekooperation »Die Seesterne« Schollen gebraten werden. Barfuß oder mit Gummistiefeln steht man in der einmaligen Kulisse des vorgelagerten Wattenmeeres, genießt seinen Fisch und beobachtet die vorbeifahrenden Schiffe.

Strand in Schillig, Halbinsel im Wangerland, www.die-seesterne.de und *www.wangerland.de*

Altstadtfest in Jever

Drei Tage, sechs Live-Bühnen mit zahlreichen Bands und Bühnenkünstlern – das Altstadtfest in Jever sorgt jedes Jahr im August in der ganzen Innenstadt für Unterhaltung. Los geht's am Kirchplatz mit dem traditionellen Fassbieranstich samt Freibier vom Friesischen Brauhaus unter musikalischer Begleitung der Lüneburger Schrotttrommler.

Innenstadt, 26441 Jever, Tel. 04461/9390 (Touristeninfo), www.stadt-jever.de

WISSEN

Kandiszucker

Arabische Ärzte nutzten die im 9. Jahrhundert in ihrer Heimat erstmals gewonnenen Großkristalle als Heilmittel. Kreuzritter verbreiteten das Zucker-Geheimnis dann in ganz Europa. Der »Brockhaus« von 1865 beschreibt, wie Kandis einst hergestellt wurde: indem man »geläuterten Zuckersaft in kupfernen Gefäßen erst an einem kühlen Ort, hiernach einige Tage in der Darrstube« kristallisierte. Auch beim aktuellen Herstellungsverfahren braucht es viel Zeit: Etwa auf vier Millimeter wächst ein weißer oder brauner Kandis in fünf Tagen an; ein großer »Kluntje« erreicht erst nach zwei bis drei Wochen seinen vollen Umfang von zwei Zentimetern. Ostfriesen bevorzugen den »weißen Kluntje«, sein Knistern und nur langsames Sich-Auflösen gehört zu jeder Teezeremonie. Die silbernen »Kluntjezangen«, die ostfriesische Mädchen als erste Aussteuergabe geschenkt bekamen, sind jedoch meist zu filigran für die Kandisbrocken und es bedarf Übung, um die Distanz zwischen »Kluntje-Pott« und Teetasse zurückzulegen.

Bild oben: Ein besonderes Erlebnis ist das alljährliche Schollenbraten im Watt. Bilder Mitte: In Ihlow stimmt der Schneeglöckchenmarkt auf den Frühling ein; bei den Emder Matjestagen dreht sich alles um den zarten Hering, den man dort vor der Kulisse verschiedener Traditionsschiffe genießen kann. Bild unten: Abends sorgen diverse Livebands für die richtige Unterhaltung, sodass schnell echte Seefahrerromantik aufkommt.

BREMEN

Deftig, schmackhaft und nichts für Vegetarier, so lässt sich die traditionelle Bremer Küche mit wenigen Worten beschreiben – auch wenn die Spezialitäten mit »Kohl und Pinkel«, »Labskaus« sowie »Kükenragout« etwas gewöhnungsbedürftig klingen. »Küken« steht für das plattdeutsche Wort »Kiken«. Also junges Huhn, das mit Kalbsbries, Würstchen oder Krebsschwänzen auf dem Teller landet. Eine Mischung aus maritimer und bodenständiger Landhausküche kommt im Allgemeinen in der Hansestadt auf den Teller. Urbremisch sind »Stinte«. Die kleinen Fische sind vor allem für ihren intensiven Gurkengeruch bekannt. Deftig wird es, wenn »Knipp« serviert wird – eine Grützwurst, die der Pinkel ähnelt. Für Süßes stehen »Bremer Kluten«. Sie sehen aus wie Dominosteine, bestehen aber aus Pfefferminzfondant, das zur Hälfte mit Schokolade überzogen ist.

BESUCHEN

Lloyd Kaffeerösterei
Die Lloyd-Rösterei ist die älteste noch immer traditionell röstende Kaffeerösterei Bremens. Die handgepflückten Hochland-Arabica-Bohnen duften im dazugehörigen Laden und seit 2009 auch im gemütlichen Café, das neben der Gläsernen Rösterei im Bremer Holz- und Getreidehafen zu finden ist.
Fabrikenufer 115, 28217 Bremen, Tel. 0421/38332211, www.lloyd-caffee.de

Hachez Chocolade
Bremen und Hachez sind stark verwoben, schließlich entdeckte der gebürtige Hanseate Joseph E. Hachez schon 1890 das Geheimnis der besonderen Schokoladenproduktion. Seither wird in der eigenen Bremer Manufaktur ausgesuchter Edelkakao geröstet, sorgfältig conchiert und unter Verwendung natürlicher Zutaten verarbeitet. In der Westerstraße 32 ist von 10 bis 17 Uhr Werksverkauf.
Am Markt 1, 28195 Bremen, Tel. 0421/3398898, www.hachez.de

GENIESSEN

Llyod Kaffee
Bremens älteste traditionell röstende Rösterei hat ihren Sitz in der denkmalgeschützten HAG Fabrik, jenem Unternehmen, das mit seinem Jugendstil-Marmorsaal nicht nur baulich ein Juwel ist, sondern auch eines der wohl wichtigsten Kapitel der weltweiten Kaffeegeschichte schrieb. Denn vom Gebäude der Kaffee-Handels-Aktiengesellschaft aus trat ab 1906 die entkoffeinierte Variante des schwarzbraunen Trunks ihren Siegeszug an, nachdem der Bremer Kaufmann und Kunstmäzen Ludwig Roselius (1874–1943) ein Verfahren entwickelt hatte, den Kaffeebohnen ihre stimulierende Substanz zu entziehen, ohne dass dies sich auf ihr Aroma und somit den Geschmack des Kaffees auswirkte. Allerdings galt Bremen schon im 17. Jahrhundert als Kaffeestadt; bereits 1673 werden erste »Kaffeeschenken« erwähnt, zur Blüte des Kaffeehandels zählte man mehr als 500 Röstereien. Llyod röstet bis heute per Hand – und Besucher können dabei zuschauen.

Hachez-Schokolade
Belgien gilt nicht nur als Paradies für Bierliebhaber, sondern auch als Mekka der Schokoladenfans. Kein Wunder also, dass Joseph Emil Hachez (1862–1933), ein Bremer Kaufmann mit Brügger Vorfahren, sich in Antwerpen zum Chocolatier ausbilden ließ. Zurück in seiner Heimatstadt gründete er mit Heinrich August Linde (1835–1921) 1890 die Bremer Chocolade-Fabrik Hachez & Co. Schon 1985 zog das Unternehmen auf die linke Weserseite, in die Alte Neustadt, wo es noch heute seinen Sitz hat. 1910 stieß der Kaufmann Carl Otto Friedrich Hasse als Gesellschafter zu Hachez und hatte wenig später die Idee zu jenen dünnen Schokoladentäfelchen in Form von Birkenblättern und anderem filigranen Blattgrün, die unter dem Namen »Braune Blätter« bald zum Markenzeichen des Bremer Traditionsunternehmens avancierten.

Stubenküken
Bis zurück ins 14. Jahrhundert reicht der Bremer Brauch des »Isen«, eines (festlichen) Essens, das jeder neugewählte Ratsherr dem gesamten Rat, später sogar der gesamten Bürgerschaft, auf eigene Kosten auszurichten hatte. Traditionell wurde zu dem Mahl ein Ragout gereicht, in dem das Fleisch von jungen Hühnern, den Stubenküken, eine zentrale Rolle spielte. Inzwischen ist die Tradition des Isen (wörtlich Eisen) zwar beendet, aber das Stubenküken-Ragout gibt es noch immer auf Bremer Speisekarten. Oft veredelt mit Granat (Krabben), Flusskrebsschwänzen und Rinderzunge, mitunter zudem angereichert durch Kalbfleischbällchen, Spargel und anderes Gemüse. Es gibt sogar Rezepte mit Sprotten, Kalbsbries, geräucherten Muscheln und Artischocken. Doch welche Variante auch immer – als Beilage wird traditionell Reis serviert.

Unten links: Hier werden Schokoladenträume wahr. Im Hachez-Fachgeschäft, Am Markt 1, gibt es nicht nur Pralinés für jeden Anlass, sondern auch die berühmten »Braunen Blätter«. Wer sich nicht entscheiden kann, sollte die »Überraschungs-Box« wählen.

EINKAUFEN

Bremer Bonbon Manufaktur
Lollies baumeln in Wagenrad-größe von der Decke, bunte Bonbonsorten stehen in Gläsern im ganzen Laden verstreut und Schulkinder drücken ihre Nase an der Fensterfront platt. Als Paradies für Schleckermäuler entpuppt sich die Bremer Bonbon Manufaktur, in der auch das beliebte Souvenir, ein Tütchen »Bremer Kluten«, erhältlich ist. Die aus Pfefferminz-Fondant hergestellten und zur Hälfte mit dunkler Schokolade überzogenen, etwa zwei Würfelzucker großen Stückchen galten schon im 19. Jahrhundert als beliebte Süßspeise. Aber auch die vielen weiteren Leckereien eignen sich als Mitbringsel. Durchprobieren ist hier ausdrücklich erlaubt.
Böttcherstr. 8 (Handwerkerhof), 28195 Bremen, Tel. 0421/36491231, www.bremer-bonbon-manufaktur.de

Grashoff
Die Delikatessenhandlung Grashoff blickt auf eine lange Geschichte zurück. Bereits seit 1872 gibt es das Geschäft, das heute mit einer reichen Auswahl an Marmeladen, Pralinen, Feinkostsaucen, Wurst- und Käsesorten aufwarten kann. Im angeschlossenen Bistro kann man exzellent speisen und das noch dazu in schönem Ambiente. Im Sommer lockt eine sonnige Terrasse.
Grashoff, Contrescarpe 80, 28195 Bremen, Tel. 0421/14749, www.grashoff.de

Schnoortreppe
Der »Knüppel im Jutesack« ist eine aus Schweinefleisch geräucherte Mettwurst. Woher der Name stammt, ist ungewiss. Einige munkeln, er habe etwas mit dem Märchen »Tischlein, deck dich« der Gebrüder Grimm zu tun. Andere denken, der Knüppel spiele eine Rolle beim Räuberessen der Bremer Stadtmusikanten. So oder so ist die Bauernwurst im Jutesack ein beliebtes Mitbringsel aus Bremen.
Schnoortreppe, Balgebrückstr. 20, 28195 Bremen, Tel. 0421/3398707, www.bremenshop-schnoortreppe.de

Bilder oben: Schleckermäuler kommen in der Bonbon-Manufaktur voll auf ihre Kosten. Bilder unten: Im Lloyd-Rösterei-Laden, im Bremer Holzhafen, findet man alle handgerösteten Kaffees und Espressi, in ganzer Bohne oder gemahlen.

KOCHEN

Bremer Knipp (Hackgrütze)

4,5 l Rinderbrühe, 1 kg Graupen,
750 g Rinderleber,
250 g Schweinenacken,
500 g Speckschwarten

2 l Rinderbrühe erhitzen und die Graupen bei schwacher Hitze quellen lassen. Die Leber in 0,5 l Rinderbrühe bei schwacher Hitze gar ziehen lassen und sie dann mit dem Schweinenacken und den Speckschwarten durch die feine Scheibe des Fleischwolfs drehen. Mit Salz, Pfeffer und Nelkenpfeffer abschmecken. Die Fleischmasse mit den Graupen in einer Schüssel mischen und alles in einem Geschirrtuch zu einer Rolle eindrehen. 1,5 l Rinderbrühe in einem Topf aufkochen und die Fleischrolle darin 2 Stunden garen. Die Rolle herausnehmen und das Geschirrtuch entfernen. Den Knipp in Scheiben schneiden. Etwas Schweineschmalz in einer Pfanne erhitzen und die Knippscheiben darin rundherum kross anbraten.

GENIESSEN

Bremer Knipp

Eine saure Gurke und ein paar einfache Brat- oder Schmorkartoffeln – mehr brauche es nicht als Begleitung für dieses uralte Gericht, sagen die Bremer. Ansonsten komme ihr Knipp »ohne Gedöhns und Getüddel« aus. Das einstige Arme-Leute-Essen aus Schlachtabfällen wie Schweinekopf und -bauch, Leber und Hafergrütze gibt es heute meist schon fertig bei den Schlachtern (Metzgern) der Region zu kaufen: in dicken Rollen, von denen dann große Scheiben abgeschnitten werden. Diese brät man in der Pfanne kross in Schweineschmalz und würzt eventuell nach mit Piment. Als Getränk dazu passt am besten ein norddeutsches Bier.

Beck's Bier

Braukunst hat an der Weser eine jahrhundertelange Tradition. So wurde in Bremen schon im Mittelalter Bier gebraut. Im Sommer 1873 gründete der badische Braumeister Heinrich Beck (1832–1881) mit dem Bremer Kaufmann Thomas May die Kaiserbrauerei Beck & May; Geldgeber war der Bremer Architekt Lüder Rutenberg. Bereits 1876 entwickelte Heinrich Beck ein Bier nach Pilsener Art, das sich ideal für den Transport nach Übersee eignete und noch im selben Jahr auf der Weltausstellung in Philadelphia als »bestes aller kontinentalen Biere« ausgezeichnet wurde. Auf dem Etikett prangte damals bereits das heutige Logo: eine Variante des Bremer Stadtwappens.

Unten links: Angeblich werden jede Minute weltweit etwa 3000 Flaschen Beck's geöffnet. Solche Fakten und vieles Weitere lernt man bei einem Rundgang durch das Beck's Museum, bei dem es auch an Malzsilos und Gär- und Lagertanks vorbeigeht.

BESUCHEN

Beck's in'n Snoor
Mit dem urgemütlichen Restaurant »Beck's in'n Snoor« in Bremens schnuckeliger Altstadt mitten im Schnoorviertel, setzt die weltbekannte Brauerei Beck & Co. die uralte Tradition der Brauerei-Gasthöfe fort. Während in den winkeligen Gassen mit Häusern aus dem 15. und 16. Jahrhundert ein buntes Treiben herrscht, bieten die rustikalen Räumlichkeiten auf drei Ebenen bremische Gastlichkeit mit traditionellen Spezialitäten wie Knipp. Die Grützwurst kommt hier kross gebraten mit Bratkartoffeln, Gewürzgurke und Apfelkompott auf den Teller.
Schnoor 34, 28195 Bremen, Tel. 0421/323130, www.becks-im-schnoor.de

Köksch un Qualm
In der geschichtsträchtigen Küche einer alten Zigarrenmanufaktur begibt man sich auf eine Reise in eine längst vergangene Zeit der Hauswirtschaft. In historischen Kostümen führen die Mitarbeiter durch verschiedene Arbeitsbereiche. In der Küche stehen zum Beispiel alte Gerätschaften zum Ausprobieren bereit. Abgerundet wird der Besuch des Mitmachmuseums mit einer Tabakausstellung, die anschaulich die Geschichte der Tabakverarbeitung in Bremen-Burgdamm aufzeigt. Jeden Donnerstag werden im Salon zudem frisch gebackene Waffeln mit Sahne serviert.
Stader Landstr. 46, 28719 Bremen, Tel. 0421/63695866, www.koeksch-un-qualm.de

Schüttinger Gasthausbrauerei
Die alte Tradition der Hausbrauereien in der Hansestadt wurde 1990 mit der »Schüttinger Gasthausbrauerei« erweitert. Seither geht's an den langen Holztischen gesellig zu. Dafür sorgt auch das untergärige Bier, das hier als einzig echter Bremer Gerstensaft produziert und täglich von 15 bis 19 Uhr in der »ProBierStunde« zum Special-Preis angeboten wird. Eine gute Grundlage schaffen die deftigen Gerichte sowie die Kohlparty in den kalten Wintermonaten nach dem ersten Frost. Das wohl bekannteste Bremer Gericht ist »Kohl und Pinkel« – Grünkohl, der mit Kasseler, Bauchspeck und einer Grützwurst gereicht wird.
Hinter dem Schütting 12-13, 28195 Bremen, Tel. 0421/3376633, www.schuettinger.de

Café Knigge
1889 eröffnet Konditormeister Friedrich Emil Knigge unter Übernahme einer Süßwarenfabrikation ein kleines Café in der Sögestraße Nr. 11 mit zwei Tischen und sechs Stühlen. Heute führt bei einem Bummel durch Bremens Altstadt kein Weg an dem berühmten Café vorbei. Hier gibt es Baumkuchen, Torten, Teegebäck, »Bremer Klaben« und feine Pralinen. Eine besondere Spezialität sind gebackene dünne Teigstangen mit Butter und Zucker geröstet. Sie werden »Bremer Kaffeebrot« genannt und erinnern ein wenig an süßen Zwieback. Die knusprige Spezialität schmeckt besonders in Kaffee getunkt.
Sögestr. 42/44, 28195 Bremen, Tel. 0421/13060, www.knigge-shop.de

Gasthof zum Kaiser Friedrich
Als »Fishtown« wird Bremerhaven, Bremens Hafen an der Weser, auch bezeichnet, als »Fischköppe« dessen Bewohner. Eine besondere Spezialität ist hier die Nordseekrabbe. Gefangen wird sie mit zwei beutelartigen Fangnetzen eines Kutters, den sogenannten Baumkurren. Bevor die Krabben gegessen werden, müssen sie gepult werden. Das erledigt im »Gasthof zum Kaiser Friedrich« natürlich die Küche, sodass sich der Gast die Büsumer Krabben auf Schwarzbrot oder Bratkartoffeln mit Spiegelei ganz ohne Mühe schmecken lassen kann. Direkt im denkmalgeschützten barocken Haus von 1630 im Bremer Schnoorviertel gelegen, ist der Gasthof eines der ältesten Restaurants in Bremen.
Lange Wieren 13, 28195 Bremen, Tel. 0421/326429, www.kaiserfriedrich.de

Unten Mitte und rechts: Schüttinger ist nichts für Trauerklöße. Denn an den langen Holztischen geht's gesellig zu und getrunken wird das süffige, untergärige Schüttinger-Bier. Oben: Im historischen Schnoorviertel findet man zahlreiche Cafés und Lokale.

Ischa
Freimaak

MAGIC HOUSE
Grillhaus
GYROS
PITA

ERLEBEN

Kohlfahrt

Mit dem ersten Frost beginnt in Bremen und seinem Umland die Grünkohlsaison. Höchste Zeit, um dem schmackhaften Gemüsegericht eine ausgedehnte Kohlfahrt voranzustellen. Nach alter Tradition ziehen die Teilnehmer dabei musizierend mit bunt geschmücktem Bollerwagen und Schnapsglas um den Hals (aus dem an jeder Ecke ein »Kurzer« genommen wird) durch die Bremer Lande, spielen Spiele wie »Teebeutelweitwurf« oder »Eiswürfelkaugummikauen«, klönen und freuen sich auf die grüne Delikatesse, die am Ziel wartet.

Restaurants als Zielstation von Kohlfahrten, Routen, beliebte Spiele und mehr unter www.bremen.de

Eiswette

Auch wenn die Weser schon seit Jahrzehnten nicht mehr zugefroren ist, halten die Bremer alljährlich am Dreikönigstag (6. Januar) an ihrem Brauch der »Eiswette« aus dem Jahr 1829 fest: Um Punkt 12 Uhr folgen rund 15 in Schwarz gekleidete Herren einem Schneiderlein an den Punkendeich. Letzteres prüft mit einem heißen Bügeleisen, ob die Weser »geht oder steht«. Die Wettsieger dürfen sich auf ein gemeinschaftliches Kohl-Essen am dritten Samstag im Januar freuen, das der Verlierer ausrichten muss.

Am Punkendeich (Osterdeich), 28203 Bremen, www.bremen.de

Nikolauslaufen

Sobald es am 6. Dezember dunkel wird, machen sich verkleidete kleine Nikoläuse und Weihnachtsengel in Gruppen auf den Weg von Haus zu Haus. Eifrig tragen die Kinder weihnachtliche Gedichten oder Blockflötenstücke vor und werden dafür mit Süßigkeiten, Mandarinen und Lebkuchen belohnt. Namensgeber für das Bremer Nikolauslaufen ist der heilige Nikolaus von Myra, der als Schutzpatron der See- und Kaufleute sowie der Kinder gilt.

Schaffermahlzeit

Seit knapp fünf Jahrhunderten wird jährlich in Bremen das sogenannte Schaffermahl veranstaltet. Als ältestes »Brudermahl« der Welt dient es nicht nur dem Austausch zwischen Handel, Schifffahrt, Industrie und Politik, es werden auch Spenden für die Stiftung »Haus Seefahrt« gesammelt, die sich um alte Seeleute sowie deren Ehefrauen und Witwen kümmert. Der Ablauf des Abends folgt seit jeher festen Traditionen. In einem Punkt entwickelte sich die Festlichkeit im Jahr 2015 aber weiter: Jahrhundertelang waren nur Männer zum Mahl geladen, nachdem aber bereits einzelne weibliche Gäste, wie u.a. Angela Merkel, vor Ort sein durften, empfängt das Schaffermahl nun auch regulär Frauen.

Mehr zur Tradition gibt's unter www.bremen.de

Freimarkt Bremen

Wenn es heißt »Ischa Freimaak«, dann beginnt Bremens fünfte Jahreszeit. Das größte Volksfest des Nordens lockt alljährlich im Oktober für 17 Tage etwa vier Millionen Menschen an. Dabei gibt es sowohl auf der Bürgerweide als auch in der Innenstadt beim »Kleinen Freimarkt« viel zu entdecken – ob bei der Fahrt mit dem Riesenrad von oben oder mitten im Getümmel der 300 Schausteller. Kulinarisch verwöhnen duftende Lebkuchenherzen, rote Liebesäpfel, dampfende Schmalzkuchen und gebrannte Mandeln.

Bremer Bürgerweide (Messe Bremen), Bremer Marktplatz in der Innenstadt und rund um die Liebfrauenkirche, 28195 Bremen, www.freimarkt.de

Stadtmusikanten-Spielbühne

Die Bremer Stadtmusikanten erzählen ihre Geschichte. Open Air, live und in voller Lebensgröße stehen sie auf dem Domshof am Rathaus. Mai–Oktober, So 12 Uhr, kostenlos.

Bremer Weihnachtsmarkt

Kommt der Dezember, erstrahlen die historischen Fassaden der Bremer Altstadt in weihnachtlichem Glanz. Bude reiht sich an Bude, die Karusselle drehen sich zu Leiermusik und selbst die historischen Schiffe auf der Weser schmücken sich. Es scheint so, als habe sich die gesamte Innenstadt in einen riesigen Weihnachtsmarkt verwandelt.

www.bremer-weihnachtsmarkt.de

WISSEN

Schaffermahlzeit

»Schaffen, Schaffen unnen un boven, unnen un boven Schaffen!« Mit diesen Worten riefen die Bremer Schiffsköche einst die Besatzung zu Tisch. Aus den großen – anfänglich von den Beteiligten noch selbst bezahlten – Mahlzeiten bei der alljährlichen Rechnungslegung der Stiftung Seefahrt oder am Ende des Winters, entwickelten sich ab 1561 die Tradition, dass die »Schaffer« zum Essen einluden. Im Laufe der Zeit wurde das Brudermahl zwischen Vertretern der Schifffahrt und der Bremer Kaufmannszunft immer aufwendiger. Chroniken belegen etwa »14 Last Danziger Roggen und fünf Tonnen Bier«. Heute nehmen jeweils rund hundert kaufmännische und seemännische Mitglieder der Stiftung teil sowie zirka 100 Gäste aus Wirtschaft, Kultur, Politik und Verwaltung. Diese dürfen aber nur einmal im Leben bei der Schaffermahlzeit zugegen sein.

Bilder oben: Jeden Tag um 12 Uhr kann man sich in den Sommermonaten die Geschichte der Bremer Stadtmusikanten auf dem Domshof erzählen lassen. Bild Mitte: Die Eiswette ist ein kurioser Brauch, der seine Wurzeln im 19. Jahrhundert hat. Bilder unten: Was das Oktoberfest für Süddeutschland ist der Bremer Freimarkt für den Norden. Neben zahlreichen Fahrgeschäften locken auch allerlei Kulinaria Besucher in die Hansestadt.

RUND UM HANNOVER

Weit über die Grenzen der Lüneburger Heide hinaus bekannt sind die Heidekartoffeln, die seit 2010 in der EU geschützt sind. Die Region ist seit Mitte des 19. Jahrhunderts das größte Kartoffelanbaugebiet Deutschlands. Als idealer Begleiter gilt der Heidespargel. Zu den regionalen Spezialitäten zählen zudem Fleisch und aromatischer Schinken von Heidschnucken sowie Wild. Die Heidegewässer, aber auch das Steinhuder Meer bereichern das kulinarische Angebot mit frischen Forellen-, Karpfen- und schmackhaften Aalgerichten. Auch die Küche der Region Schaumburger Land und Weserbergland ist bodenständig und gehaltvoll – es wird viel Fleisch gegessen –, aber auch sehr schmackhaft. Neben Kartoffeln ist Grünkohl eine beliebte Beilage zur »Pinkelwurst«, eine landestypische Kochwurst. Eine Spezialität aus der Region Hannover ist »Knipp«, eine Grützwurst.

KOCHEN

Wendländische Kartoffelsuppe

3 Zwiebeln, 1 Bund Suppengrün, 1 ½ kg Kartoffeln, 4 Mettwürste, 1 l Gemüsefond, 200 g Crème fraîche, 1 TL Majoran, 2 TL Bohnenkraut, Muskatnuss

Die Zwiebeln, die Kartoffeln und das Suppengrün in Würfel schneiden. Die Mettwürste in Scheiben schneiden. Etwas Öl in einem Topf erhitzen und die Zwiebeln darin andünsten. Das Suppengrün dazugeben und mitdünsten. Das Gemüse mit dem Gemüsefond oder -brühe ablöschen. Die Kartoffelwürfel dazugeben und etwa 15 Minuten köcheln lassen. Dann die Suppe mit dem Stabmixer pürieren. Die Crème fraîche unterrühren und die Suppe mit dem Majoran, 3 Prisen frisch geriebener Muskatnuss, dem Bohnenkraut, Meersalz und Pfeffer aus der Mühle würzen. Die Suppe aufkochen lassen, die Mettwurstscheiben hinzufügen und in der Suppe ziehen lassen.

GENIESSEN

Wendländische Kartoffelsuppe

Sie heißen Prinzess, Hela, Belana oder Cilena. Aber auch Linda, die goldgelbe, cremige, von vielen als »Königin der deutschen Kartoffeln« gerühmte gehört natürlich zum Sortiment der Kartoffelbauern im Wendland und in der Lüneburger Heide. Seit Mitte des 19. Jahrhunderts ist die norddeutsche Region das größte Kartoffelanbaugebiet in Deutschland. Von Juni bis September ist Erntezeit der oft noch per Hand unter die Erde gebrachten Erdfrüchte. Die traditionsreiche würzige Kartoffelsuppe mit Lauch, Möhren und Mettwurstwürfeln oder Brotcroutons steht aber nicht nur in diesen Monaten auf dem Speisezettel.

Steinhuder Räucheraal

Schon im 18. Jahrhundert berichten Dokumente wie die »Oryctographia Calenbergica« vom Fischreichtum im Steinhuder Meer – einem großen eiszeitlichen Binnensee. In diesem tummelten sich noch bis in unsere Zeit auch über den Meerbach aus dem Saragossa-Meer eingewanderte Aale. Die Steinhuder Fischer holten sie mit ihren einbaumartigen Torfkähnen aus dem See und machten sie durch Räuchern über Buchenholz haltbar. Diese Tradition besteht noch immer, wenngleich die Fische für die Steinhuder Aalräuchereien heute als kleine Glasaale direkt im See ausgesetzt oder lebendfrisch aus Norwegen, Schweden und anderen Ländern zur Weiterverarbeitung angeliefert werden.

Hannoversches Zungenragout

Eine zarte Kalbszunge gab diesem Traditionsgericht seinen Namen. Dennoch ist sie keineswegs die einzige Zutat. Zu ihren von der Haut befreiten Würfeln kommen noch kleine Klöße aus Kalbsmett in den Topf sowie »Sousieschen«, kleine (Kalbs-)Bratwürstchen. Die Saucen-Brühe, in der alles gar zieht, wird aus gerösteten Kalbsknochen, Weißwein, Zwiebeln und Suppengewürz hergestellt und am Schluss durchpassiert, mit Sahne (ursprünglich Mehlschwitze) angereichert und mit Stärke abgebunden. Muskatnuss gibt dem Ganzen eine feine Würze. Serviert wird das fertige Ragout mit gebratenen Champignons und Salzkartoffeln oder Kartoffelpüree.

Welfenspeise

Erfunden haben soll diese feine Süßspeise ein Hannoveraner Koch; erstmals serviert wurde das zweischichtige, gelb-weiße Dessert angeblich zum 200. Thronjubiliäum des Welfen-Geschlechts. Gelb-weiß waren bis zur Annexion durch Preußen 1866 die Flaggenfarben des Landes Hannover. Daher kochte der Erfinder der Welfenspeise zunächst eine weiße Milch-Creme (mit Vanille), unter die er später noch sehr steif geschlagenen Eiweißschaum hob. Nach dem Erkalten wird darüber vorsichtig eine Schicht goldgelb schimmernde Weißwein-Eiercreme gegossen. Verzieren kann man das Ganze noch mit gerösteten Mandelblättchen.

Unten links: Aufwärmer an kalten Tagen – die deftige »Wendländische Kartoffelsuppe«.
Unten rechts: Der »Steinhuder Räucheraal« ist weit über die Grenzen Steinhudes hinaus berühmt.

EINKAUFEN

Kartoffelhof
Im Hofladen der Familie Kunitz werden hauptsächlich hofeigene Produkte wie Kartoffeln und Wurstwaren sowie hausgebackenes Brot aus dem Steinbackofen verkauft. Darüber hinaus bekommt man hier Eier, Brotaufstriche, Nudeln, Weine, Honig und Käse aus der Region.
Im Ring 8, 29439 Lüchow, Tel. 05841/2557, www.kartoffelhof-kunitz.de

Düvels Hofladen
Fleisch von Angus-Rindern, Bentheimer Schweinen und Bronzeputen aus artgerechter und umweltfreundlicher Haltung gibt es hier zu kaufen. Zudem darf man den Stall besichtigen.
Andreaestraße 19, 30826 Garbsen, Tel. 05131/456661, www.duevels-hof.de

Schäferei Jeetzel
Hier dreht sich alles rund ums Schaf. Der Hofladen führt ein vielseitiges Sortiment: von Fleisch- und Wurstspezialitäten vom Lamm über Schafmilchseife bis hin zu Schaffellen, Hausschuhen und diversen anderen Schafwollartikeln.
Im Anger 17, 29439 Lüchow, Tel. 05841/3241, www.schaeferei-jeetzel.de/

Beitjers Hof
Auf dem Heidebauernhof kann man frische Produkte vom Hof kaufen. Auch Urlaub auf dem Bauernhof wird angeboten. Ein besonderes Erlebnis ist die Übernachtung im Heuhotel.
Bommelser Str. 1, 29699 Bomlitz-Bommelsen, Tel. 05197/1267, www.beitjers-hof.de

Bredemeiers Bauernlädchen »Düt und Dat«
Fleisch, Milchprodukte und Käse aus eigener Erzeugung. Jeden Freitag stehen wechselnde Eintopfgerichte auf der Speisekarte, zusätzlich gibt es ein breites Angebot an selbst gekochten (tiefgekühlten) Fertiggerichten zum Mitnehmen.
Borsteler Str. 1, 39749 Auetal-Borstel, Tel. 05753/961482, www.hofladen-bredemeier.de

Voglerhof
Der seit 1986 bestehende Familienbetrieb führt einen Hofladen mit einem biologischen Vollsortiment. Milch- und Fleischprodukte stammen dabei aus eigener Erzeugung. Regionale Produkte befreundeter Betriebe sowie Naturkostprodukte runden das Sortiment ab. Die Besichtigung der Hofanlage gehört – vor allem für kleine Kunden – mit zum Service. Außerdem steht eine Ferienwohnung zur Verfügung.
Tiebrink 5, 37619 Kirchbrak-Bodenwerder, Tel. 05533/1514, www.voglerhof.de

Bauer Giese
»Von hier, für Euch« lautet das Motto vom Hofladen des Landwirtschaftsbetriebs Giese, der auch über einen Cateringservice verfügt. Im breit aufgestellten Sortiment finden sich neben Fleisch- und Wurstwaren auch Kräuter, Obst und Gemüse der Saison sowie selbst gemachte Brotaufstriche.
Uchtdorfer Str. 1, 31737 Rinteln-Exten, Tel. 05751/9245308, www.bauer-giese.de

Dettmer's Hofladen
Fleisch aus eigener Aufzucht (u.a. vom Bunten Bentheimer Landschwein, vom Galloway-Rind sowie Enten und Gänse) gibt es hier im Hofladen zu erwerben. Außerdem fertige »Schaumburger Hochzeitssuppe«, Obst und Gemüse der Saison, Eier der hofeigenen Legehennen sowie selbst gekochte Fruchtaufstriche. Kleine Kunden dürfen sich vor allem im Streichelzoo vergnügen.
Poststr. 35, 31718 Pollhagen, Tel. 05721/2731, www.hofladendettmer.de

Biohof Bossow
Der Bioland-zertifizierte Hof nahe Bodenwerder vertreibt in seinem Hofladen neben Produkten aus eigener Erzeugung (Rindfleisch, Kartoffeln, Eier) auch Backwaren aus einer Bäckerei in Hameln sowie ein ausgewähltes Naturkostsortiment, Obst und Gemüse, Milchprodukte etc. – alles in Bioqualität und vor allem aus der Region.
Hauptstr. 73, 37619 Pegestorf-Bodenwerder, Tel. 05533/3710

Unten links: Die »Welfenspeise« – ein Traum aus Milch-Vanille-Creme und Weißwein – soll angeblich die Leibspeise von Kurfürst Ernst August von Hannover gewesen sein. Unten rechts: Gänse-Stammtisch auf einem Bio-Bauernhof in Niedersachsen.

KOCHEN

Spargel mit Schinken

500 g weißer Spargel
Geräucherter Schinken
Kartoffeln

Den Spargel waschen, schälen und die holzigen Enden abschneiden. In einem Topf ausreichend Wasser mit Salz und etwas Zucker zum Kochen bringen und die Spargelstangen, je nach Dicke, 8–15 Minuten garen. Den Spargel abgießen und mit je ½ Scheibe geräuchertem Schinken umwickeln. Klassisch werden zu Spargel mit Schinken Kartoffeln und Sauce Hollandaise serviert.

GENIESSEN

Spargel

Auf den lockeren, sandigen Böden der Lüneburger Heide wächst nicht nur das Heidekraut als Futterpflanze für viele Schmetterlingsarten und Grundlage für den würzigen Heidehonig. Die Böden bieten auch ideale Bedingungen für den Anbau von Heidelbeeren – und Spargel. In allen Monaten mit »i« (April bis Juli) werden die weißen oder grünen Stangen gestochen und oft auch direkt ab Feld, meist aber in den jeweiligen Spargelhöfen verkauft. Zudem bietet nahezu jedes Restaurant in der Lüneburger Heide während der Saison für das gesunde Gemüse Spargelgerichte an – und natürlich werden zum Heidespargel in der Regel auch die regionalen Heidekartoffeln gereicht.

Einbecker Senf

Ein Ethnologe, ein Banker und ein Vertriebsmanager ließen 2014 eine alte Einbecker Tradition wiederaufleben und machten sich an die Herstellung von Senf. Das Besondere am Einbecker Senf sind sowohl seine Rohstoffe als auch die Art der Produktion. Senfsaat, Honig, Rübenzucker und Kräuter kommen von regionalen Erzeugern und möglichst aus biologischem Anbau. Und die Senfmaische wird nach der 24-stündigen Fermentation nur zwei Mal kalt vermahlen, also nicht wie bei der industriellen Produktion durch mehrmaliges Mahlen erhitzt. Alle Inhalts- und Geschmacksstoffe bleiben somit bei den Produkten der Einbecker Senfmühle erhalten.

Bilder oben und unten: Perfekte Bedingungen für Spargel und Kartoffeln herrschen im südlichen Niedersachsen. Edle Spargelgerichte stehen dann auch auf allen Speisekarten der ansässigen Restaurants.

BESUCHEN

Nienburger Spargel
Spargel ist gesund, entwässert, entgiftet und schmeckt dabei doch lecker. Im Raum Nienburg hat der Spargelanbau eine lange Tradition. Bereits um die Jahrhundertwende wurde das edle Gemüse im Landkreis gepflanzt, doch erst seit 1996 wird es unter dem eingetragenen Gütesiegel »Nienburger Spargel« vermarktet. Dabei zeichnet ihn sein besonders liebliches Aroma aus. Der Grund für den milden Geschmack ist der Anbau auf den leichten Geestböden entlang der Weser. In eigenen Hofläden vertreiben die lizenzierten Betriebe das Frühlingsgemüse. *Überblick der Hofläden unter www.nienburger-spargel.de/spargelhoefe*

Fisch-Feinkost Dobberschütz
Der Duft von geräuchertem Weseraal und das besonders feine Aroma von Forellen lassen dem Fischliebhaber das Wasser im Munde zusammenlaufen, wenn er das Geschäft »Dobberschütz« betritt. Seit über 30 Jahren ist der Fisch-Feinkostladen ein fester Begriff für fangfrische Qualität. Neben Karpfen, Zander und Hecht findet der Gourmet auch Lachs und Seefische aller Art. Und wer sich nicht selbst an den Herd stellen möchte, kann den frisch zubereiteten Backfisch mit Kartoffelsalat gleich im Laden verzehren.
Georgstr. 16, 31582 Nienburg, Tel. 05021/13355

Kartoffel-Hotel
Rund um die dicke Knolle dreht sich alles im 1. Deutschen »Kartoffel-Hotel« in der idyllischen Lüneburger Heide. Hier kommen die Erdäpfel sogar in der Beauty- und Wellnessfarm beispielsweise für Gesichtsmasken zum Einsatz. Vor allem aber dominiert die Knolle die Speisekarte im urig-gemütlichen Restaurant, das mit viel Holz und nostalgischen Lampen für Wohlfühlambiente sorgt. Ob als »Wendländische Kartoffelcremesuppe mit Rauchenden« (Würstchen) heiß aus dem Topf, gebratene Kartoffelbratwurst oder als Beilage zum Heidschnucken-Gulasch aus der Nemitzer Heide. Ja, sogar bei der Nachspeise wird nicht auf die Pflanze verzichtet. Wie wäre es mit einem Kartoffelkuchen mit Schokolade und geriebenen Haselnüssen oder dem hausgemachten Kartoffelbirnchen auf Pflaumenmus?
Lübeln 1, 29482 Küsten, Tel. 05841/1360, www.kartoffel-hotel.de

Restaurant im Schloss Marienburg
Wo sonst könnte man stilecht »Welfenspeise« bestellen als in einem Schloss-Restaurant? Und dann auch noch in einem solch edlen wie dem von Schloss Marienburg südwestlich von Schulenburg. Zwar ist das Restaurant in den ehemaligen Pferdestallungen untergebracht, davon ist allerdings nichts mehr zu merken. In den alten Backsteinmauern mit raumhohen Säulen verbreiten Messingleuchter und Kerzenschein edle Gemütlichkeit. Nach dem Verzehr bietet sich eine Schlossführung oder eine Führung durch die Jubiläumsausstellung an.
Marienberg 1, 30982 Pattensen, Tel. 05069/3480040, www.schloss-marienburg.de

Schweer's Aalräucherei
Obwohl sich Steinhude in den letzten 100 Jahren vom kleinen Fischerdorf zu einem beliebten Urlaubsort entwickelt hat, ist das alte Räucherhandwerk erhalten geblieben. In der achten Generation wird noch heute in »Schweer's Aalräucherei« nach alter Tradition in den gemauerten und mit Eisentüren verschließbaren »Altonaer Öfen« täglich frisch geräuchert. Angefangen hat alles im Jahre 1801, wie der älteste Vertrag mit der Erlaubnis des Befischens vom Steinhuder Meer zwischen Familie Schweer und der Fürstlichen Hofkammer zu Schaumburg-Lippe beweist. An einen Hofladen und eine Terrasse direkt am Seeufer war damals allerdings noch nicht zu denken. *Alter Winkel 6, 31515 Wunstorf/Steinhude am Meer, Tel. 05033/8467, www.schweers-fischerei.de*

Bilder unten: »Im Kartoffel-Hotel« in Küsten hat die Kartoffel das Sagen. Hier stehen nicht nur viefältige Kartoffelgerichte wie Kartoffelpuffer mit Apfelmus auf der Speisekarte, es gibt sogar Wellness-Anwendungen, wie Gesichtsmasken, mit der tollen Knolle.

KOCHEN

Rinderrouladen

4 Rouladen, 4 EL Senf, 2 Bund Petersilie, 4 Frühlingszwiebeln, 125 g durchwachsenen Speck, 2 Mettwurstenden, 1 l Wildfond oder Rinderbrühe, 6 EL saure Sahne, 2 EL Mehl

Die Rouladen mit Senf bestreichen und würzen. Die Petersilie und die Frühlingszwiebeln klein schneiden. Den Speck in 12 Stücke schneiden. Die Rouladen mit der Petersilie bestreuen und mit dem Speck belegen. Die Rouladen aufrollen und mit Rouladennadeln feststecken. Einen Bräter erhitzen und die Mettwurstenden mit der Schnittseite nach unten so lange ausbraten, bis der Topfboden mit Fett bedeckt ist. Die Rouladen darin rundherum anbraten. Mit dem Fond ablöschen und alles mindestens 75 Min. garen lassen. Fleisch und Mettwurst aus der Brühe nehmen, das Fleisch im Ofen warm halten. Die Brühe etwas einkochen lassen. Saure Sahne mit Mehl mischen, unter die Brühe rühren und aufkochen.

GENIESSEN

Rinderroulade Weserbergland

Ackerbau und Viehzucht gehören zur Tradition des Weserberglandes wie der historische Automobilbau und die Geschichte des Rattenfängers zu Hameln. Rotvieh prägte noch bis in die 1950er-Jahre die kleinbäuerliche Kulturlandschaft in der Region; die Rinder waren aber nicht nur als Fleischlieferanten, sondern auch als Zugkräfte geschätzt. Bald aber wurden sie zum Transport kaum noch gebraucht. Inzwischen weiden im Weserbergland meist Neuzüchtungen wie das Rote Höhenvieh – und sogar Galloway-Rinder. Aber welche Rasse auch immer: Für die typische Rinderroulade der Region braucht es neben den dünnen Rindfleischscheiben unbedingt auch Mettwurstenden: in ihrem Fett werden die Rouladen angebraten.

Heidehonig

Schon zu Zeiten der Römer war die bernsteinfarbene, würzig-süße Delikatesse in Europa sehr gefragt. Allerdings gab und gibt es nur wenige Regionen, in denen die für diesen Honig nötige Trachtpflanze, die Besenheide, wächst. Eine davon ist die Lüneburger Heide. Im August und September stehen die Blüten in ihrer weithin sichtbaren lilafarbenen Pracht; dann schwärmen die Bienen zur Nektarsuche aus. Nahezu jeder Lüneburger Heidehof verfügte einst über einen Bienenzaun. Besonders in Celle wurde der Heidehonig gehandelt. Die Einführung von Mineraldünger in der zweiten Hälfte des 19. Jahrhunderts dezimierte allerdings die Heideflächen und mit ihnen die Heide-Imkerei. Einige Imker stellen aber heute noch (oder wieder) den durch ein besonderes Schleuderverfahren gewonnenen, lange flüssig bleibenden Heidehonig her.

Heidschnuckenbraten

Die Heide ist ein Zwergstrauch, der ganz bestimmte Umweltbedingungen benötigt, und, man mag es kaum glauben, viel »Pflege«. Die wohl traditionellste Methode, die Heide zu pflegen, ist die Beweidung mit Heidschnucken. Die fleißigen Landschaftspfleger verbeißen junge Bäume und verhindern so, dass sich Birken- und Kiefernwälder ausdehnen und die Heide verdrängen. Darüber hinaus sorgen Heidschnucken dafür, dass die Heidepflanzen klein bleiben. So werden sie schön dicht und können ihre Blütenpracht voll entfalten. Wenn Heide älter und höher wird, beginnt sie zu verholzen. Die wollige und sehr genügsame Schafsrasse sorgt durch das »Schnucken« des Heidekrautes für einen jungen Austrieb. Zudem zerstören sie die klebrigen Spinnennetze zwischen den Heidepflanzen und ermöglichen den Bienen freien Flug. Dennoch lieben die Einheimischen die Heidschnucke nicht nur als Gärtner oder wegen ihrer Wolle, sondern durchaus auch als kulinarische Spezialität auf dem Teller. Viele Gasthäuser in der Region bieten daher Heidschnucken-Braten an. Traditionell stammt er aus der Keule, als Beilage passen natürlich am besten Heidekartoffeln.

Unten links: Ein bisschen Zeit braucht es schon, bis die Rinderroulade so lecker wie hier vor einem auf dem Tisch steht. Aber eines ist sicher: Die Mühe lohnt sich. Unten rechts: Ein Imker in der Lüneburger Heide bei der Arbeit.

BESUCHEN

Der Schnuckenhof

Seit der Entstehung der Lüneburger Heide gehören Schnucken und Bienen zusammen, denn die Bienen befruchten die Heidepflanzen und die Schnucken tragen den Samen der Heidepflanzen weiter. Deshalb gibt es auch auf dem »Schnuckenhof« einige Bienenvölker, über die der Heide-Imker zu berichten weiß. Im Hof- und Dorfladen ist der Heidehonig erhältlich. Die tierischen Stars und Namensgeber sind aber die Heidschnucken. Auf der »Hüte-Tour« geht es mit Schäfer Sigi, der so manche »Döntjes« (Anekdote) zu erzählen weiß, mitten durch die Natur. Zum Abschluss wartet das gemeinsame große Schnuckenessen im hofeigenen Restaurant, wo auch sonst Heidschnucken-Gerichte die Speisekarte dominieren, darunter »Schnucke am Spieß« oder »Schlachteköst«.
Wesseloher Str. 44a, 29640 Schneverdingen-Wesseloh, Tel. 04265/8274, www.schnuckenhof-wesseloh.de

Dat ole Hus

1907 wurde das von Lehrer Bernhard Dageförde in Wilsede erbaute Heidemuseum »Dat ole Hus« eröffnet. Noch heute zeigt es anschaulich, wie die Heidebauern um 1850 lebten und arbeiteten. Von Mai bis Oktober lockt es von 10 bis 16 Uhr. Zum Museum gehört auch der Schafstall »Emhoff« mit wechselnden Ausstellungen.
Wilsede 3A, 29646 Bispingen, www.verein-naturschutzpark.de

Bickbeern-Café

Bickbeern, Blaubeeren oder Heidelbeeren – es gibt verschiedene Namen für die blauen Früchtchen. Im Spätsommer werden rings um das kleine Dorf Brokeloh Jahr für Jahr Millionen von Bickbeern reif. Besonders lohnt sich dann der Besuch des Hofcafés von Familie Herse. Hier gibt es Blaubeeren in jeglicher Form z. B. als Kartoffelpuffer oder Pfannkuchen, als Blaubeerwurst oder auch mit gebackenem Camembert.
Brokeloher Hauptstr. 37, 31628 Landesbergen, Tel. 05027/1566, www.bickbeernhof.de

Ganz oben: »Dat ole Hus« – Heimatmuseum in Bispingen. Oben: Im »Bickbeern-Cafe« dreht sich alles um die Heidelbeere.
Bilder unten: Das ganze Jahr über ziehen mehr als 9000 Heidschnucken mit ihren Schäfern durch die Lüneburger Heide.

Zum alten Kran
DAS KLEINE

ERLEBEN

Fischerkreidag

Mitte des 18. Jahrhunderts schlossen sich die Fischer des Steinhuder Meeres zu einer Zunft zusammen, um ihre wirtschaftliche Lage zu verbessern. Jährlich wurde eine Versammlung mit Alt- und Jungfischern abgehalten, der sogenannte »Kreidag«. Der wird seit über 30 Jahren an drei Tagen im Mai in Steinhude mit Torfkahn-Regatta, Musik und maritimem Flair gefeiert.
Ratskellergelände und in der Graf-Wilhelm-Str., 31515 Wunstorf, Tel. 05033/5000, www.fischerkreidag.com

Heideblütenfest

Im Jahr 1949 beschlossen die Mitglieder des Männerchors Amelinghausen im Rahmen ihres Sängerfestes, ein junges Mädchen zur Heidekönigin zu wählen. Die Idee gefiel und schon ein Jahr später veranstaltete man das erste offizielle Heideblütenfest. Inzwischen zieht es Tausende Gäste Mitte August in die Lüneburger Heide, um in schöner Naturkulisse zu feiern. Für Romantik sorgen der beleuchtete Wald und Norddeutschlands größte Freiluft-Lasershow über dem Lopausee samt Feuerwerk.
Amelinghausen, Tel. 04132/92090 (Touristeninfo), www.heidebluetenfest.com

Volksfest Bürgerbataillon Bückeburg

Das Bataillon (aus der Bürgerwehr zu Zeiten des 30-jährigen Krieges entstanden) ist mit der Stadt Bückeburg gewachsen und inzwischen ein eingetragener Verein, der sich noch heute für die bürgerschaftliche Solidarität einsetzt. Gleichzeitig organsiert er Veranstaltungsreihen, zu denen das zweijährig stattfindende Volksfest (fünf Tage im August) mit dem traditionellen Bürgerschießen samt Spielmannszug als Hauptereignis zählt.
Marktplatz, 31675 Bückeburg, Tel. 05722/5903, www.buergerbataillon-bueckeburg.de

Bückeburger Krengelfest

Hofarzt Dr. Bernhard Christoph Faust impfte 1801 erstmals die Kinder in Bückeburg gegen Pocken. Um sie über den erlittenen Schmerz hinwegzutrösten, schenkte er ihnen eine Brezel, den »Krengel«. Den bekommen rund 800 Grundschüler traditionell noch heute als kleines Dankeschön, nachdem sie im Sternschritt zum Marktplatz marschiert sind. Dort werden Spielszenen zu Ehren des bedeutenden Mediziners aufgeführt und das »Dr.-Faust-Lied« (nach der Melodie von »Fuchs, du hast die Gans gestohlen«) gesungen.
Marktplatz, 31675 Bückeburg, Tel. 05722/2060 (Rathaus), www.bueckeburg.de

Heidschnuckenweg

Der Heidschnuckenweg ist in 14 Etappen eingeteilt und verläuft auf 223 Kilometern von Hamburg-Fischbek bis in die Residenzstadt Celle. Einige bemerkenswerte Stationen sind die Fischbeker Heide, die Borsteler Kuhlen, der Wietzer Berg mit dem mächtigen Lönsstein oder der Wacholderwald bei Schmarbeck. Der abwechslungsreiche Wanderweg bietet nicht nur wunderschöne Ein- und Aussichten, sondern ist auch eine Reise in eine der ältesten und ursprünglichsten Kulturlandschaften in Deutschland
www.heidschnuckenweg.de

Markt in Lüneburg

Der Wochenmarkt vor dem historischen Rathaus findet zweimal in der Woche – mittwochs und samstags – statt. Hier findet man viele frische Produkte aus der Region wie Obst und Gemüse, Käse, Wurst und Fisch sowie Blumen. Jedes Jahr im Herbst werden die »Sülfmeistertage« gefeiert, Lüneburgs ältestes Fest, das zum ersten Mal 1472 erwähnt wurde.
www.lueneburger-wochenmarkt.de

Sektkellerei Duprés

Im Schloss Landestrost in Neustadt am Rübenberge wird seit über 100 Jahren Sekt hergestellt. Bei einer Kellerführung wird man in die »Geheimnisse« der Sektherstellung eingeweiht und darf auch eine Kostprobe des prickelnden Getränkes zu sich nehmen.
Tel. 05032/33 02, www.dupres-kollmeyer.de

WISSEN

Deutschland und sein berühmtester Keks

Englische »cakes« und »bisquits«, wie Hermann Bahlsen (1859 bis 1919) sie nach seiner Ausbildung in London kennengelernt hatte, inspirierten den Hannoveraner Kaufmann 1889 zur Gründung seines eigenen Unternehmens, der Hannoverschen Cakesfabrik H. Bahlsen. Nur wenige Jahre später hatte Bahlsen die Idee, für seine Buttercakes, die er im Gegensatz zur Konkurrenz nicht lose, sondern abgepackt verkaufte, mit einem Leibniz-Zitat zu werben, was den Umsatz innerhalb kürzester Zeit steigerte. Zum Erfolg der Bahlsen-Produkte trug auch die 1903 patentierte Verpackung bei, die lange Haltbarkeit garantierte. Weitere Merkmale der Traditionskekse sind bis heute ihre Randzähnchen und der Leibniz-Schriftzug. Renommierte Jugendstilkünstler arbeiteten immer wieder gestalterisch für Hermann Bahlsen – und 1912 konnte er sich über die Eindeutschung des englischen Begriff »cake« zu Keks freuen, für die er lange gekämpft hatte.

Bild oben: Lüneburg ist nicht nur am Abend einen Besuch wert. Tagsüber laden zahlreiche Restaurants und Lokale zu einer Einkehr ein, auch der Wochenmarkt lohnt einen Abstecher. Bild Mitte: Das Steinhuder Meer wird einmal im Jahr, am »Fischkreidag«, zum Schauplatz für die Torfkahn-Regatta. Bild unten: Der Heidschnuckenweg führt durch die wunderschöne Natur der Lüneburger Heide. Unterwegs trifft man auf liebenswerte Ortschaften, Heideflüsse und auch auf die Heidschnucken höchstpersönlich.

BENIMM DICH! VON TISCHSITTEN & ESSMANIEREN

»Schmatz nicht!«, »Sitz gerade!«, »Nimm die Ellenbogen vom Tisch!«, »Iss deinen Teller auf!« Abertausende deutscher Kinder kennen diese Ermahnungen an der Familientafel. Sind wir also ein besonders gut erzogenes Volk? Gutes Benehmen buchstabiert sich recht unterschiedlich auf der Welt – auch bei der Nahrungsaufnahme.

In China etwa gehört Schmatzen, Schlürfen und Rülpsen bei Tisch buchstäblich zum guten Ton. In Korea indes muss es absolut still sein während des Essens, damit sich alle auf die dargebotenen Speisen konzentrieren können. In den USA war und ist es vielerorts Sitte (wie einst wohl auch im gesamten angelsächsischen Raum), beim Essen lediglich eine Hand zu nutzen. Die andere ruht im Schoß. Mit der aktiven Rechten oder Linken hält man die Gabel (meist mit den Zinken nach oben) und spießt die zuvor mundgerecht zerkleinerten Speisen auf. Auf dem Teller bleibt in der Regel nichts zurück; den Anstandsbissen kennt man in der Neuen Welt ebenso wenig wie bei uns oder in Asien. In Russland hingegen gilt er als höflich. Daher sollte man, wenn sich das Sättigungsgefühl einstellt, tunlichst einen Happen liegen lassen – ansonsten legt der Gastgeber immer wieder nach.

In vielen anderen Kulturen spielt aber nicht nur der letzte, sondern auch der erste Bissen eine wichtige Rolle: Üblicherweise ist es die älteste Person der Speiserunde, die ihn erhält. Im europäischen Raum ehrte man mit ihm (da er meist auch das beste Stück vom Ganzen war) traditionell den jeweils ranghöchsten Gast, unabhängig von dessen Lebensjahren. Bei Hofe und in den adeligen Familien herrschte sowieso eine besondere Etikette – auch und gerade bei Tisch. Im bürgerlichen Milieu hingegen ging es an der Tafel lange Zeit recht ungesittet zu. Das Tischtuch ersetzte noch im Mittelalter die Serviette, Speisereste warf man einfach unter den Tisch, das Messer wurde oft in selbigen gerammt, bis man es wieder brauchte – und den Löffel brachte man zu den Gelagen oft aus dem eigenen Haushalt mit. Den Gebrauch einer Gabel als Besteckteil lehrten uns übrigens erst die Franzosen und Italiener im 17. Jahrhundert.

Bis man in Deutschland zu den inzwischen gesellschaftlich weitgehend akzeptierten Tischregeln kam, verstrichen allerdings noch einige Jahrzehnte. 1788 erschien dann aber das Traktat mit dem schönen Titel »Über den Umgang mit Menschen«. Es stammte aus der Feder eines gewissen Adolph Knigge (1752–1796), Schriftsteller seines Zeichens, Freiherr und Aufklärer, geboren in der Nähe von Hannover. Sein eher soziologisch angelegtes Werk, dessen Kapitel sich Themen wie etwa dem Umgang mit Kindern, mit Jähzornigen, mit Schurken und »mit sich selbst« widmeten, wurde von vielen Zeitgenossen als »Benimmfibel« missverstanden. Und der Verlag verstärkte diesen Irrtum nach Knigges Tod noch, indem er dessen Ausführungen tatsächlich Verhaltensregeln anfügte. Zudem wurde das Werk alle zehn Jahre neu aufgelegt – hauptsächlich mit aktualisierten Angaben in Sachen passender Kleidung.

Wie dem auch sei, für die Deutschen galten nun bald »laut Knigge« bei Tisch einige Vorschriften. Leitsätze wie »Mit vollem Mund spricht man nicht!« oder »Ein Weinglas wird am Stil gehoben« tönten fortan durch zahlreiche Haushalte. Bedenkt man den teilweise recht derben Umgang früherer Generationen mit ihren Essgerätschaften, machen aber auch Erklärungen wie jene zur Handhabung des Bestecks durchaus Sinn: Es wird »nicht umkrallt wie ein schweres Werkzeug, sondern am unteren Ende des Griffes umfasst«. Ebenso schienen (und scheinen bis heute) Hinweise wie »die Serviette ist ein Mundtuch, kein Taschentuch, kein Brillentuch und auch kein Wischtuch; sie wird nur benutzt, um die Lippen abzutupfen, bevor man zum Weinglas greift« offenbar ihre Berechtigung zu haben. Gleiches gilt für das Zuprosten, dem der »Knigge« – der inzwischen von einem Nachfahren des Freiherrn in einer modernen Fassung vorliegt – ebenso einen Absatz widmet wie dem Thema Hände. In unserem Handy-Zeitalter sicher ein hochaktuelles Sujet.

Früh übt sich. Besonders in den 1950er-Jahren legte man bei der Erziehung seiner Kinder großen Wert auf das Erlernen von Tischsitten und Essmanieren. Und auch heute gilt: Wenn sich die eigenen Kinder am Esstisch nicht richtig benehmen können, dann ist das auch für Eltern oft sehr peinlich. Tischmanieren sollten Kindern also frühzeitig vermittelt werden.

MECKLENBURG-VORPOMMERN

Auf Rügen, Usedom und an der mecklenburgischen Küste profitiert die regionale Küche in besonderem Maße von den Schätzen aus der Natur. Es kommt Fisch aus der Ostsee und aus dem Boddengewässer auf den Tisch. Der Hering war früher Grundnahrungsmittel. Man hat ihn gesalzen, um auch im Winter etwas zu essen zu haben. Aus dem gleichen Grund hat man Fisch geräuchert, eine Technik, die noch immer vielerorts angewandt wird. Zu den Spezialitäten der Region gehören Sassnitzer Heringskartoffeln (auf Zwiebelscheiben gebratene Heringsfilets mit Kartoffeln, Möhren und Gewürzgurken), Rügener Aalsuppe, Dorsch mit Gemüse und Stralsunder Fischertopf. Sein Clou ist Kaffeesahne mit Senf und Dill. Die moderne Küche kombiniert gern Exotisches mit Heimischem, wie Jakobsmuscheln mit Sanddorn.

KOCHEN

Sahnehering Rügener Art

1 Zwiebel
5 Gewürzgurken
300 g Matjeshering
3 Lorbeerblätter
Pimentkörner
schwarze Pfefferkörner
400 g saure Sahne
ggf. etwas Milch

Am Vortag die Zwiebel schälen und in Würfel schneiden. Gewürzgurken und Matjeshering ebenfalls in Würfel schneiden. Zwiebeln, Gurken und Hering mit den Lorbeerblättern, je 10 Piment- und schwarzen Pfefferkörnern, der sauren Sahne und, je nach Konsistenz, etwas Milch in einer Schüssel mischen. In ein verschließbares Gefäß geben und verschlossen im Kühlschrank über Nacht ziehen lassen. Traditionell wird Sahnehering mit Pellkartoffeln serviert.

GENIESSEN

Hornfisch

»Arbeiteraal« nannte man ihn einst an der Ostsee. Denn es gab ihn zuhauf, sodass sich ihn selbst die ärmere Bevölkerung leisten konnte. Alljährlich »wenn der Raps blüht«, so eine alte Anglerregel, kommt der lange silberne Fisch in Küstennähe. Sein Maul zeigt deutlich, warum man ihn auch den Barrakuda der Ostsee nennt: Es hat die Form eines spitzen Schnabels und birgt Hunderte kleiner Zähne. Dennoch ist der zur Familie der Hechte zählende Hornfisch nur für kleinere Meerestiere gefährlich. Auf dem Teller duftet er angenehm frisch; sein Fleisch ist fest, fettarm und hell. Die Gräten darin leuchten grünlich; nach dem Kochen sogar noch intensiver. Da sein Bestand zurückgeht, ist der Grünknochen, wie der Hornfisch auch genannt wird, zur Delikatesse geworden. Gourmets braten seine Filets und essen dazu Gurkensalat mit Ingwer oder gebackenes Auberginen-Avocado-Gemüse.

Sanddorn

Einst diente die ursprünglich aus Nepal stammende Pflanze auch auf Rügen und Hiddensee nur dem Schutz der Küste, denn sie wächst bestens auf Dünen. Inzwischen wird die Sanddornfrucht auf den Inseln aber auch wegen ihrer gesundheitlichen Effekte kultiviert. Längst trägt sie den Beinamen Zitrone des Nordens, enthalten die kleinen orangen Kugeln doch zehnmal mehr Vitamin C als der gelbe Säuerling aus dem Süden. Zudem wirken sie entzündungshemmend und helfen etwa bei der Senkung des Cholesterinspiegels. Wie Medizin freilich schmeckt der Sanddorn keineswegs – daher spielt er auch in der Küche eine wichtige Rolle: als Suppe, Sauce, Creme, Marmelade, Honig, Eis, Kuchen, Tee, Saft und sogar Wein, Brand oder Likör. Öle und Cremes werden ebenfalls aus der Sanddornfrucht hergestellt.

Bismarckhering & Bückling

Nur saurer Aufguss oder Salzlake und Feuer? Mit Gräten oder ohne? Meist scheiden sich die Geister an der Zubereitung von Heringen. Beim Bismarckhering, dem tatsächlich der einstige Reichskanzler seinen Namen gab, nachdem er von einem Stralsunder ein Fässchen frisch eingelegten Ostseeherings zum Geburtstag erhalten hatte, wird alles Innenleben entfernt. Ein Bückling, die Räuchervariante des Herings, wird nicht ausgenommen. »Erst durch die Innereien bekommt er seinen Geschmack«, sagen Experten – legen ihn aber zunächst in Salzlake ein. Wenn später die Räucherhitze seine Rückengräte biegt, richtet er sich leicht auf. Ob diese »Verbeugung« dem Bückling seinen Namen gab, ist allerdings nicht belegt. »Bückinc«, streng riechend beim Verzehr, ist wohl eher wahrscheinlich. Richtig isst man den Räucherfisch freilich, wenn man die Rückengräte sowie die Innereien entfernt.

Arme Ritter

Sie haben viele Namen und sind in vielen Ländern zu Hause. Sogar schon aus dem Alten Rom ist ein Rezept für eingeweichtes und danach in

Unten links: Sahnehering ist ein typisches Heringsgericht auf Rügen, das traditionell mit Pellkartoffeln serviert wird. Unten Mitte: Dass für die »Armen Ritter« altbackenes Brot verwendet wird, ist den süßen Schnitten nach dem Ausbacken nicht mehr anzumerken.

Fett ausgebackenes, helles Brot überliefert. Die älteste deutschsprachige Anleitung für Arme Ritter stammt aus einem Kochbuch des 14. Jahrhunderts, das auch die Brüder Grimm zitieren. In Schmalz sollen die Schnitten ausgebacken werden, heißt es darin. Zu DDR-Zeiten zählte diese süße Speise aus altbackenem, in Milch oder Rahm mit Eiern, Zucker, Salz und eventuell Vanille eingeweichtem Weißbrot sogar auf Schloss Gymnich, Honeckers Rügener Gästehaus, zu den Klassikern der Küche. Zum Servieren werden die Armen Ritter meist mit Zimtzucker bestreut und mit Vanillesauce umgossen.

Gänseflomen

Grau, weiß und graugescheckt schnattert die schwere Pommerngans seit Jahrhunderten vor allem auf den Gütern und Höfen Rügens und der Uckermarck. Nicht nur ihr Fleisch und ihre Federn nutzen die Bauern von alters her für sich selbst oder zum Verkauf. Auch das Gänsefett gehört zum pommerschen Alltag. Sowohl der Gänseflomen aus dem Unterhaut-Fettgewebe des Tieres als auch der »pommersche Kaviar« aus dem Bauchfett wurde aufs Brot gestrichen. Beides wird, im Gegensatz zum Schmalz, kalt gewonnen; traditionell werden die entsprechenden Stücke mit Zwiebeln, Majoran, Salz und Pfeffer gewürzt und mariniert. Vielen galt und gilt nicht nur der »pommersche Kaviar«, sondern auch Gänseflomen als Delikatesse. Johanna von Puttkammer, die pommersche Ehefrau Bismarcks, soll die eingeweckte Spezialität sogar an Diplomaten verschenkt haben.

Kliebensuppe

Schon im 19. Jahrhundert löffelten sie hinterpommerische Landarbeiter sowohl als Morgenmahlzeit als auch am Abend zu ihrem schwarzen Brot. Seinen Namen hat das anspruchslose Gericht vom niederdeutschen Wort für kleiner Kloß (»Klief«, »Kliebe«); in manch anderer Bezeichnung wie »Klackerklieben« klingt aber auch das Kleckern an, mit dem die Herstellung verbunden ist. Denn der Mehlkloßteig tropft mehr oder minder ungeformt vom Holzlöffel oder Quirl in die kochende Milch. Sobald die Klieben oben schwimmen, ist die Suppe fertig. Sie wird heiß gegessen – und wohl erst seit geraumer Zeit mit Zucker und Zimt angereichert.

Mecklenburger Rippenbraten

Auf Rügen heißt er »Falscher Gänsebraten«, denn tatsächlich wird für dieses ursprünglich festliche Wintergericht ein Schweinerippenstück gefüllt wie ein großes Federvieh. Seitlich unter den Rippen schneidet man dazu eine Tasche ins Fleisch. Als Füllung diente früher heimisches Obst: (Back-)Pflaumen etwa oder (eingelagerte) Äpfel. In einem Kochbuch von 1868 sind zudem Zwieback und brauner Rum als Zutaten für das Füllsel genannt. Als Beilage werden Kartoffeln oder Klöße und Rotkohl empfohlen. Bis Ende des 18. Jahrhunderts gehörten Schweine zu den Hauptnahrungsmitteln der Landbevölkerung in der Region – und die Kombination aus dem süßlichen Schweinefleisch und dem säuerlichen Obst entsprach der dort beliebten Geschmacksrichtung »Broken sööt« (Gebrochene Süße).

BESUCHEN

Sassnitzer Fischerei- und Hafenmuseum

Wie liegt es sich in einer Kapitänskoje? Das kann man an Bord des 26 Meter langen Fischkutters »Havel« im Sassnitzer Fischerei- und Hafenmuseum ausprobieren. Denn hier erfährt man auf einer spannenden Entdeckungstour, wie die Fischer an Bord gelebt und gearbeitet haben. Auf rund 300 Quadratmetern Ausstellungsfläche wird die hundertjährige Entwicklung des einstigen Fischerdorfes zur größten Hafenstadt Rügens präsentiert.
Im Stadthafen, 18546 Sassnitz, Tel. 038392/57846, www.hafenmuseum.de

Unten rechts: Anfang des 20. Jahrhunderts war das Vorkommen des Herings so häufig, dass er teils sogar verfüttert werden musste. Mittlerweile wird er als Rarität gehandelt. Eine schmackhafte Variante ist der geräucherte Hering.

KOCHEN

Sanddorn-Pfeffer-Süppchen mit Jakobsmuscheln

12 Jakobsmuscheln, 4 Schalotten, 800 ml Hühnerbrühe, 220 g Sanddorn-Apfel-Gelee, 200 g Sahne, 200 g Crème fraîche, 1 TL eingelegter grüner Pfeffer, Salz, Zucker, Zitronensaft, Olivenöl, 1 EL Butter

Die Schalotten in Würfel schneiden und in etwas Öl andünsten. Mit der Hühnerbrühe ablöschen. Das Sanddorn-Apfel-Gelee in die Brühe rühren und aufkochen lassen. Sahne und Crème fraîche unterrühren, die Suppe sollte nun nicht mehr kochen. Den Pfeffer dazugeben und mit Salz, Zucker und Zitronensaft würzen. Die Suppe knapp unter dem Siedepunkt ziehen lassen. Etwas Olivenöl und Butter erhitzen und die Jakobsmuscheln glasig anbraten. Die Suppe verteilen und jeweils 3 Jakobsmuscheln hineingeben. Alternativ die Muscheln angebraten auf Holzspießen über die Teller legen.

GENIESSEN

Pommersche Biersuppe

Vom Mittelalter bis weit ins 19. Jahrhundert waren (Dünn-)Biersuppen in Deutschland ein gängiges Gericht. Und zwar meist als nahrhaftes Frühstück, sowohl für Erwachsene wie für Kinder. Nahezu jeder Haushalt, zumindest in den bäuerlichen Gebieten, verfügte über die Grundzutaten: Bier, Milch, Eier, Mehl und etwas Zucker. Für die Pommersche Biersuppe wurden Bier und Milch zunächst separat erhitzt, dann in einer Terrine vermengt und mit zwei Dottern abgezogen. Oft lag in ihr schon altes (Schwarz-)Brot. Mitunter wurde das Bier-Milch-Gemisch auch mit »Stuten« (Rosinengebäck) gegessen – oder nur mit Korinthen angereichert. In aktuellen Varianten kommen auch Gewürze wie Zimt, Ingwer und (Kreuz-)Kümmel in die Suppe.

Pommersche Tollatschen

In Hans Falladas Weihnachtgeschichten-Sammlung »Das Wunder des Tollatsch« geben diese Klöße sogar den Titel. Ursprünglich wurden Tollatschen in Pommern aber nicht zum Christfest, sondern beim Schlachten zubereitet: aus Mehl oder Grütze und Schweineblut, gemischt mit Schweineschmalz, Zucker und Gewürzen wie Thymian, Majoran, Zimt, Nelkenpfeffer oder Kardamom. Auch Eier und Rosinen oder abgeriebene Zitrone kamen vielerorts in den Teig. Gut durchgeknetet formt man ihn zu Klößen, die in einer Fleisch- oder Schweineknochenbrühe kochen. In einigen pommerschen Gegenden wurde einst ein Neujahrsgebäck als »Tollatschen« bezeichnet, dabei handelte es sich um längliche Kuchen, gefüllt mit Früchten oder Marmelade.

Rügener Badejunge

In seiner roten Badehose und mit einem kleinen Segelboot im Arm wirbt ein dunkelhaariger Knabe vor der Kulisse der Rügener Kreidefelsen auf einer meerblauen Käseschachtel für Deutschlands inzwischen meistverkauften Camembert. Ursprünglich stammen Kind und Käse aus dem heutigen polnischen Stolpau; nach dem Zweiten Weltkrieg siedelten beide zu einer Molkerei nach Bergen, ins Herz der Insel Rügen, über. Eine Zeitlang posierte der Knabe auf seinem Karton nackt, um der erstarkenden FKK-Bewegung in der DDR Rechnung zu tragen. Seit der Wiedervereinigung trägt der Rügener Badejunge wieder Textil. Und inzwischen prangt das Logo auch auf grünem, rotem und gelbem Untergrund – um auf neue Produkt-Varianten wie Camembert mit Bärlauch oder grünem Pfeffer aufmerksam zu machen.

Jasmunder Senfeier

Neben Fisch und Fleisch gehörte auch das Federvieh stets zum Alltag der Fischer und Bauern – auf der Mutterinsel ebenso wie auf dem durch zwei schmale Landzungen mit ihr verbundenen Jasmund. Weite Felder und Waldflächen prägen die Landschaft auf dieser Halbinsel außer der Boddenküste; Hühner gackern noch heute vielerorts. Ihre – hartgekochten – Eier aß man auf der Halbinsel schon früh auch in einer Sauce aus eingedickter Milch, Butter und Senf.

Unten links: Das Sanddorn-Pfeffer-Süppchen mit Jakobsmuscheln ist ein Gericht für Feinschmecker. Unten Mitte: Als Beilage zu dem rasch zuzubereitenden und heute beliebten Gericht Jasmunder Senfeier gab und gibt es Salzkartoffeln.

BESUCHEN

Restaurant Nautilus
Nach dem Vorbild des Fantasie-U-Bootes von Kapitän Nemo aus Jules Vernes Roman »20 000 Meilen unter dem Meer« entstand 1995 das Restaurant »Nautilus«. Täuschend echt wurde die U-Boot-Filmkulisse bis ins kleinste Detail nachgebaut, die Gasträume sind in Ruder- und Maschinenraum sowie Kapitänsmesse aufgeteilt. Aber nicht nur das Ambiente stimmt, sondern auch die Küche. Neben zahlreichen Fischgerichten ist vor allem der Mecklenburger Rippenbraten beliebt. Der Schweinebauch wird mit Äpfeln und Backpflaumen gefüllt, dazu gibt's Rotkohl und Kartoffelklöße.
Dorfstr. 17, 18581 Putbus, Tel. 038301/830, www.ruegen-nautilus.de

Oma's Küche & Quartier
Gerne denken wir an unsere Kindheit zurück, als sich der Duft von Omas Kochkünsten verbreitete. Geplaudert, gekocht und mit allen Sinnen gelebt wird deshalb in »Oma's Küche & Quartier«, welches Restaurant, Hotel und Museum zugleich ist. Vor allem begeistert der antike Feuerofen in der Küche. Auf der Herdplatte finden sich neben Emailletöpfen auch alte Bügeleisen, Einweckgläser und mit Wasser gefüllte Zinkwannen samt Waschbrett. Verarbeitet werden gartenfrische, regionale Produkte vom Markt, die sofort auf den Tisch kommen – wie früher eben. Gebackener Camembert schmeckt mit Wildpreiselbeeren und frittierter Petersilie als »Omas Rügener Badejunge im Schlafrock«.
Proraer Chaussee 2A, 18609 Binz, Tel. 038393/13556, www.omas-kueche-binz.de

Sanddorn's
»Zitrone des Nordens« wird der Sanddorn aufgrund seines hohen Vitamin-C-Gehalts genannt. So wird ihm nachgesagt, dass er sowohl die Blutfettwerte als auch den Blutdruck senkt, sich positiv auf den Cholesterinwert auswirkt und bei Erkrankungen der Atemwege Linderung verschafft. Seit fast 200 Jahren ist der Sanddorn auf Rügen heimisch, der im Herbst geerntet wird und im kleinen Laden Sanddorn's als Konfitüre, Saft, Likör, Wein, in Form von Bonbons, aber auch kosmetisch verarbeitet als Creme, Seife und Öl zu finden ist.
Hauptstr. 24, 18609 Binz, Tel. 038393/436510, www.sanddorn.de

Gastmahl des Meeres
Der Name ist Programm: Hier erhält man Fisch in allen Variationen, frisch von den Fischern der Insel – angefangen bei der klassischen Rügener Aalsuppe mit Backpflaumen und Wurzelgemüse bis hin zu Matjes, Seehecht und Lachs. Bei der Vorspeise gesellt sich unter anderem Sanddorn zum gebratenen Dorschmedaillon in die Kürbisrahmsuppe und auch als Dessert schmeckt die vitaminreiche Frucht als Parfait mit Himbeersauce.
Strandpromenade 2, 18546 Sassnitz, Tel. 038392/5170, www.gastmahl-des-meeres-ruegen.de

Restaurant Puk up'n Balken
In dem gemütlichen Lokal mit Holzdecke und Steinsäulen gibt es auf zwei Etagen Fisch- und Pfannengerichte. In gemütlichen Nischen kommt manches von Großmutters Speisekarte auf den Tisch wie beispielsweise Heringspfanne, Mecklenburger Schweinebraten mit Sanddornkohl oder »Stullenschüppe«. Außerdem frisches Brot mit Schmalz, geräuchertem Schinken, Mettwurst, Blutwurst und Butterkäse.
Bahnhofstr. 65, 18528 Bergen auf Rügen, Tel. 03838/257273, www.puk-bergen.de

Blumencafé Rügen
Angefangen hat alles 2003 mit dem Lädchen »Geschenke und Blumen – Sök di wat ut«. Im Laufe der Jahre fragte man die Besitzerin immer wieder nach einer Tasse Kaffee im gemütlichen Garten. Der Gedanke gefiel und aus der Idee wurde das »Blumencafé«, wo hausgebackener Schlupfkuchen (Rührkuchen mit Obststücken, die beim Backen im Teig versinken) umgeben von einer herrlichen Blütenpracht besonders gut schmeckt.
Gerhart-Hauptmann-Str. 6, 18556 Wiek, Tel. 038391/769932, www.blumencafe-ruegen.de

Unten rechts: Sanddorn ist auf Rügen heimisch. Die Frucht zeichnet sich durch ihren ungemein hohen Vitamingehalt, insbesondere von Vitamin C, und durch ihre vitalisierende Wirkung aus. Die Wunderbeere steht in Deutschland unter Naturschutz.

BESUCHEN

Vorpommersches Kartoffelmuseum Tribsees

Kaum eine andere Frucht hat im Laufe der Geschichte den Speisezettel der Deutschen so geprägt wie die Kartoffel. Bereits 1647 startete die braune Knolle ihre Karriere als Feld- und Ackerfrucht in Deutschland. Bis vor wenigen Jahren galt sie als traditionelles und kalorienreiches Nahrungsmittel. Heute weiß man, dass sie ein wahres Nährstoffbündel ist: mit vielen Vitaminen und wenig Kalorien. Derzeit verbraucht jeder Bundesbürger rund 41 Kilo Kartoffeln im Jahr. Mehr Wissenswertes über Geschichte und Botanik, Anbau und Verwertung liefert das direkt am Kirchplatz gelegene Kartoffelmuseum. Zu sehen sind auch historische Arbeitsgeräte, eine alte Bauernküche, Fotoaufnahmen und natürlich Kartoffeln.
Kirchplatz 7, 18465 Tribsees, Tel. 038320/649803, www.kartoffelmuseum.stadt-tribsees.de

GENIESSEN

Schmoraal

Sowohl an der Westküste von Hiddensee als auch auf Rügen kommt der Aal noch immer recht häufig vor. Im trüben Brandungswasser und bei Regen, sagen Angel-Experten, lasse er sich am besten fangen. Bis zu einem Meter lang werden die Tiere – ein gutes Stück Nahrung also. Viele Zutaten braucht es daher nicht für eine Aalmahlzeit. Mit etwas Fett angebraten, mit Wasser abgelöscht und ergänzt um ein paar glasig gebratene Zwiebeln schmoren grobe Stücke des zuvor gesäuerten Aals in der Pfanne. Eine braune Mehlsauce und ein paar Pell- oder Salzkartoffeln reichen als Beilage. Inzwischen gilt das einfache Gericht als echte Delikatesse.

Schnüsch

»Quer durch den Garten« – so könnte man den Namen dieses Sommereintopfs vielleicht übersetzen. Die Angeliter Mütter prüften mit ihm einst die Kochkünste ihrer zukünftigen Schwiegertöchter. Je nach Familienrezept wird »Schnüsch« mal nur mit Milch und Butter oder mit Sahne und sogar Mehlschwitze gekocht. Hinein gehören »lütte«, kleine, junge Kartoffeln, frische dicke und grüne Bohnen, Erbsen, Wurzeln und Kohlrabi. Das Gemüse wird klein geschnitten (wo möglich in Würfel) und zunächst in Salzwasser gegart. Anschließend wird es in der mit Petersilie und Sahne sowie einem Klacks Butter angereicherten Milch-Sahne-Mischung nochmals erhitzt. Gewürzt wird mit weißem Pfeffer.

Kartoffeln

»Die Dinger riechen nicht und schmecken nicht und nicht einmal die Hunde mögen sie fressen«, berichtet der Kolberger Bauernsohn und spätere Volksheld Joachim Nettelbeck Mitte des 18. Jahrhunderts nach einer öffentlichen Kartoffelvorführung in seiner Heimatstadt. Doch König Friedrich II. ließ nicht locker in seinem Bemühen, durch den Anbau der noch weitgehend unbekannten Andenfrucht etwas gegen die durch Krieg und Missernten hervorgerufenen Hungersnöte in seinem zunehmend bevölkerten Reich zu unternehmen. Inzwischen zählt die seinerzeit per Zwangserlass eingeführte Kartoffel zu den führenden Produkten in Brandenburg. Und rund um das Grab Friedrichs des Großen legen Besucher immer wieder Kartoffeln ab.

Graue Klöße

Viel mehr als Kartoffeln braucht es nicht für dieses einfache, aber doch sehr nahrhafte Bauerngericht, das auch die Fischer der Region einst sehr schätzten. Ein Drittel der Ackerfrüchte wird dazu gekocht, von der Schale befreit, zerdrückt oder durch ein Tuch gepresst. Der Rest wird roh gerieben. Mit Mehl und Eiern geknetet ergeben die Kartoffeln einen festen Teig. Etwas von dem Teig der mit dem Löffel ausgestochenen Klößchen wird in das reduzierte Kochwasser gerührt – daher auch die »graue« Farbe des sämigen Gerichts. Gebratene Räucherspeckwürfel und gedünstete Zwiebeln sorgen zum Schluss noch für ein deftiges Aroma der »grauen Klöße«.

Unten links: Aal gilt, besonders geschmort, auf Rügen als Delikatesse. Unten rechts: Als typische Beilage zum schmackhaften »Schnüsch« wird – separat – Katenschinken oder eingelegter Hering serviert.

EINKAUFEN

Ökohof Thom
Im Hofladen des Ökohofs gibt es allerlei Frisches aus eigener Produktion, wie Kräuter und Gemüse, Eier und Kartoffeln, Fruchtaufstriche und auch Suppenhühner. Weitere Artikel werden zugekauft, stammen aber ebenfalls überwiegend aus Rügen, wie Honig und Käse. Besonderheit: Auf dem Ökohof Thom werden Pommerngänse nach ökologischen Richtlinien gezüchtet.
Haus 12, 18573 Stönkvitz/Rügen,
Tel. 038306/20043,
www.oekohof-thom.de

Molkerei Rügener Inselfrische
Hier dreht sich alles um Milch und leckere Marmeladen. Hinzu kommen Gebäck, Fisch und Wurstwaren aus der Region. Die Produkte aus dem Hofladen werden auch im netten Hofcafé serviert.
Poseritz Hof 15,
18574 Poseritz/Rügen,
Tel. 038307/40429,
www.ruegener-inselfrische.de

Höfeladen Esslust Libnow
In der rund 100 Jahre alten Scheune wird ein umfangreiches Naturkostsortiment angeboten. Vieles stammt aus verschiedenen Biobetrieben Vorpommerns, wie zum Beispiel das Holzofenbrot eines nur fünf Kilometer entfernten Bäckers. Ein kleines Bistro gibt es außerdem.
Libnow 7a,
17390 Murchin – Ortsteil Libnow,
Tel. 03971/258964,
www.hoefeladen-esslust.de

Zum Honigdieb
Ein Paradies zum Bummeln und Entdecken ist der Hofladen, der dem Landhotel »Zum Honigdieb« angeschlossen ist. Neben selbst erzeugtem Honig und Fruchtaufstrichen aus eigener Produktion gibt es Sanddornkosmetik, Bienenwachskerzen sowie zahlreiche weitere Köstlichkeiten aus der Region; außerdem kann man Ostsee-Souvenirs erwerben. Ein rustikales Café zählt außerdem zum Hofladen.
Bäderstraße 6a,
18311 Ribnitz-Damgarten – Ortsteil Klockenhagen,
Tel. 03821/706737,
www.zum-honigdieb.de

Gut Darß
Schafe, Ziegen, Kühe und sogar Büffel und Pferde werden auf dem Gut gezüchtet. Entsprechend liegt der Schwerpunkt des Öko-Hofladens auf Fleisch- und Wurstwaren. Das Gut kann bei einer Führung besichtigt werden.
Am Wald 26, 18375 Born,
Tel. 038234/5060,
www.gut-darss.de

Landwert Hof Stahlbrode
Ganzjährig geöffnet, bietet dieser Hof ökologische Delikatessen aus Vorpommern: unter anderem über Buchenholz geräucherten Schinken und seeluftgetrocknete Würste und Salami. Die Feinkostmanufaktur und die Hofküche offerieren typische Kaffeespezialitäten.
Lange-Hof 31,
18519 Reinberg/Stahlbrode,
Tel. 038328/65110,
www.landwert.de

Oben: »Gänseflomen« und »Pommerscher Kaviar« stammen von der Pommerngans, auch Rügener Gans genannt. Diese Gänseart zeichnet sich durch ihre stattliche Größe und ihren kräftigen Kopf aus. Unten: Mecklenburg-Vorpommern gilt als Kartoffelland.

mehlig

ERLEBEN

Rügener Hornfischtage

Die Netze sind im Frühjahr vor Rügen und Hiddensee besonders gut mit Hornfisch gefüllt. Kein Wunder, dass sich die Fischer zusammen mit den Gastronomen einiges einfallen lassen, um Gästen den beliebten Fang schmackhaft zu machen. So laden sie jedes Jahr im Mai zu den Hornfischtagen ein, um in geselliger Runde mit Stampfkartoffeln und Rhabarberkompott zu schlemmen und Seemannsgarn zu spinnen.

www.ruegen-hiddensee.de

Sanddornfest Glowe

Einst ein kleines Fischerdorf, hat sich Glowe im Süden der Schaabe – dem längsten Strand der Insel – zum beliebten Ostseebad entwickelt. Und auch das Sanddornfest lockt viele neugierige Besucher, wenn die orange Beere mit Festumzug und Blasmusik gefeiert wird. Kamellen und Bonbons fliegen entlang der Hauptstraße von den Wagen und erinnern jährlich im August an Karneval. Am Kurplatz wird schließlich das Festprogramm mit dem Tanz des Sanddorn-Königspaars eröffnet.

Am Kurplatz, 18551 Glowe,
Tel. 038302/889939 (Tourismusverein),
www.glowe.de

Heringswoche Usedom

Früher spielte der Hering als Arme-Leute-Essen eine wichtige Rolle für die Inselbewohner. Heute kommt er in unzähligen Variationen auf den Teller: als Matjes, Rollmops, Brathering oder in Gerichten namens »Essenz vom Hering« oder Herings-Carpaccio. Vor allem während der »Usedomer Heringswochen« im März und April übertrumpfen sich die Inselköche gegenseitig mit ihren Kreationen. Das kulinarische Event startet mit einer Heringsgala und endet mit der Verleihung des »Goldenen Herings« für das außergewöhnlichste Rezept.

Inselweit, www.usedom.de

Ükeritzer Kartoffelfest

Traditionell im September ist die tolle Knolle der Star. Dann nämlich feiert man das Kartoffelfest. Auf dem Programm stehen Kartoffelsackheben, die »Plattdütsche Run'n«, ein Laternenumzug und natürlich allerlei Erdapfelspezialitäten.

Alter Kurplatz, 17459 Ückeritz,
Tel. 038375/2520 (Kurverwaltung Ückeritz),
www.usedomer-bernsteinbaeder.de

Rügen-Markt

Am 1. Mai läuten mehr als 100 Hersteller und Kunsthandwerker aus der Region die Marktsaison am Hafen in Thiessow sowie am Strand in Lietzow ein. Mit seiner Mischung aus kulinarischen Produkten, handgemachten Erzeugnissen und künstlerischen Einzelstücken ist er bis Oktober Anziehungsmagnet für etwa 140 000 Besucher pro Jahr.

Hafen in Thiessow sowie Strand in Lietzow,
www.ruegen-markt.com

Duckstein-Festival in Binz

Die Urlaubsinsel Rügen präsentiert mit dem Duckstein-Festival, das seit Jahren auch in Hamburg, Kiel und Lübeck mit 150 000 Besuchern erfolgreich gefeiert wird, das Kulturhighlight des Sommers in Binz. Kurplatz, Strandpromenade und Hauptstraße verwandeln sich für zehn Tage im August unter dem Motto »Kunst, Kultur & Kulinarisches« in eine einzige Festivalfläche.

Ostseebad Binz, Kurplatz, Strandpromenade und Hauptstraße, 18609 Binz, www.duckstein.de

Rügener Hafentage

Am ersten Juliwochenende begrüßt Sassnitz mit dem traditionellen Hafenfest als größtem Volksfest seine Gäste. Drei Tage und Nächte geht es hoch her, wenn 150 Schausteller und Gastronomen ihre Stände auf der Festmeile aufbauen. Fisch, exotische Köstlichkeiten und Grillspezialitäten verwöhnen den Gaumen, während man dem Showprogramm lauscht, das auf mehreren Bühnen dargeboten wird. Das Feuerwerk am Sonntagabend hüllt die kleinen Motorboote, Segelschiffe und großen Dreimaster, die zum Segeln und Besichtigen einladen, in ganz besonderen Glanz.

Am Stadthafen, 18546 Sassnitz,
Tel. 03838/807780 (Touristeninfo),
www.sassnitz.de und *www.ruegen.de*

WISSEN

Otto von Bismarck

Natürlich ist Otto von Bismarck (1815–1898) viel mehr als nur der Namensgeber des berühmten Herings. Die einen erkennen den erfolgreichen Politiker, den Eisernen Kanzler und Vater der Sozialgesetze. Andere sehen in ihm den Machtmenschen und Militaristen und damit einen der Initiatoren einer Entwicklung, die Deutschland im 20. Jahrhundert zwei Weltkriege vom Zaun brechen ließ. Otto von Bismarck stammte aus altem Adel und begann Ende der 1840er-Jahre eine politische Karriere. Zunächst Abgeordneter des Preußischen Landtages, wurde Bismarck 1862 preußischer Ministerpräsident und Außenminister und führte durch mehrere Kriege, zuletzt den Deutsch-Französischen von 1870/71, die Gründung eines einheitlichen Deutschen Reiches herbei. Die Reichsverfassung, in der Bismarck nur dem Kaiser Rechenschaft schuldig war, gab ihm innenpolitisch freie Hand. Der auch außenpolitisch sehr geschickte Bündnispolitiker und Einiger Deutschlands wurde 1890 vom jungen Kaiser Wilhelm II. entlassen. Am 30. Juli 1898 starb Bismarck in Friedrichsruh.

Bilder oben: Hering in allen Varianten gibt es während der Heringswoche in Usedom zu genießen. Bilder Mitte: Während des Duckstein-Festivals verwandelt sich ganz Binz in eine lebhafte Schaubühne, auf der Akrobatik, Jonglierkünste und Comedy gezeigt werden. Bild unten: Beim Ükeritzer Kartoffelfest im September wird an jenen Tag erinnert, als die erste Kartoffel vor fast 270 Jahren vom Pudaglaer Amtsmann dem Ückeritzer Dorfschulzen übergeben wurde.

RUND UM DIE KNOLLE – KARTOFFELN FÜR DEUTSCHLAND

Auf dem Speisezettel des Nachkriegsdeutschlands war sie allgegenwärtig – und wenige Jahre später nahm der Maler und Fotograf Sigmar Polke sie dann sogar auf in seine Kunst: als Gemälde »Kartoffelköppe« und in Gestalt der Installation »Kartoffelhaus«. Letztere war kürzlich sogar im MoMA Museum in New York zu sehen. Doch ursprünglich fanden die Deutschen an der Anden-Frucht kaum Gefallen. Über Spanien war sie Mitte des 16. Jahrhunderts in ihr Land gekommen, galt dort aber als ungenießbar. Wegen der schönen Blüten war sie jedoch in zahlreichen botanischen Gärten anzutreffen. Selbst Friedrich der Große, der seinen Untertanen die Kartoffel per Zwangserlass schmackhaft machen wollte, kannte die Knollenfrucht in seiner Jugend noch nicht als Speise. Erst am Hofe seiner Schwester Wilhelmine in Bayreuth, so heißt es, lernte er sie kennen. Geschätzt hat er das nahrhafte Nachtschattengewächs aber wohl nicht so recht: Historiker fanden kein einziges Kartoffelrezept auf den Küchenzetteln des Preußen-Königs.

Heute kennt die Welt rund 3000 Kartoffelsorten, von der frühreifenden, festkochenden Acapella bis hin zu der mittelfrühen Zusanna. In Deutschland zugelassen sind aktuell nur rund 200 davon, darunter auch Neuzugänge mit so schönen Namen wie Blaue Anneliese, Tarzan, Pocahontas, Odysseus und Papageno.

Erdäpfel, Erdbirnen, Grumbeeren oder Potaten – wie Kartoffeln im deutschsprachigen Raum auch genannt werden – zählen in Deutschland wie auch weltweit zu den wichtigsten Nahrungsmitteln.

BRANDENBURG

Heute gilt vielfach alles, was Gurke enthält, als typisch für den Spreewald. Denn hier war die Gurke schon immer eine klassische Beilage. Auch hat Fisch im wasserreichen Spreewald eine lange Tradition. Oft wird er von einer Meerrettichsauce begleitet. Die gibt's auch zu Eisbein, Grützwurst oder gekochtem Rinderbraten, der bei keiner sorbischen Hochzeit fehlen darf. Die süßen Gerichte ähneln denen der schlesischen Nachbarn: Blechkuchen mit Quark und »Mohnpielen«, ein Auflauf aus eingeweichten Brötchen, Mohn und Rosinen. Auch die brandenburgische Küche gilt mit »Plinsen« (Eierkuchen) sowie »Wrukeneintopf« (Gemüse, Fleischeinlage und Steckrüben) als bodenständig. Rustikal tischt das Havelland auf, wenn die »Knieperkohl«-Saison Ende Oktober startet. Das sauerkrautähnliche Gemüse schmeckt zu Kohlwurst und Kartoffeln.

KOCHEN

Wrukeneintopf

1 kg Wruken
750 g Kartoffeln
500 g Schweinefleisch
125 g Schinkenspeck
2 Zwiebeln
125 ml Weißwein

Das Fleisch in kleine Würfel schneiden. Fett in einem Topf erhitzen und die Fleischwürfel anbraten. Die Zwiebeln schälen, fein würfeln, zum gebräunten Fleisch geben und kurz mit erhitzen. Wruken und Kartoffeln schälen, in Würfel schneiden und in den Topf geben. Den Weißwein zugießen und das Ganze mit so viel Gemüsebrühe aufgießen, dass alles gut mit Flüssigkeit bedeckt ist. Alles zusammen aufkochen lassen, einmal durchrühren und dann bei kleiner Hitze (ohne nochmaliges Umrühren) etwa eine Stunde köcheln lassen. Mit Salz und Pfeffer abschmecken und in vorgewärmten Suppentellern servieren.

GENIESSEN

Havel-Zander

Auf der Haut gebraten, in Salzkruste gegart, gefüllt mit Pilzen oder in Gurkengemüse gargezogen – es gibt viele Rezepte für den Havel-Zander. Der zur Familie von Europas größten, im Süßwasser lebenden barschartigen Fischen zählende Flossenträger liebt vor allem tiefe und trübe Gewässer. Daher kommt er traditionell nicht nur im namensgebenden Fluss des Havellandes vor, sondern auch im dortigen Wolzensee. Allerdings geht der Bestand durch das immer klarere Wasser der Havel und oft niedrige Wasserstände durch die automatische Regelung der Wehre deutlich zurück.

Wrukeneintopf

Kohl- oder Steckrübe heißt im Hochdeutschen das Wurzelgemüse, auf dem dieses Gericht aus der Uckermark basiert. Eine ausgeprägte Küchentradition gibt es dort nicht; die Bauern der Region legten stets Wert auf Lebensmittel, die satt machten und Kraft gaben. Die Wruke war und ist in diesem Sinne ideal. Sie ist reich an Eiweiß, Fett und Kohlenhydraten und enthält zudem Calcium sowie die Vitamine B1, B2, C. Für den Wrukeneintopf paart man sie traditionell nur mit Kartoffeln, eventuell auch mit Möhren.

Teltower Rübchen

Johann Wolfgang von Goethe schmeckten die weißen Wurzeln, die er in Berlin kosten durfte, angeblich so gut, dass er sie sich bis nach Weimar nachschicken ließ. Doch die Geschichte der Teltower Rübchen beginnt schon lange vor der Geburt des Dichterfürsten. Bereits im 17. Jahrhundert wurden sie auf den mageren Sandböden rund um das brandenburgische Städtchen Teltow angebaut, um das karge Nahrungsangebot in den Wintermonaten ein wenig zu bereichern. Mit dem Sieg von Napoleon über die Preußen kamen die süßlich-würzigen »Navets de Teltow« bis an den Hof des französischen Kaisers – und avancierten in Adelskreisen zur Delikatesse. Sie werden in unserem Nachbarland noch heute meist glasiert als Beilage zu Fleischgerichten oder Geflügel serviert.

Knieperkohl

Die Geschichte dieser Prignitzer Spezialität beginnt mit dem Ende des Dreißigjährigen Krieges. Nur noch ein Bruchteil der einstigen Bevölkerung lebte damals in dem »ungangbaren Waldgebiet« im Nordwesten Brandenburgs und auch die Basis für deren ursprüngliche Winternahrung, das Sauerkraut, war kräftig dezimiert. Daher entschlossen sich die Prignitzer, statt wie einst nur Weißkohl nun auch Futterkohl zu säuern. So kamen zum weißen Kraut auch blauer Markstammkohl sowie Grünkohl mit den Weinreben und Salz in die Steinzeugtöpfe. Später hieß es dann: In den fertigen Knieper gehört alles, was fett ist. Bis heute wird ein Knieper-Gericht in einer mit fettem Speck ausgelegten Schmorpfanne gebacken, bis sich das gesamte Fett auf dem Kohl abgesetzt hat. Umrühren ist dabei übrigens absolut tabu!

Unten links: Beim »Wrukeneintopf« werden Rüben und Kartoffeln in Schmalz angeschwitzt, mit Fleischbrühe aufgegossen und grob zerstampft. Unten rechts: Entensuppe mit »Teltower Rübchen«.

EINKAUFEN

Capriolenhof
Auf dem nach den typischen Luftsprüngen von Ziegen benannten Hof gibt es eine ganz besondere Spezialität: Wunderbar cremigen Frischkäse von der Toggenburger Ziege.
Schleusenhof Regow 1, 16798 Fürstenberg OT Bredereiche, Tel. 033087/51183, capriolenhof.de/

Hofladen Kanow-Mühle
In der traditionsreichen Wassermühle wird heute nicht nur das berühmte Spreewälder Leinöl gepresst, sondern auch andere Sorten wie Kürbiskern-, Schwarzkümmel- oder Hanföl.
Kanow-Mühle 1, 15938 Golßen, Tel. 035452/507, www.spreewald-versand.de

Spreewälder Hofladen
Erlebnis-Shopping ist im Vetschauer Ortsteil Raddusch angesagt. Der dortige Hofladen bietet nicht nur Eier und Eierlikör aus eigener Produktion, sondern auch eine Fülle regionaler Produkte von anderen Spreewald-Erzeugern. In der gläsernen Manufaktur kann man die Produktion von Leinöl und Eierlikör miterleben. Zweimal im Monat wird im Holzbackofen Brot gebacken. Außerdem gibt es ein Café, einen Schau-Legehennen-Stall, einen kleinen Streichelzoo und einen Kinderspielplatz. Geöffnet täglich 8–18 Uhr, alle Produkte auch online erhältlich.
Schulweg 2, 03226 Vetschau, OT Raddusch, Tel. 035433/593369

Gut Ogrosen
Auf dem historischen Gut hat sich eine ökologisch wirtschaftende Höfegemeinschaft angesiedelt. Neben einem Milchviehbetrieb gibt es einen Milchschafhof, einen Ziegenhof und einen Gemüseanbau-Betrieb. In ihrem Hofladen mit Café wird außer Fleischwaren, Gemüse und den Milchprodukten aus der eigenen Käserei auch ein komplettes Bioladen-Sortiment angeboten.
Ogrosener Dorfstr. 35, 03226 Vetschau, Tel. 035436/218, www.gut-ogrosen.de

Unten: Der Havel-Zander steht im gesamten Havelland auf vielen Speisekarten. Bilder oben: In Brandenburg gibt es zahlreiche Hofläden, in denen regionale Zutaten frisch und aus eigenem Anbau gekauft werden können, u. a. auch frisch gepresste Obstsäfte.

KOCHEN

Spreewälder Fischtopf

40 g Margarine oder Butter
40 g Mehl
¼ l Milch
250 g saure Sahne
600 g küchenfertigen Fisch
1 Gurke
2 Bund Dill

Die Margarine oder Butter in einem Topf zerlassen, das Mehl untermischen und anschwitzen. Unter Rühren mit der Milch ablöschen, so lange rühren, bis eine homogene Sauce entsteht. Die saure Sahne unterrühren. Den Fisch nach Wahl waschen und trocken tupfen, mit Zitronensaft beträufeln und in der Sauce gar ziehen lassen. Die Gurke in Scheiben schneiden und zum Fisch geben. Den Spreewälder Fischtopf mit Salz, Pfeffer und Paprika würzen, auf die Teller verteilen, mit Butterflöckchen und Dill bestreuen. Nach Belieben halbierte Limetten dazu reichen.

GENIESSEN

Spreewälder Fischtopf

Aal, Barbe, Karpfen, Zander, Hecht, Schlei, Quappe oder Wels – die Gewässer im heutigen Biosphärenreservat Spreewald bieten von alters her Lebensraum für viele Arten von Fischen. Entsprechend zahlreich sind die Rezepte zur Zubereitung der Flossenträger. Meist spielen darin außer den regionalen Süßwasserfischen auch andere Spreewald-Produkte eine wichtige Rolle: so gehören in die Milch-Sahne-Sauce für den Spreewälder Fischtopf, in der die mit Zitrone beträufelten Filets gar ziehen, unbedingt dünn geschnittene Scheiben von der Spreewaldgurke. Butterflöckchen und Dill runden das Gericht ab.

Hecht in Spreewaldsauce

»Das wäre kein Spreewaldsmahl, wenn kein Hecht auf dem Tisch stände, und das wäre kein Hecht, wenn ihn nicht die berühmte Spreewaldsauce begleitete« schrieb Theodor Fontane schon Mitte des 19. Jahrhunderts in der »Neuen Preußischen Zeitung« nach einem Sommerausflug in den Spreewald. Die wie eine Béchamel klassische gebundene, aber mit Bier verfeinerte, auf »Wurzelwerk«, also Suppengrün, basierende Sauce gehört sowohl zur Brandenburgischen wie zur Berliner Küche. Außer mit gekochtem Hecht wird sie auch mit Aal oder Zander gereicht. Ihr Geheimnis, so Fontane, ruhe in der Formel: wenig Butter, aber viel Sahne.

Oben: Um im Spreewald angeln und den berühmten Aal aus dem Wasser ziehen zu können, benötigt man einen Angelschein. Wer den nicht hat, kann sich einer geführten Angeltour anschließen. Unten: Ein klassisches Gericht der Region ist Hecht in Spreewaldsauce.

BESUCHEN

Brauwerk – Die Schwedter Gasthausbrauerei
Zwei leidenschaftliche Bierbrauer haben sich die Wiederbelebung der jahrhundertealten Schwedter Brautradition auf die Fahne geschrieben. Karthäusermönche brachten einst den Gerstensaft nach Schwedt. Am Karthaus bestand bis um die Jahrhundertwende eine große Amtsbrauerei, die auch die umliegenden Ortschaften belieferte. Seit 2018 wird nun in der Gasthausbrauerei wieder nach guter alter Tradition Odertaler Helles, Schwedter Pilsener, Karthäuser Kellerbier und Schwarz Storch Schwarzbier ausgeschenkt.
Louis-Harlan-Str. 1,
16303 Schwedt,
Tel. 03332/835790,
www.brauwerk-schwedt.de

Obst- und Gemüsehof Teltower Rübchen
Mit ihrem pikanten Geschmack finden Teltower Rübchen zunehmend Liebhaber, wenn jährlich ab Mitte Oktober Erntezeit ist. Das regionale Gemüse ist bereits seit Mitte des 13. Jahrhunderts in Brandenburg bekannt. Zu DDR-Zeiten erschien es für die Landwirtschaft nicht lohnend. Nach der Wende belebte der Förderverein für das Teltower Rübchen aber wieder den Anbau. Der Name Teltower Rübchen ist mittlerweile geschützt und der gleichnamige Ökohof boomt als Familienbetrieb mit 30 Hektar Anbaufläche. Das Gemüse kann direkt am Hof gekauft werden.
Ruhlsdorfer Str. 74, 14513 Teltow,
Tel. 03328/474843,
www.teltower-ruebchen.com

Fahrradcafé Fuchs und Hase
»Fuchs und Hase« heißt das Fahrradcafé mit Werkstatt am Ufer der Hohensaaten-Friedrichsthaler Wasserstraße. Direkt am Oder-Neiße-Radweg gelegen, hat es von Mittwoch bis Sonntag ab 10 Uhr geöffnet und verwöhnt mit regionalen Produkten der saisonalen Küche sowie selbstgemachten Keksen und Kuchen.
Am Kanal 2,
16278 Angermünde, OT
Tel. 01525/2143687

Kieslinger's Kaffeestube – Eis- und Kuchenschmiede
Im historischen Ambiente der alten Schmiede, umgeben von Blasebalg, Amboss und Grammophon, warten hausgemachte Kuchen, cremige Torten, selbst produziertes Eis sowie ausgewählte Speisen wie Süßkartoffelsuppe oder Wildkesselgulasch auf Besucher. Zeit scheint hier auch beim Service keine Rolle zu spielen. Der Charme der Kaffeestube ist aber ausschlaggebend dafür, immer wieder hierher zurückkehren zu wollen.
Schmiedeweg 1, 16278 Pinnow,
Tel. 033335/309280

Spreewaldhof
Was haben Berlin, die Spree und humusreicher Boden gemeinsam? Sie alle waren gleich wichtig für den Erfolg der Spreewaldgurke. Zehn Landwirtschaftsbetriebe bauen heute die Gurken im Spreewaldgebiet an. Jährlich werden so rund 34 000 Tonnen Einleger- und Schälgurken ab Mitte Juni auf den Feldern geerntet. Selbst anpacken ist zum Beispiel im Spreewaldhof Golßen erlaubt. Dabei liegt man auf Gurkenfliegern: Traktoren, die wie Flugzeuge aussehen und langsam über das Feld rollen. Elf Produktionsschritte sind im Anschluss nötig, um als Gurke vom Feld ins Glas zu kommen.
Bahnhofstr. 1, 15938 Golßen,
Tel. 035452/3890,
www.spreewaldhof.de

Spreewaldfischerei
Seit 1979 wird der 328 Hektar große Neuendorfer See von der Spreewaldfischerei Richter befischt. Nach einem Fang von zahlreichen großen Welsen, dem größten mit einem Gewicht von 67 Kilogramm, ist dieser zum Wappenfisch des Betriebs geworden. Fangfrisch gibt es Forelle, Saibling und Räucherfisch aus der eigenen Räucherei im kleinen Laden zu kaufen, der 2010 vom Magazin »Der Feinschmecker« als eines der besten Fischgeschäfte Deutschlands ausgezeichnet wurde.
Lindenstr. 29,
15913 Märkische Heide,
Tel. 035473/707,
www.spreewaldfischerei.de

Der gesamte Spreewald, die Uckermarck sowie das Havelland haben große Fischbestände vorzuweisen. Zu den häufigsten Arten zählen Aal, Barbe, Karpfen, Zander, Hecht, Schlei, Quappe und Wels.

KOCHEN

Spreewälder Gewürzgurken

2 kg Gurken
300 g Frühlingszwiebeln
2 Knoblauchzehen
½ l Essig, 40 g Salz, 70 g Zucker,
6 Dillblüten, 5 Lorbeerblätter,
3 Wacholderbeeren,
3 Thymianzweige, 10 Pfefferkörner

Die Gurken waschen und mit einem Zahnstocher mehrmals einstechen, in einer Schüssel mit Salz bestreuen und mit ausreichend Wasser bedecken. Anschließend etwa 12 Stunden ziehen lassen. Dann die Gurken abgießen und abspülen. Geputzte und geschnittene Frühlingszwiebeln, zerdrückten Knoblauch, Thymian und die Gurken mit den Dillblüten, den Lorbeerblättern, den Wacholderbeeren und den Pfefferkörnern in einen Steintopf geben. 750 ml Wasser mit dem Essig, Salz und Zucker in einem Topf aufkochen. Über die Gurken gießen, das Gefäß luftdicht verschließen und etwa 3 Wochen ziehen lassen.

GENIESSEN

Spreewaldgurken

Eigentlich müssten sie ja »bommen« heißen oder »komkommer«. Denn es waren flämische Tuchmacher, die aus ihrer Heimat nicht nur das Wissen um gute Leinwand mit ins Brandenburgische Lübben brachten, sondern auch die ersten Gurkensamen. Die pflanzlichen Einwanderer gediehen bestens auf den humusreichen Spreewaldböden. Anfangs bestand die hauptsächliche Schwierigkeit darin, die frisch geernteten Grünlinge längerfristig zu lagern. Um auch in den Wintermonaten einen ausreichenden Vorrat zu haben, wurden sie schließlich durch die Zugabe von Essig haltbar gemacht. Inzwischen gibt es die eingelegten Spreewaldgurken in vielen Varianten: mit Senfkörnern, Knoblauch, den traditionellen frischen Kräutern oder pfeffrig.

Kloppschinken

Er sieht ähnlich aus wie ein Schnitzel und tatsächlich wird er auch »geklopft«. Viel mehr haben das dünn panierte Kalbs- oder Schweinefleischplättchen und die Altmecklenburger und Uckermarcksche Spezialität aber nicht gemeinsam. Denn Letztere besteht aus geräuchertem Schinkenspeck. Um diesem das Salz zu entziehen, wird er, in fingerdicke Scheiben geschnitten, einige Stunden in Muskat-Milch gelegt. Ein Teil dieser Gewürzmilch wird dann für die Panade mit Ei verkleppert. In Butterschmalz ausgebacken, wird der Kloppschinken meist mit grünem Bohnengemüse serviert.

Fliederkräude

Mit dem meist violett blühenden Ziergehölz hat diese Spezialität nichts zu tun. Mit Flieder ist vielmehr der Holunder gemeint. Und die Kräude (oder Krütt) entsteht aus dem Saft seiner Beeren. Stundenlang wird die Flüssigkeit eingekocht, bis sie eine feste, pastenartige Konsistenz hat. In alten Zeiten nutzte man dieses delikate, eingedickte Mus in der Uckermark und in Vorpommern, um Saucen geschmacklich zu verfeinern und ihnen zugleich die Farbe von Rotwein zu geben, der in vielen Hugenottenrezepten vorgesehen war, denen man nacheifern wollte. Auch zu Stampfkartoffeln und Rührei war Fliederkräude (Fliederkraut) einst eine willkommene Abwechslung. Heute ist der marmeladenartige, lange haltbare Holunder-Koch eine Delikatesse, die beim Zubereiten von Fisch, vor allem von Karpfen und Aal, zum Einsatz kommt.

Uckerkaas

Was passiert, wenn ein Niederländer im Brandenburgischen eine frühere LPG mit tausend Hektar Ackerland und Hunderten von Milchkühen übernimmt? Es entsteht der Uckerkaas. Gut 20 Jahre alt ist die Marke von Pieter Wolters heute, und umfasst fast ebenso viele Schnittkäsesorten – darunter auch solche mit Basilikum, Kümmel, Knoblauch, Sellerie, Nelken und ganzen Senfgurken. Viele Preise hat der Zuwanderer schon für seine Kreationen nach alten Bauernrezepten aus seiner Heimat bekommen – und auch für die betriebliche Integration von Flüchtlingen wurde er ausgezeichnet.

Bilder unten: Gurken sind der Exportschlager des Spreewalds. Seit der Wiedervereinigung im Jahr 1990 ist die Spreewaldgurke eines der wenigen DDR-Produkte, das ohne Unterbrechung bis heute erhältlich ist.

WISSEN

Obst und Gemüse aus dem Spreewald

Das berühmteste Produkt des Spreewaldes sind natürlich die eingelegten Gurken. Sie wurden schon im 19. Jahrhundert in alle Welt exportiert. Mit ihren schwarzen, besonders humusreichen und feuchten Böden ist die Gegend zwischen Schlepzig und Lübbenau besonders gut für den Anbau der anspruchsvollen grünen Kürbisgewächse geeignet. Spreewälder Gurken gelten als besonders knackig. Sie werden zwischen Juni und September laufend in unreifem Zustand geerntet und dann mit einem kochenden Essig-Kräuter-Sud übergossen. Früher hatte das vor allem den Zweck, die Gurken für Monate haltbar zu machen und so einen Gemüsevorrat für den Winter anzulegen. Die genauen Rezepte, die den eingelegten Gurken ihr besonderes Aroma geben, sind teils jahrhundertealt und natürlich Geheimsache der jeweiligen Hersteller. Doch die Basis des Aromas bilden neben dem Essig Zwiebeln, Senfkörner, Dill, Salz und Zucker. Dazu können Pfeffer, Knoblauch, Meerrettich, Zitronenmelisse, Estragon, Basilikum, Lorbeer und andere Kräuter, aber auch Wein-, Kirschbaum- oder Nussbaumblätter kommen. Früher ließ man die Gurken dann mehrere Wochen in großen Fässern ziehen, bevor sie einzeln verkauft wurden. Heute kommen sie, sortiert nach Größen, sofort ins Glas.
Neben Gurken wurde im Spreewald aber seit jeher auch jede Menge weiteres Gemüse angebaut. Vor allem Meerrettich hat eine große Tradition. Darüber hinaus bieten viele Hersteller aber auch andere sauer eingelegte Köstlichkeiten an wie Mixed Pickles, Kohl, Kürbis, Rote Bete, Sellerie und Möhren. Die alten Streuobstwiesen dagegen, die früher ebenfalls häufig zu finden waren, sind zu großen Teilen verschwunden.
Erst in jüngster Zeit findet eine Rückbesinnung statt und kleine Betriebe verarbeiten Äpfel, Birnen, Quitten und Kirschen, aber auch Wildfrüchte wie Eberesche oder Blaubeere zu Säften, Obstbränden, Fruchtaufstrichen und Obstkonserven.

Ganz oben: Basis der Fliederkräude sind Holunderbeeren. Oben: Ehemals fast verschwundene Streuobstwiesen werden in Brandenburg heute wieder für den Obstanbau genutzt.

ERLEBEN

Spreewälder Gurkentag

Als großer Erlebnismarkt mit Spreewälder und Brandenburger Erzeugnissen präsentiert sich alle Jahre am zweiten Wochenende im August der Gurkentag in Golßen. An über 100 Ständen finden die Besucher auf dem Frischemarkt allerlei Spezialitäten und Köstlichkeiten sowie traditionelles Handwerk und sorbisches Brauchtum. Natürlich darf die Spreewälder Gurke in ihren unterschiedlichen Geschmacksrichtungen ebenso wenig fehlen wie die Krönung des Spreewälder Gurkenkönigspaares.

Marktplatz, 15938 Golßen,
www.spreewaldverein.de
www.unterspreewald.de

Teltower Rübchenfest

Teltower Rübchen sind ein regionales Gemüse, das seit Mitte des 13. Jahrhunderts in Brandenburg bekannt ist. Zu DDR-Zeiten wurde der Anbau eingestellt, erst nach der Wende belebte ein Förderverein das traditionelle Gemüse wieder. Der Name »Teltower Rübchen« ist mittlerweile geschützt und jedes Jahr am letzten September-Wochenende wird das Teltower Rübchenfest gefeiert. Bei freiem Eintritt erwartet die Besucher ein quirliges Markttreiben mit schmackhaften regionalen Spezialitäten rund um die tolle Teltower Knolle.

Güterfelder Straße (zwischen Landhotel Hammer und Festwiese am Röthepfuhl), 14513 Teltow,
Tel. 03328/47810 (Touristeninfo),
www.teltow.de

UckerAlm Festival

Als Ferienlager für Erwachsene gilt das jährlich im August stattfindende »UckerAlm Festival«. Umgeben von schier endlosen Äckern, sanften Hügeln, grünen Wäldern und schilfumsäumten Ufern, verwandelt sich der alte Dreiseiten-Bauernhof unweit des Uckersees in ein Musikspektakel mit Food Area. Gefeiert werden nicht nur die Livebands, sondern auch die Natur, der Genuss, die Freundschaft und das Leben.

Am Seelübber See, 17291 Prenzlau,
Tel. 030/69509728, www.uckeralm.de

Panoramaweg Werderobst

Ob Baumblüte oder erntereife, dicht behangene Obstbäume – der Panoramaweg Werderobst und die damit verbundenen vielen kleinen Hofläden, haben von Frühjahr bis Herbst Saison. So wartet der Obsthof Lindicke zum Beispiel mit einem Selbstpflückangebot und einem Hofladen oder der Lehrpfad mit 80 verschiedenen Rebsorten. Die erlesenen Weine werden unter anderem in der Straußenwirtschaft Weintiene (Wachtelwinkel 30, 14542 Werder) auf dem Werderaner Wachtelberg ausgeschenkt. Und wer Lust hat, kann sogar Pate einer der Rebstöcke werden.

Von Werder Richtung Westen bis nach Groß Kreutz, Streckenverlauf und weitere Infos unter
www.havelland-tourismus.de

Großer Fischerzug

Im 16. Jahrhundert entstand am Rande der Peitzer Festung das größte zusammenhängende Teichgebiet Deutschlands, wo noch heute auf 1000 Hektar die Aufzucht der Peitzer Karpfen samt Nebenfische wie Hecht, Wels, Zander und Barsch betrieben wird. Das alljährliche Abfischen der Teiche von September bis November wird durch ein Schaufischen am Hälterteich mit tausenden Besuchern zelebriert. Natürlich kommen aber die Besucher ganzjährig, unter anderem in der Fischerklause am Hüttenteich in den Genuss von fangfrischem Fisch.

Am Inselteich, 15910 Schlepzig, Tel. 035472/64025,
www.teichgut-peitz.de

Teltower Stadtfest

Seit über 25 Jahren feiert Teltow im Oktober rund um den Tag der Deutschen Einheit drei Tage lang sein Stadtfest. Was als kleine Veranstaltung in der Altstadt begann, hat sich unter dem Motto »Markt der Möglichkeiten« zu einem der größten regionalen Events mit verschiedenen Themenzonen aus Kunsthandwerk und Gastronomie entwickelt. Inzwischen treten hier auch namhafte Künstler wie DJ Ötzi, Tom Astor, Silly & Anna Loos auf. Eröffnet wird das Spektakel nach alter Tradition mit dem Bieranstich durch den Teltower Bürgermeister.

Festplatz, Rheinstr, 14513 Teltow,
www.teltow-stadtfest.de

BESUCHEN

Bauernkäserei Wolters

Die Bauernfamilie Wolters ist für ihren »UckerKaas« bekannt. Warum? Mit Ausnahme einer kurzen Pasteurisierung erfolgt keine weitere Behandlung der Milch. Das Futter für die Kühe wird fast ausschließlich selbst erzeugt. Die Kühe selbst bewegen sich frei, haben uneingeschränkten Zugang zum Wasser und können sich in den mit Stroh eingestreuten Liegenboxen ausruhen. Davon kann man sich in der Schaukäserei überzeugen. Sie liegt am Radweg Berlin-Usedom und eignet sich für eine kleine Pause.

Bandelow 50, 17337 Uckerland,
Tel. 039740/20274,
www.uckerkaas.de

Deutsches Haus Pritzwalk

In einem der ältesten Häuser der Stadt Pritzwalk – ehemals eine Schmiede – wurde eine kleine Gaststätte mit regional-rustikaler Küche eingerichtet, die sich speziell dem Knieperkohl verschrieben hat. Zusätzlich zum klassischen Familienrezept gibt's inzwischen eigene Kreationen wie Kniepersülze, -brot, -schmalz oder -rollbraten. Seit 2010 kann man hier sogar Konserven mit Knieperkohl online bestellen.

Havelberger Straße 15, 16928 Pritzwalk, Tel. 03395/304216,
www.knieperkohl.de

Bild oben: Altes Gutshaus in der Nähe von Teltow. Bilder Mitte: Auf dem Teltower Rübchenfest dreht sich alles rund um die Knolle. Entlang der Güterfelder Straße erwartet die Gäste ein buntes Bühnenprogramm, musikalische Unterhaltung und ein großer Markt mit traditionellem Kunsthandwerk und schmackhaften regionalen Spezialitäten. Bild unten: Mitten in der Uckermark, umgeben von idyllischen Wiesen, Wäldern und Seen, findet das »UckerAlm Festival« mit zahlreichen Leckerbissen aus der Region statt.

BERLIN

Bei Berliner Spezialitäten denkt man an deftige Hausmannskost und fettiges Fast Food. Kein Wunder, schließlich locken Dönerbuden an fast jeder Ecke mit Döner Kebap. Zum Imbissklassiker zählen auch Buletten und Currywurst. Dagegen ist der »Stramme Max« (Butterstulle mit Schinken, Spiegeleier und Gurke) beinahe kalorienarm. Die Schweinshaxe gehört als weich gekochtes Eisbein mit Erbspüree und Sauerkraut zur Tradition. Deutschlandweit als Berliner oder Krapfen bekannt, heißt das runde Gebäck mit Marmeladenfüllung und Puderzucker in Berlin »Pfannkuchen«. Crêpes tragen hier dagegen den Namen »Eierkuchen« bekannt. Himbeersaft begegnet einem nicht nur beim Dessert »Berliner Luft« zu Vanillecreme, sondern auch in der »Berliner Weiße«. Das Weizenbier mit Himbeer- oder Waldmeistersirup ist nicht nur im Sommer ein beliebter Durstlöscher.

KOCHEN

Königsberger Klopse

500 g Rinderhackfleisch,
500 g Kalbshackfleisch,
3 EL Butter, 2 Eier, 2 Zwiebeln,
1 Markknochen, 2 EL Mehl,
125 ml saure Sahne,
250 ml süße Sahne,
1 Glas Weißwein,
1 kl. Glas Kapern,
1 EL Zitronensaft

Brötchen in Wasser einweichen und ausdrücken. Eine Zwiebel hacken und andünsten. Das Hackfleisch mit den Brötchen, der Zwiebel und dem Ei verkneten, mit Salz und Pfeffer abschmecken. Die Masse zu Klößen formen. Die zweite Zwiebel reiben und in Wasser zusammen mit dem Markknochen, Piment, Lorbeerblatt, Brühwürfel und Salz etwa 10 Min. kochen. Die Klopse in die Brühe legen und 20 Min. ziehen lassen. Aus 2 EL Butter und Mehl eine Mehlschwitze zubereiten. Diese mit 1 l Brühe auffüllen, saure und süße Sahne, Weißwein und die Kapern hinzufügen. Mit etwas Zitronensaft abschmecken.

GENIESSEN

Königsberger Klopse

Sogar Berliner Spitzenköche wie Tim Raue setzen sie auf ihre Speisekarte. Dabei wurden die feinen Hackbällchen, wir ihr Name schon verrät, gar nicht an der Spree erfunden. Ihre Wiege stand vielmehr in Ostpreußen. Königsberg, das heutige Kaliningrad, war damals die Königliche Haupt- und Residenzstadt der Region am Baltischen Meer. So nimmt es nicht wunder, dass neben Kalbshack (heute sind auch Rind und Schwein üblich) Fisch Bestandteil der »sauren« Klopse ist, die schon der Philosoph Immanuel Kant in seiner Heimatstadt zu Festtagen servieren ließ. »Einige gewiegte Sardellen« gebe man der Kloßmasse bei, heißt es in einem traditionellen Rezept. Bei der ärmeren Variante wurden sie durch Heringe ersetzt. Für die helle Sauce sind Kapern ein Muss. Als Beilage zu den Königsberger Klopsen eignen sich Salzkartoffeln ebenso wie Kartoffelstampf. Zusätzlich passen auch eingelegte Rote Bete. »Ick sitze da un' esse Klops ...«, mit diesen Worten beginnt eins der ältesten Berliner Gedichte.

Döner

Herzhaft gewürztes Lammfleisch senkrecht am Drehspieß zu braten und als knusprige, dünne Scheiben entweder mit Reis und Salat auf dem Teller oder als Imbisshappen in Fladenbrot zu servieren, hat in der Türkei eine lange Tradition. Anfang der 1970er-Jahre, so heißt es, tauchte der Döner dann erstmals in Deutschland auf. Berlin gilt als seine wahrscheinlichste Wiege. Inzwischen wird er auch dort in vielen Varianten serviert: mit Salat, Tomaten, Gurken, Zwiebeln, Krautsalat und unterschiedlichen Saucen auf Joghurtbasis oder sogar mit Pommes. Und an den Spießen brutzelt nicht mehr nur Lamm, sondern auch Fleisch vom Rind, Kalb oder Huhn.

Schnitzel Holstein

Eine schöne Legende rankt sich um dieses Gericht, für das ein paniertes Kalbsschnitzel mit einem Spiegelei belegt wird. Angeblich geht diese kulinarische Kombination auf Friedrich August (Fritz) von Holstein zurück, dem in Berlin aufgewachsenen Spross eines uralten Adelsgeschlechts aus dem einstigen Herzogtum Holstein. Der weitgereiste Diplomat stand im Ruf, stets in Eile zu sein und soll deshalb in seinem Berliner Stammlokal immer »Vorspeise und mein Schnitzel, schnell, schnell« bestellt haben. Rasch, so heißt es, richtete der Koch daher beide Menüparts zusammen an. Ob sich das tatsächlich so zugetragen hat, sei dahingestellt. Auf jeden Fall tauchten Ende des 19. Jahrhunderts die ersten Schnitzel (à la) Holstein-Rezepte in deutschen Kochbüchern auf. Das Fleisch wird darin allerdings nicht nur mit Spiegelei, sondern auch mit Räucherlachs, Ölsardinen, Kapern, Sardellenfilets und geröstetem Weißbrot kombiniert. Als Beilagen werden Bratkartoffeln, Rote Bete und Gewürzgurken genannt.

Unten links: Das »Schnitzel Holstein« gibt es in verschiedenen Varianten, mal mit Räucherlachs, Ölsardinen, Kapern oder Sardellenfilets. Das Spiegelei ist allerdings immer dabei. Unten rechts: Königsberger Klopse zählen zu den bekanntesten deutschen Gerichten.

BESUCHEN

Thomas Eck
Kein Aufenthalt in der Hauptstadt ohne einen Besuch der Gaststätte »Thomas Eck«. Selbst wer in Berlin lebt, speist hier das, was schon als Kind gerne gegessen wurde. Daher auch der Beiname »Deutsche-Mutti-Küche«. Und die hält zu fairen Preisen, was sie verspricht: »Hackepeter« (Mett) auf Butterstulle, »Berliner Bulette«, »Strammer Max« (Butterstullen mit Schinken, Spiegeleier und Gurke), Currywurst, »Schnitzel Holstein« oder Eisbein mit Erbspüree, Speck, Zwiebeln, Sauerkraut und Salzkartoffeln. Juten Appetit!
Pestalozzistr. 25, 10627 Berlin, Tel. 030/3128742, www.thomaseck.com

Zur Gerichtslaube
Im Mittelalter erbaut und lange Zeit der grausamen Gerichtsausübung dienend, wurde die Gerichtslaube im 20. Jahrhundert zu einem gemütlichen Restaurant umfunktioniert, das Gerichte wie zu Zeiten des »alten Berlins« auftischt. Dazu zählen Berliner Pökeleisbein mit deftigem Sauerkraut, Erbspüree und Spreewälder Gewürzgurke oder gebratene Kalbsleber mit Schmorzwiebeln, Apfelringen, Rotkohl und »Quetschkartoffeln«. Als Dessert empfiehlt sich die »Berliner Luft zum Löffeln« (Vanillecreme mit Himbeersauce), die bereits seit 1875 in Berliner Kochbüchern auftaucht.
Poststr. 28, 10178 Berlin, Tel. 030/2415697, www.gerichtslaube.de

Berliner-Kindl-Schultheiss-Brauerei
Was 1872 mit dem Ziel, untergäriges Bier in Norddeutschland zu brauen, begann, führt heute die »Berliner Kindl«-Brauerei« fort. Seit dem Zusammenschluss mit der Berliner Schultheiss-Brauerei 2006 setzt man auf Markenvielfalt statt Monokultur. So werden heute neben dem »Berliner Kindl« noch zwei weitere Hauptstadtmarken nach bewährter Rezeptur hergestellt. Wie das geht, erfährt man bei einer Brauereiführung.
Indira-Gandhi-Str. 66-69, 13053 Berlin, Tel. 030/96090, www.berliner-kindl.de

Museum Bäckerei Pankow
1875 kaufte Bäckermeister Carl Hartmann das heutige Grundstück. Seit 2006 gibt die Bäckerei »Märkisches Landbrot« Einblicke in die historische Backstube. So kann man dem Bäckermeister jeden Dienstag, Mittwoch und Freitag über die Schulter sehen, wenn er ein echtes »Pankower« in den antiken Brustfeuerungsofen schiebt. Bevor das duftende Brot im Backstubenverkauf mitgenommen wird, geht es ins alte Wohnhaus, das als »Museum für Kindheit in Pankow« das Leben im dörflichen Berlin um 1900 zeigt.
Wollankstr. 130, 13187 Berlin, Tel. 030/4864669, www.alte-baeckerei-pankow.de

Dicke Wirtin
Bereits seit 80 Jahren gibt es die »Dicke Wirtin« am Savigny-Platz. Das Lokal lebt von seinem Flair und auch die deftige Küche muss sich nicht verstecken. Eisbein mit Sauerkraut oder Spanferkelsülze mit Bratkartoffeln kommen hier auf den Tisch.
Carmerstr. 9, 10623 Berlin, Tel. 030/3124952, www.dicke-wirtin.de

Mustafa's Gemüse Kebap
In Berlin den besten Döner zu finden, ist gar nicht so leicht, denn inzwischen gibt es hier mehr als 1000 Dönerbuden. Den wohl leckersten und beliebtesten Döner mit spezieller Gemüserezeptur findet man bei »Mustafa's Gemüse Kebap« – in Jumbogröße zum Mitnehmen, aber unter Umständen mit langer Warteschlange.
Mehringdamm 32, 10961 Berlin, Tel. 0163/4988704, www.mustafas.de

Restaurant Volkskammer
Im Ambiente eines DDR-Lokals werden rustikale Ostberliner Spezialitäten wie »Ketwurst« (Hot Dog) oder »Goldbroiler« (Brathähnchen) serviert. Zur Nachspeise wartet der »Kalte Hund«. Die Kekstorte war in der ehemaligen DDR auf Kindergeburtstagen heiß begehrt.
Straße der Pariser Kommune 18b, 10243 Berlin, Tel. 030/20687549, www.volkskammer.de

Unten links: Das Berliner Kindl Pilsener ist eine der bekanntesten Biermarken in Berlin. Unten rechts: Der Döner – ursprünglich aus der Türkei nach Deutschland gekommen – ist heute fast schon ein eingebürgertes Kulturgut.

KOCHEN

Berliner Luft

3 Eigelb
125 g Zucker
1 Zitrone
4 Blatt weiße Gelatine
250 ml kaltes Wasser
250 ml Apfelsaft
3 Eiweiß
1 Päckchen Vanillezucker
125 ml Schlagsahne
4 Löffelbiskuit

Eigelb mit Zucker schaumig rühren. Zitrone auspressen und den Saft zugeben. Gelatine in Wasser einweichen. 10 Min. quellen lassen und ausdrücken. Apfelsaft erwärmen und die Gelatine darin auflösen. Den warmen Apfelsaft nach und nach unter die Eigelbmasse rühren. Die Masse kalt stellen, bis diese anfängt fest zu werden. Eiweiß mit Vanillezucker steif schlagen und unter die Masse ziehen. In Glasschalen füllen, kalt stellen und fest werden lassen. Sahne steif schlagen. Mit Löffelbiskuit und Sahne garniert servieren.

GENIESSEN

Berliner Leber

Da auch bei deutschen Spitzenköchen inzwischen das fleischliche »Nose-to-tail«-Prinzip unserer Vorfahren eine Renaissance erlebt (das bedeutet, jedes Teil eines Tieres zu verwerten), kommen Innereien heute wieder zu neuen Ehren. Etwa die Berliner Leber, das traditionsreiche Vorzeigegericht der Bundeshauptstadt. Natürlich stammt das schön dünn geschnittene Organ vom Kalb und paart sich zugleich mit Zwiebeln und Äpfeln. Alle drei baden nur relativ kurz in Butter, sodass die Leberscheibe innen noch schön rosa bleibt, Zwiebel und Apfelringe indes gold(-braun) glänzen. Frisches Petersiliengrün ergibt zum Servieren noch einen weiteren Farbaspekt. Und natürlich der helle Kartoffelbrei.

Berliner Luft

Der Kapellmeister Paul Lincke (1866–1946) setzte ihr mit seinem 1904 komponierten Operetten-Lied ein klingendes Denkmal. Allerdings fand sich bereits 1897 ein Rezept für ein Dessert gleichen Namens in einem deutschen Kochbuch. Ursprünglich bestand die schaumig-lockere Creme nur aus Zucker, Eiern und Gelantine; für den optischen Kick sorgte Himbeersauce. Heute wird beim Aufschlagen der Zutaten mitunter Weißwein und Zitronensaft zugefügt. Und Achtung: Aus einer Berliner Spirituosenfabrik gibt es seit einiger Zeit auch einen Berliner-Luft-Likör. Er hat aber überhaupt nichts mit der Süßspeise gemeinsam, sondern schmeckt nach Pfefferminze.

Berliner Weiße

Schon im 17. Jahrhundert stellten Berliner Brauer Weißes Bier her, welches, so die Chronik, seine Vorbilder etwa aus Halberstadt und Breslau an »Wohlgeschmack und Bekömmlichkeit noch übertraf«. Bald entwickelte sich das »Berlinische Weitzenbier« zum Liebling der Spree-Anrainer. Hunderte spezielle Weißbierlokale schenkten es in zylindrischen, bis zu zwei Liter fassenden »Klauen«-Gläsern aus. Erst Anfang des 19. Jahrhunderts kam dann ein Brauer auf die Idee, dem obergärigen Gerstensaft Kräuter beizugeben, vornehmlich den intensiv schmeckenden Waldmeister. Später setzte sich die Zugabe von Waldmeister- und Himbeersirup durch. Heute wird die »Berliner Weiße« nicht mehr im Fass, sondern im Glas, also der seit Ende des 19. Jahrhunderts üblichen, halbkugelförmigen Weiße-Schale, gemischt.

Berliner (Pfannkuchen)

Bei den Einheimischen heißen sie »Pfannkuchen« – nur Fremde sagen »Berliner« zu den faustgroßen, schwimmend in Fett ausgebackenen und meist süß gefüllten Ballen aus eierreichem Hefeteig. Ob die Berliner tatsächlich von einem Berliner Bäcker stammen, der, als Kanonier unter Friedrich II. für untauglich befunden, über offenem Feldfeuer Teigkugeln buk, ist ungewiss. Heute wird meist rote Konfitüre ins Innere gespritzt. Auch Füllungen aus Eierlikör und Vanillepudding sind inzwischen üblich. Und Scherzkekse wählen zu Karneval gern Senf oder Sägespäne als »Innenleben«.

Unten links: Berliner Luft. Die schaumige Dessertcreme aus Eigelb, Eischnee, Zucker und Gelatine, die stets mit Himbeersaft angerichtet wird, gehört zu den beliebtesten Nachspeisen der Berliner. Unten rechts: Mit Zucker bestäubte Pfannkuchen.

EINKAUFEN

Markthallen Berlin

Ein gutes Dutzend Markthallen wurden im 19. Jahrhundert in der Spreemetropole gebaut, heute existieren von ihnen nur noch drei in ihrer ursprünglichen Funktion: die Arminius-Halle in Moabit, die Markthalle IX und die Marheineke-Halle, beide in Kreuzberg. Letztere werden inzwischen privat betrieben und bieten vor allem Saisonales aus Berlin und Brandenburg.
Markthalle IX, Pücklerstr. 34, Arminiushalle, Arminiusstr., Marheineke-Halle, Bergmannstr.

Kadò

Das erste Lakritzfachgeschäft deutschlandweit bietet Süßholz in den verschiedensten Formen und Variationen an. Die Geschmacksrichtungen reichen von süß-mild über salzig bis naturherb. Lakritzliebhaber haben die Qual der Wahl zwischen gerollten und gefüllten oder schokoladigen Lakritzhappen, -bonbons, -stangen u. v. m.
Graefestrasse 20, 10967 Berlin, www.kado.de

Rösterei Zazza

Özcan Gültepes ist ein Enthusiast. Nur beste Hochlandbohnen der Sorte Arabica kommen in seinen 25-Kilo-Trommel-Röster, wo er sie langsam und bei niedriger Temperatur veredelt und eigene Blends aus ihren kreiert. Gern lässt er sich dabei über die Schulter schauen. Zwei- bis dreimal pro Woche wird geröstet, ein Dutzend Mischungen hat »Zazza« inzwischen im Angebot.
Wer mag, kann sich auch seinen eigenen Blend zusammenstellen lassen. *Ohlauer Str. 38, 10999 Berlin, www.zazza-kaffee.de*

KaDeWe

Vor mehr als 100 Jahren gegründet, zählt das »Kaufhaus des Westens« noch heute zu einem der größten Warentempel der Welt. Berühmt schon seit den 1920er-Jahren ist vor allem seine riesige Feinkostabteilung in der sechsten Etage mit allein 400 französischen Käsesorten, 100 Sorten frischem Fisch und rund 3500 verschiedenen Weinen.
Tauentzienstr. 21-24, 10789 Berlin, www.kadewe.de

Luisa kocht

Italien am Prenzlberg: Luisa Giannitti macht's möglich. Die Neapolitanerin hat in ihrem Laden alles, was sie zu Studienzeiten stets aus der Heimat nach Berlin mitschleppte: Käse, Öl, Salami, Mehl, eingeweckte Tomaten. Und inzwischen auch Thunfisch im Glas oder zwölf Sorten Pesto. Alles stammt aus kleinen italienischen Manufakturen. Nur den Teig für Pizza und Pasta knetet Luisa jeden Tag frisch.
Danziger Str. 49, 10435 Berlin, www.luisakocht.de

Bilder unten: Edle Tropfen gesucht? In der Weinabteilung des KaDeWe hat man die Auswahl zwischen 3500 verschiedenen Weinen.
Oben: Obwohl erst 2013 gegründet, gehört die Kaffeerösterei Zazza bereits jetzt zu den besten der Stadt.

KOCHEN

Eberswalder Spritzkuchen

200 ml Milch, 100 g Butter, 15 g Zucker, 1 TL Vanillezucker, 1 Prise Salz, 150 g Mehl, 1 EL Speisestärke, 5 Eier, Butterschmalz, Puderzucker, Zitronensaft

Die Milch mit der Butter, Zucker, Vanillezucker und dem Salz in einen Topf geben, erhitzen und aufkochen lassen. Das Mehl mit der Stärke sieben und unterrühren. Den Teig bei geringer Hitze weiterrühren, bis sich ein Kloß bildet. In eine Schüssel geben und die Eier unter den Teig rühren. Butterbrotpapier in Rechtecke schneiden. Brandteig in einen Spritzbeutel füllen und Kringel auf die Papierstücke spritzen. Das Frittierfett in einem weiten Topf erhitzen. Die Papierstücke umgedreht über das heiße Fett halten und die Kringel hineingleiten lassen. Die Spritzkuchen portionsweise von beiden Seiten goldgelb backen. Den Puderzucker mit Zitronensaft dickflüssig anrühren und die Spritzkuchen damit einpinseln.

GENIESSEN

Berliner Erbspüree

Grün ist es nicht, sondern gelb. Denn man verwendet nicht die frischen, ganzen Erbsen, sondern Schälerbsen, also den inneren, von seiner harten Schale befreiten und meist noch getrockneten, gelblichen Erbsenkern. Diese auch Palerbsen genannten Hülsenfrüchte müssen nicht eingeweicht werden und haben eine deutlich kürzere Garzeit. Beim Kochen zerfallen sie ein wenig und werden sämig. Daher eignen sie sich bestens für Suppen und Pürees. Berliner Erbspüree wird mit Majoran gewürzt. Es kann zusätzlich geriebene Kartoffeln enthalten und wird traditionell mit Röstzwiebeln und ausgebratenem Speck zu gekochtem Eisbein mit Sauerkraut serviert. Üblich ist es auch, zu den Erbsen etwas von der Kochbrühe des Eisbeins dazuzugeben oder sie direkt darin zu garen.

Hackepeter & Buletten

Im Friedrichshainer »Gasthof Martin«, so heißt es, kam im Jahr 1903 erstmals rohes, mit frischen Zwiebeln gewürztes Schweinemett unter dem Namen »Hackepeter« als Aufstrich auf Brotscheiben oder »Schrippen« (Brötchen) auf die Teller der Gäste. Zwiebelmett hieß die Mischung später, und zu DDR-Zeiten lagen oft »Mettigel« (mit Zwiebelstacheln) auf dem Buffet. Dass man Hackfleisch aber auch in und um Berlin schon immer warm zubereitete, zeigt die Geschichte der »Buletten« (vom frz. »boulette«, Kügelchen). Zwar sind diese kleinen Kugeln aus Hack (Schwein, Rind oder gemischt), Zwiebel, rohem Ei und eingeweichten, altbackenen Brötchen heute meist auf beiden Seiten abgeflacht. Aber es gibt noch Berliner Kneipen, die bieten sie in der originalen, runden Form an – allerdings dann unter dem Namen »Berliner Pferdeäpfel«.

Solei & Rollmops

In so mancher Altberliner Kneipe gehören diese Snacks noch zum Angebot. Früher standen sie dort immer im »Hungerturm« auf dem Tresen. Auch »Buletten«, Kartoffelsalat und »Schmalzstullen« warteten in diesem kleinen, mehrstöckigen Glasgebilde darauf, das eine oder andere Bier der Gäste zu begleiten. Die Soleier lagerten mitunter auch in einem separaten Behältnis. Ihre Tradition geht zurück bis ins Mittelalter. Damals waren die Fastenregeln noch strenger und somit auch Eier während der Zeit bis Ostern verboten. Da die Hühner trotzdem legten, wurden die Eier in Salzlake konserviert. Auch der Rollmops ist ein »Eingelegter«. Gut einen Monat verbleibt der »Heringslappen« in Essig und Salz. Erst dann wird das marinierte Jungheringsfilet um eine Gewürzgurke gerollt und mit Holzspießchen fixiert. Mitunter dienen auch Zwiebel, Sauerkraut oder Weißkrautsalat als Füllung.

Falscher Hase

Von wo genau er nach Berlin hoppelte, weiß niemand so recht. Denn es gab sogar schon in einem österreichisch-ungarischen Kochbuch aus dem Jahr 1835 ein Rezept, bei dem »ein Stück von einem kalten Hasen, ein Stück Rehfleisch,

Unten links: »Hackfleesch vom Schwein, mit Zwiebeln, ordentlich jewürzt und dazu ne Jurke«. Unten Mitte: In Süddeutschland, Österreich und Südtirol werden Eberswalder Spritzkuchen unter dem Namen »Strauben« verkauft.

etwas Zwiebel und die Hälfte von einer gebratenen Gansleber« recht klein zusammengeschnitten und als »Fasch(iertes)« vermengt mit Ei, Milch und eingeweichter Semmel in einer Hasenform ausgebacken wurde. Inzwischen wird die Hackfleischmasse (in der Regel nur noch aus Rind und/oder Schwein) meist nur noch zu einem schlanken Laib geformt, aber wie einst nach dem Anbraten in der Pfanne entweder auf dem Feuer (Herd) oder im Backofen zu Ende gegart. Vielerorts hat sich auch eine Füllung aus hart gekochtem Ei durchgesetzt. Manche Köche und Köchinnen reichen Rahm(Spitz-)Kohl als Beilage.

Eisbein

Fleischige Deftigkeiten prägen die Altberliner Küche. Neben Bulette, Leber, Blutwurst, Frikassee und (ursprünglich hausgemachter) Sülze gehört dazu unbedingt auch das gepökelte Eisbein, also die Schweinshaxe. Ihr Fleisch ist sehr zart und aromatisch, aber stark durchwachsen und von einer dicken Fettschicht umgeben. Daher muss es sehr lange gegart werden. Im Norden Deutschlands wird es vor dem Einlegen in einem Sud aus Essig, Zwiebeln, Suppengrün und Gewürzen wie Nelken, Piment und Lorbeer in der Regel vorgepökelt. Als Beilage gibt es zum Eisbein an der Spree traditionell Erbspüree, mitunter auch Bratkartoffeln oder Sauerkraut. Traditionell wird das Berliner Eisbein nur aus der hinteren Haxe gemacht. Und seinen Namen trägt es angeblich – so sagt es zumindest die Überlieferung – weil man einst aus den Knochen eine Art Schlittschuh herstellte.

Berliner Schmorgurken

Im handschriftlichen Rezept von Oma Lydia wird die Gurkenart nicht näher beschrieben. Die alte Dame ging wohl ganz selbstverständlich davon aus, dass jedem klar war, es handelt sich um die knubbligen, kleinen, dickschaligen, leicht gestreiften Exemplare, die vor der Verarbeitung geschält und entkernt werden müssen. Auf ihrem Zubereitungszettel standen dann noch Fett, Speisestärke, Weißwein und Brühe sowie Saure Sahne und Kräuter, genauer Dill und Petersilie. Heute verwendet man alternativ mitunter Schlangengurken, die jedoch wässriger und weniger aromatisch sind. Aufgepeppt werden die Schmorgurken manchmal mit Hackfleisch und Kräuterfrischkäse; als Beilage passt Reis.

Eberswalder Spritzkuchen

Zu Zeiten der beginnenden Industrialisierung des waldreichen brandenburgischen Luftkurortes Eberswalde ließ sich auch der Berliner Konditor und Lebküchler Gustav Louis Zietemann (1807 bis 1880) dort nieder. Am 1. April 1832 eröffnete er eine Bäckerei und bot erstmals seine Eberswalder Spritzkuchen an. Nach der Fertigstellung der Eisenbahnlinien nach Berlin und Stettin ein Jahrzehnt später verkaufte Zietemann die glasierten, in Fett ausgebackene Brandteigkringel am Eberswalder Bahnhof, von wo sie den Weg ins gesamte Restdeutschland fanden. Heute erinnert auf dem Eberswalder Bahnhofsgelände eine Bronzefigur an den findigen Konditor und sein Wirken.

WISSEN

Currywurst

Viele Geschichten ranken sich um die Berliner Currywurst. Quasi als Mutter der »Curry« gilt vielen Herta Heuwer, die bereits 1949 an ihrem winzigen Imbissstand an der Ecke Kant-/Kaiser-Friedrich-Straße in Berlin-Charlottenburg eine gebratene Brühwurst mit eigenhändig kreierter Sauce aus Tomatenmark, Currypulver und Worcester-Sauce anbot. Als der Cottbuser Max Konnopke sich entschließt, ein Berliner Wurstmaxe zu werden, schreibt man indes erst das Jahr 1930. Und es sollte noch einmal 30 Jahre dauern, bis »Konnopkes Imbiss« die erste Ostberliner Currywurst verkauft.

Unten rechts: Traditionell werden Berliner Schmorgurken gern mit Dill und Speck gegessen. Mittlerweile gibt es sie in den unterschiedlichsten Varianten, auch mit Garnelenspießchen.

GEFLÜGEL

ERLEBEN

Internationale Grüne Woche Berlin

Von Berlin aus geht's auf der traditionsreichen Messe in den Orient, auf die Inseln des Indischen Ozeans und in die südlichen Gefilde des Erdballs – zumindest kulinarisch. Denn es warten mit Jackfrucht oder Chicha Morada Köstlichkeiten aus allen Kontinenten. Highlight ist jedes Jahr auch die Blumenhalle, die in einem Blütenmeer aus 35 000 Frühblühern erstrahlt.

Messe Berlin, Messedamm 22, 14055 Berlin, www.gruenewoche.de

Späth'schen Weinstraße

Die historische Packhalle der Späth'schen Baumschulen wird einmal im Jahr zur genussvollen Weinstraße, wenn 30 renommierte Winzer aus den deutschen Weinanbaugebieten Anfang Februar zur Verkostung einladen. Passend zu den edlen Tropfen serviert das Hofcafé Späth feine Spezialitäten.

Späth'sche Baumschule, Späthstr. 80/81, 12437 Berlin, Tel. 030/63900352, www.spaethsche-baumschulen.de

Berliner Frühlingsfest

Mit dem Frühlingsfest startet im April die Open-Air-Saison der Berliner Volks- und Straßenfeste. Schwindelerregende Achterbahnen erfüllen die Wünsche der Adrenalin-Junkies nach Nervenkitzel und auch kulinarisch hält die Veranstaltung von Zuckerwatte bis Bratwurst und Bier allerlei Volksfest-Klassiker bereit. Mittwochs ist Familientag und an den beiden Samstagen leuchtet ein Feuerwerk am Himmel.

Kurt-Schumacher-Damm 207, 13405 Berlin, www.schaustellerverband-berlin.de

Berliner Bratwurstmeisterschaft

Die Deutschen und ihre Wurst, eine einzigartige Liebesbeziehung. In Berlin erhält die Bratwurst jedes Jahr im April eine besondere Ehrung. Bis zu 8000 Fans finden sich dann auf dem Gelände des Landguts und Freilichtmuseums Domäne Dahlem zu einem skurrilen Spektakel ein: der Berliner Bratwurstmeisterschaft. Hier präsentieren Fleischereien aus der Region ihre Wurstwerke. Ob sie geschmacklich überzeugen, entscheiden die Besucher – bis am Ende der neue Wurstchampion feststeht.

Gelände Domäne Dahlem, Königin-Luise-Str. 49, 14195 Berlin, www.fleischer-innung-berlin.de

Kirschblütenfest in Berlin

Über 150 Kirschbäume verwandeln die Berliner »Gärten der Welt« jährlich im April in eine blühende Traumkulisse für das ursprünglich japanische Kirschblütenfest. In Ostasien wird es »Hanami – Blüten schauen« genannt, das man am liebsten mit Freunden und der Familie bei einem Picknick unter üppigen Bäumen verbringt.

Gärten der Welt, Eisenacher Str. 99, 12685 Berlin, Tel. 030/700906699, www.gaerten-der-welt.de

Berliner Käsetage

Im Rahmen des Feinschmeckerfestivals »eat! Berlin« laden die »Berliner Käsetage« an zwei Tagen ein, die Vielfalt des Käsehandwerks kennenzulernen. Frommeliers demonstrieren die Kunst des Affinierens und zeigen, was aus der frischen Rohmilch alles werden kann, wenn man dem Reifeprozess genug Zeit gibt und eine individuelle Rezeptur verwendet.

Arminius-Markthalle, Arminiusstr. 2-4, 10551 Berlin, www.eat-berlin.de

Berliner Volkfestsommer

Im Mittelpunkt des Berliner Volksfestsommers steht ein Vergnügungspark. Dazu bauen im Juni etwa 150 Schausteller ihre Fahrgeschäfte und Vergnügungsbuden auf und im Gourmet- und Partydorf sorgen Flammkuchen, Thüringer Rostbratwurst und Handbrot für das leibliche Wohl.

Kurt-Schumacher-Damm 207, 13405 Berlin, www.volksfest-berlin.de

Veganes Sommerfest

2008 ging das »Vegane Sommerfest« erstmals an den Start, inzwischen hat es sich zu einer festen Größe etabliert. 130 Food- und Verkaufsstände informieren drei Tage lang über gesunde Ernährung, lederfreie Produkte und veganen Lifestyle.

Alexanderplatz, 10178 Berlin, Tel. 030/290282530, www.veganes-sommerfest-berlin.de

WISSEN

Rosinenbomber

Sie brachten Trockenmilch und Mehl, Benzin und Papier, Kohle und Medikamente: Fünfzehn Monate lang landeten ab Juni 1948 die Flugzeuge der Allierten im Minutentakt in West-Berlin, nachdem die sowjetische Besatzungsmacht die Land- und Wasserwege dorthin gesperrt hatte. Insgesamt kamen über diese »Luftbrücke« der Tag und Nacht am Himmel brummenden DC-3-Maschinen mehr als zwei Millionen Tonnen Fracht in die Stadt, ein Viertel davon waren Lebensmittel. Nachdem ein amerikanischer Pilot vor der Landung Schokoladentafeln und Kaugummis an selbst gebastelten Taschentuchfallschirmen für die auf dem Flugplatz Tempelhof wartenden Kinder abgeworfen und im Winter ein Kollege eine Ladung Rosinen für die Weihnachtsbäckerei eingeflogen hatte, nannte die Bevölkerung die Hilfsgüter-Flugzeuge schon bald »Rosinenbomber«. Der letzte Rosinenbomber landete am 30. September 1949 in Tempelhof. Er hatte allerdings weder Rosinen noch Schokolade an Bord – sondern zehn Tonnen Kohle.

Bilder oben: Die Berliner »Grüne Woche« kann bereits auf eine lange Tradition zurückblicken. Auftakt für die Messe war das Jahr 1926. Bilder Mitte: Mitunter kann es bei den »Berliner Käsetagen« etwas streng riechen – doch sobald ein Stück der edlen Käsesorten probiert ist, ist diese Begleiterscheinung schnell vergessen. Bilder unten: Voll im Trend liegt das Vegane Sommerfest, bei dem man vieles probieren kann, was der vegane Lifestyle so zu bieten hat.

HARZ

Die Bevölkerung des Harzes wusste schon immer den kulinarischen Reichtum zu nutzen, den ihre Wälder ihr schenkten: Wild etwa spielt traditionell eine große Rolle und wurde nicht nur für feine Braten verwendet, sondern landete auch zusammen mit Waldpilzen in der kräftigen Köhlersuppe. Auch Forellen aus den klaren Bergbächen bereicherten oft den Speisezettel. Aus Wildfrüchten wie Blau- und Preiselbeeren oder Hagebutten machte man Fruchtsuppen, aber auch pikante Saucen, die als Beilage zum Fleisch gereicht wurden. Typische regionale Produkte sind der berühmte Harzer Sauermilchkäse und die Schmorwurst, die in eine Vielzahl typischer Harzer Gerichte gehört wie in das »Pritschwerk«, Bratkartoffeln mit Schmorwurst-Rührei, oder in den »Runx Munx«, einen kräftigen Kartoffel-Gemüse-Eintopf mit Birnen.

KOCHEN

Hagebuttensuppe

1 kg Hagebutten
1 Bio-Zitrone
1 Päckchen Vanillezucker
Zucker n. B.
2 EL Speisestärke
4 Eier

Die Zitronenschale fein abreiben. 1 ½ l Wasser zum Kochen bringen und die entkernten Hagebutten mit dem Vanillezucker und der Zitronenschale darin zugedeckt bei schwacher Hitze 90 Min. köcheln lassen. In ein feines Sieb abgießen und passieren. Zurück in den Topf geben und mit etwas Zucker süßen. Die Speisestärke mit wenig kaltem Wasser glatt rühren, zusammen mit 2 Eigelb hinzufügen. 4 Eiweiß mit etwas Zucker zu steifem Schnee schlagen. Wasser in einem großen Topf zum Kochen bringen. Mit einem Teelöffel Nocken aus dem Eischnee stechen und knapp unter dem Siedepunkt etwa 3 Min. gar ziehen lassen. Die Suppe mit den Eischneenocken servieren.

GENIESSEN

Goslarer Gose

Vom belgischen Geuze-Bier hat dieser alte Gerstensaft nicht seinen Namen – eher ist es umgekehrt. Denn schon Kaiser Otto I. soll um das Jahr 1000 von dem Goslarer Bier sehr angetan gewesen sein. Und auch der Bischof von Hildesheim erhielt 1397 ein Fass Gose – zum Dank für erwiesenen Rechtsbeistand. Gebraut mit dem Wasser des Flüsschens Gose, das sich auf dem Stadtgebiet in zwei Arme teilt, verbreitete sich die Goslarer Spezialität rasch weit über den Harz hinaus. Bis nach Leipzig und Hamburg drang ihr Ruf. Dann verschwand das ursprünglich mit wilden Hefen, also nach dem Prinzip der Spontan-Gärung, gebraute Weizen aus Goslars Geschichte. Kurz nach der Jahrtausendwende lebte die Gose-Tradition jedoch wieder auf in der Kaiser-Stadt. Goslaer Gose schmeckt malzig mit einer leichten Hopfennote.

Harzer Käse

Goldgelb und rund wie Taler wird er von manchen zwar als »Stinker« geschmäht, aber echte Fans von Sauermilchkäse schwören auf seinen eher mild-pikanten Geschmack. Und fachsimpeln leidenschaftlich über die Frage: Darf er innen noch weiß und quarkig sein oder ist er nur durch auch gut? Hergestellt wurde die rindenlose Spezialität ursprünglich von Bauern im nördlichen Harzvorland. Im 18. Jahrhundert produzierte man sie dort erstmals industriell: aus entrahmter Milch, da die Butterproduktion damals in der Region an erster Stelle stand. Heute kommt der mitunter zu Rollen verpackte Harzer allerdings kaum noch aus seiner Heimat; sein Name ist nicht herkunftsgeschützt.

Hagebuttensuppe

Die Südharzlandschaft hat sowohl dem Auge als auch dem Gaumen einiges zu bieten: die Steinkirche bei Scharzfeld etwa, bei der es sich um eine Höhle mit Jungsteinzeitfunden handelt; die blumenbunten Bergwiesen, von denen sich ein herrlicher Blick etwa ins Mönchstal bietet, und dann eben die dortige Hagebuttensuppe. Beim Herbstspaziergang gepflückt, werden die Heckenrosenfrüchte dafür mit Zitronenschale ausgiebig gekocht, dann durch ein Sieb passiert und das Mus mit Eigelb und etwas Zucker verquirlt. Zum Schluss setzt man noch kleine Eischneenocken auf die Suppe.

Köhlersuppe

Tief in den Harzwäldern, wo einst die Köhler die Kohlenmeiler befeuerten, köchelte mitten über dem offenen Feuer die Köhlersuppe. Meist bestand sie aus nichts anderem als Brotscheiben, Rindstalg oder ausgelassenem Speck, Wasser und ein paar Brennnesseln. »Schiebensuppe« nannte man sie dann. Mitunter fanden sich aber auch ein paar Pilze als Suppen-Zutat, Wildfleisch oder Beeren. Ein jeder tat von dem, was er im Wald finden konnte oder als Vorrat hatte, als Zutat in die heiße Brühe. Bis heute schmeckt daher die Harzer Köhlersuppe in jeder Familie und in jedem Gasthaus anders.

Unten links: Rot-weiß gibt es nicht nur in Form von Tomate-Mozzarella, auch die traditionelle Hagebuttensuppe mit Eischneenocken glänzt in dieser Farbkombination. Unten rechts: Der Harzer Käse kommt oft in Begleitung von Kümmelkörnern daher.

BESUCHEN

Restaurant Thomsen
Hotelgast und Passant treffen im hell gestalteten Gastrobereich ganz entspannt aufeinander. Während viele kleine Bilder an den Wänden für heimelige Wohlfühlatmosphäre sorgen, verwöhnt die Küche mit deftiger Kost wie Grünkohl mit Pinkel, Kochwurst, »Knipp« (hausgemachte Hackgrütze) und Kasseler zu Salz- oder Bratkartoffeln.
Bremer Str. 186, 27751 Delmenhorst, Tel. 04221/9700, www.hotel-thomsen.de

Kräuterpark Altenau
Im weltweit größten Kräuterpark verströmen 1500 Kräuter und Gewürzpflanzen in Schaubeeten auf 30 000 Quadratmetern einen würzigen Duft. Über ihre Herkunft, Verwendung und Heilwirkung erfährt man alles in der angeschlossenen Galerie.
Schultal 11, 38707 Altenau, Tel. 05328/911684, www.kraeuterpark-altenau.de

Upländer Bauernmolkerei
Auf eine ungewöhnliche und wechselvolle Geschichte blickt die Usselner Molkerei zurück, die heutige Upländer Bauernmolkerei. Das wohl bekannteste Rezept mit Sauermilchkäse ist »Handkäs mit Musik« – ein in Essig und Öl eingelegter, von Hand geformter Käse mit Zwiebeln. Wo alles 1898 mit 35 Landwirten begann und wie die Milch gewonnen und verarbeitet wird, zeigt das »Upländer Milchmuhseum« im alten Molkereigebäude auf unterhaltsame Weise.
Korbacher Str. 6, 34508 Willingen-Usseln, Tel. 05632/922222 (Museum), Tel. 05632/948624 (Molkereiladen), www.muhseum.de

Schirker Feuerstein
Ein seit über 100 Jahren beliebtes Getränk im Harz und ein nettes Mitbringsel ist der Schierker Feuerstein. Im 19. Jahrhundert experimentierte der Schierker Apotheker Willy Drube mit Kräutern und erfand seinen Kräuter-Halb-Bitter, der noch immer nach Originalrezept hergestellt wird.
Brockenstr. 3, 38879 Schierke am Brocken, Tel. 039455/372, www.schierker-feuerstein.de

Zum Kanzler
Schon Friedrich Gottschalk schrieb einst in »Reisende in den Harz«: »Bei den Stolberger Lerchen handelt es sich um besonders wohlschmeckende Würstchen ... Der Volksmund überlieferte, dass die beim Braten entweichende Luft, ähnlich dem Gesang der Lerchen, zum Namen führte.« In der Fleischerei des Hotels »Zum Kanzler« wird die Harzer Spezialität »Stolberger Lerchen« traditionell nach altem Rezept hergestellt.
Markt 8, 06536 Südharz, Tel. 034654/205, www.zum-kanzler.de

Stebner Privatbrauerei
An die alte Brautradition des Braunschweiger Landes knüpft die Stebner Privatbrauerei. Die Brauerei gibt es in Braunschweig und Wolfenbüttel, wo sich auch hauseigene Schänken mit dem Label »braubar – Brauhaus, Brauerei, Bar« und Werksverkauf befinden.
Lange Herzogstr. 58, 38300 Wolfenbüttel, T el. 0531/79389611, www.stebner-privatbrauerei.de

Café & Confiserie Mangold
In der fünften Generation verwöhnt die Konditorei Mangold direkt an Bad Lauterbergs Flaniermeile die Schleckermäuler mit Baumkuchen, Haselnuss-Mandeltalern mit Zartbitterschokolade in Form von Harzer Blättern, »Schierker Feuerstein Trüffel« und »Lauterberger Lehm«.
Hauptstr. 142-144, 37431 Bad Lauterberg, Tel. 05524/2125, www.cafe-mangold.de

Harzer Fichtel
Das Originalrezept der würzigen Rostbratwurst stammt aus dem 19. Jahrhundert. Ihre besondere Zutat: Fichtennadeln. Die Würstchen werden noch heute in handwerklicher Tradition und ohne Zusatzstoffe von Fleischermeister Matthes hergestellt und zusammen mit dem Fichtelschnaps (aus frischen Harzer Fichtensprossen) aus der Likörfabrik Gernrode in der hölzernen Bude von Torsten Höher u. a. mittwochs und samstags auf dem Wochenmarkt in Quedlinburg verkauft.
Standort u. a. Wochenmarkt, 06484 Quedlinburg, www.harzer-fichteln.de

Die überdimensionale Flasche ist nicht zu übersehen, wenn man die Schierker Brockenstraße entlangspaziert – wohl damit man ja nicht die Apotheke, in der der »Schirker Feuerstein« seinen Anfang nahm, übersieht oder nur Augen für das Fachwerk hat.

Runx Munx

2 Zwiebeln
1 Lauchstange
500 g Weißkohl
2 Steckrüben
2 Birnen
200 g durchwachsener Speck
600 g Schweinefleisch
Rinderbrühe
400 g Kartoffeln
400 g Cabanossi
Wacholderbeeren, Salz, Pfeffer, Koriander, Majoran

Zwiebeln, die Lauchstange, Weißkohl, Steckrüben und Birnen klein schneiden. Durchwachsenen Speck und Fleisch würfeln. Die Speckwürfel in einem großen Topf auslassen. Mit Rinderbrühe ablöschen und Zwiebeln, Lauch, Weißkohl, Steckrüben, Birnen und Schweinefleisch hineingeben. Den Eintopf würzen und zugedeckt bei schwacher Hitze etwa eine Stunde köcheln lassen. Kartoffeln würfeln und Cabanossi in Scheiben schneiden, beides 20 Min. vor Ende der Garzeit in den Eintopf geben.

Schmorwurst

Wieder einmal sind es die Köhler, denen der Harz diese Spezialität verdankt. Oder genauer: deren Namen. Denn es waren natürlich die Metzger der Region, die Basis für die Schmorwurst lieferten: eine mittelfeine Brühwurst aus Schweinefleisch, gekocht und über Buchenholz geräuchert. Durch dieses Herstellungsverfahren wird die Wurst gut haltbar und lässt sich zudem vielseitig verwenden. Daher nahmen sie die Köhler immer gern mit als Proviant. Morgens schnitten sie die Wurst auf ihr Brot, abends schmorten sie diese, in Blätter eingewickelt, in der restlichen Kohlenglut ihrer Köte, so das es dort noch lange nach würzigem Fleisch duftete.

Runx Munx

Bergleute aus dem Erzgebirge, so heißt es, brachten das Rezept schon vor rund 400 Jahren aus ihrer Heimat in den Harz. Und es wurde je nach den lokalen Möglichkeiten abgewandelt. Ursprünglich bildeten die Grundlage wohl Steckrüben, Weißkohl und Schweinebauch. (Schmor-)Wurst, Kartoffeln, weiteres Gemüse und Zwiebeln durften das Ganze bereichern. Gewürzt wurde das eintopfartige Durcheinander mit heimischen Gewürzen wie Wacholder und Majoran. Heute gibt es »Runx Munx« auch mit Ochsenschwanz oder mit Birnen.

Feldkieker

»Eine schnittfeste, luftgetrocknete Rohwurst aus Schweinefleisch, die dem Wesen nach einer Mettwurst entspricht«. So definiert das Amtsblatt der Europäischen Union den »Feldkieker«. Schon 2011 nahm ihn die EU-Kommission in seiner Göttinger Variante in die Liste geografischer geschützter Lebensmittel auf. Zwei Jahre später folgte die Eichsfelder Version. Diese wird allerdings im Warmschlachtverfahren hergestellt – und unterscheidet sich auch optisch vom Göttinger Kieker. Denn für diesen wird das Fleisch (von zumeist gezielt gefütterten älteren Tieren und mit Hefekulturen für die Reifung) in blasenförmige statt längliche Därme gefüllt. Der Göttinger Feldkieker erfreute sich, wie andere Wurstspezialitäten der Stadt, schon im 18. Jahrhundert großer Beliebtheit.

Gehacktestippe

Was den Norditalienern ihre »Salsa Bolognese« ist den Ostdeutschen und Harzbewohnern ihre »Gehacktestippe«. Zwar fehlt in den teutonischen Varianten sowohl der Wein zum Ablöschen der angebratenen Zwiebeln als auch die Milch. Aber dafür gibt man Brühe und Gewürzgurkenwasser – und zum Schluss auch die kleingeschnittenen Gurken – zur Hackfleischmasse. Diese ist komplett aus Schwein. Und selbstverständlich wird die Stippe nicht zu Nudeln gegessen, sondern zu Pellkartoffeln. Diese werden dann mit der Sauce zerdrückt. Oder man serviert die Gehacktestippe gleich mit Kartoffelbrei.

Unten links: Eine jede Region hat ihre speziellen Eintöpfe, oft sind die Rezepte älter, als sich die Großeltern zurückerinnern können. Im Harz zählen dazu der »Runx Munx«. Aber auch ein deftiges Hackfleisch-Ragout kommt nach wie vor auf den Tisch (unten Mitte).

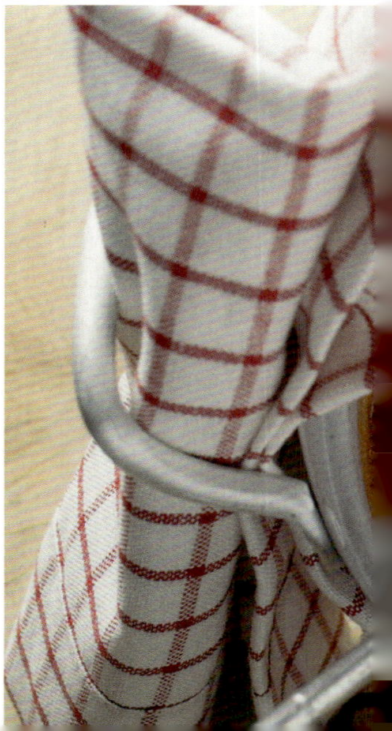

EINKAUFEN

Hofladen Biolandgut Uehrde
Das Angebot des Bioland-Betriebs mit eigenem Hofladen erstreckt sich von Fleisch- und Wurstwaren aus eigener Haltung und Schlachtung (darunter Fleisch von Dam-, Rot- und Schwarzwild sowie von Rind und Schwein, saisonal auch Enten und Gänse) über Eier, Honig, Äpfel, Zwetschgen bis hin zu Naturkost und Eingemachtem.
Uehrde 38, 37520 Osterode,
Tel. 05522/72698,
www.gut-uehrde.de

Hofladen Schäferhof Langenstein
Im Hofladen der denkmalgeschützten Anlage aus dem Jahr 1823, die auch eine Gastronomie beherbergt, kann man regionale Lebensmittel des täglichen Bedarfs sowie frische Backwaren, Lammfleisch aus der Region und Schafs- und Ziegenkäse von der Ziegenalm Sophienhof (im gleichnamigen Ort) erwerben.
Quedlinburger Str. 28a, 38895 Halberstadt – OT Langenstein,
Tel. 03941/625013,
www.schaeferhof-langenstein.de

Hofladen Hofkäserei Westerhäuser
Das Herz von Käseliebhabern schlägt im Hofladen des Familienbetriebs höher: Von »HarzKUHkäse« über »Kräuterlein« und Frischkäse bis hin zu Ziegen-Weichkäse (März bis November) sind hier freitags und nach telefonischer Vereinbarung verschiedene Käsespezialitäten zu haben. Der Kuhmilchkäse stammt vom Harzer Rotvieh, einer vom Aussterben bedrohten Rasse.
Unter dem Mühlenberg 410,
06502 Thale – OT Westerhausen,
Tel. 0173/9587689,
www.käsehof-am-harz.de

Weingut Kirmann
Ganz in französischer Manier empfielt sich zu den vielen Käsespezialitäten auch ein guter Tropfen Wein. Erhältlich zum Beispiel direkt vom nördlichsten Weingut Deutschlands, mit regionalen Spezialitäten wie dem Hercynia-Roséwein.
Westerhäuser Gartenstr. 532
06502 Westerhausen,
Tel. 03946/01466,
harzer-weingut@t-online.de
www.harzer-weingut.de

Oben: Käse findet man im Harz in allen Formen und Geschmacksrichtungen, aus Schafs-, Ziegen- oder Kuhmilch, mal weich, mal fest. Dazu oder hinterher gibt es dann noch mehr aus der Natur, Obstbäume wie Pflaumen fühlen sich im Harzer Klima wohl (unten rechts).

Grünkohl mit Pinkel

1 kg Grünkohl
3 Zwiebeln
500 g durchwachsener, geräucherter Speck
Schmalz
3 EL Hafergrütze
1 TL Zucker
1 EL Senf
Pinkelwurst
Salz, Pfeffer

Den Grünkohl in einzelne Blätter teilen und putzen. Wasser in einem Topf zum Kochen bringen und den Grünkohl darin 5 Min. köcheln lassen. Abgießen, gut ausdrücken und klein schneiden. Zwiebeln und Speck in Würfel schneiden. Etwas Schmalz in einem Topf erhitzen und die Zwiebelwürfel darin andünsten. Den Grünkohl, Hafergrütze, Zucker, Senf und Speck dazugeben, etwa ½ l Wasser hinzufügen (sodass alles bedeckt ist) und 1 ½ Stunden dünsten lassen. Nach etwa 1 Stunde die Pinkelwurst dazugeben und mitdünsten, anschließend abschmecken.

Pottsuse
Frankreichs Rillettes sind eng mit ihr verwandt und auch das österreichische »Verhackerte« gehört zur Familie. Denn beide werden, wie die Pottsuse, aus Schweinefleisch hergestellt und kalt gegessen. »Die besten gebratenen Stücke vom Fleisch der Halswirbel siedet man über dem Feuer so lange im Schweineschmalz, bis die Masse im Topf (sprich: Pott!) zu sausen – susen – beginnt. Heiß gießt man die Pottsuse in tiefe Schüsseln und läßt sie erkalten.« So lautet im Jahr 1907 ein norddeutscher Kochbucheintrag zur Herstellung der fein-faserigen, fettreichen und gut haltbaren Spezialität. Ursprünglich lagerte man sie Tontöpfen, heute wird der würzige Brotaufstrich meist in Gläsern verkauft.

Grünkohl mit Pinkel
Der »Pink« ist auf Plattdeutsch der kleine Finger, »Pinkel« der Mastdarm vom Schwein. In ihn wird das pikante Gemisch aus Hafergrütze, Nierenfett und frischem Schweinespeck gefüllt, welches die Wurst für viele Niedersachsen – neben der Brägenwurst oder einem Stück Kassler – zum idealen Begleiter des Grünkohls macht. Der heißt zwar in der Region nicht immer so, sondern wird auch Braunkohl genannt. Aber einig ist man sich, dass er erst nach dem ersten Frost geerntet wird. Denn die Kälte sorgt dafür, dass die Bitterstoffe in den Kohlblättern in Zucker umgewandelt werden. Vor allem im Raum Oldenburg/Bremen ist das gemeinsame Kohlessen mit Freunden nach einem winterlichen Spaziergang, der »Kohlfahrt«, ein beliebter Brauch.

Buchweizentorte
Moortypisch sei sie, sagt man. Und tatsächlich wuchs auf den Moor- und Heideböden Niedersachsens einst jenes Pseudogetreide bestens, dessen Mehl den besonderen, leicht nussigen Geschmack der Buchweizentorte ausmacht. Auch Buchweizenpfannkuchen stellt man in der Region noch aus dem »Heidemehl« her; einst war es Brauch, sie heiratswilligen jungen Bauern im Haus der Angebeteten zu servieren: mit Speckstücken darin. War die Anzahl dieser gerade, durfte der Verehrer sich Hoffnungen machen. Buchweizen wächst seit Jahrunderten weltweit in gemäßigten Gebieten. Die norddeutsche Buchweizentorte jedenfalls ist zwischen ihren drei Biskuitböden stets üppig gefüllt, mit Sahne und Preiselbeer-Konfitüre oder auch Sauerkirschen.

Heißwecken
»Ein Fastnachts-Brod, welches mit Gewürz, Butter und Eyer in heisser Milch zur Löffel-Speise zubereitet wird«, heißt es Ende des 18. Jahrhunderts in einem deutschen Wörterbuch über den »Heetweggen«. Bekannt ist das Weizenmehl-Gebäck im deutschen Sprachraum allerdings schon seit dem Spätmittelalter. Und tatsächlich wurde es in Nord- und Nordwestdeutschland meist vor dem Beginn der vorösterlichen Fastenzeit gegessen, speziell von Rosenmontag bis Aschermittwoch. Man buk es allerdings nicht selbst, sondern holte die – meist runden – Wecken frisch, also am besten noch ofenwarm vom Bäcker. Mancherorts wurden die Dienstboten an den Heißwecken-Tagen sogar mit Korb und Kis-

Unten links: Grünkohl mit Pinkel wirkt wie ein Kompromiss zwischen einem Fleischliebhaber und einem Gemüsefan. Und so ergänzen sich Grünkohl, Speck und die Wustspezialität ganz hervorragend. Unten Mitte: Markant in der Form ist der Buchweizen.

sen ausgestattet, um das frische Gebäck auf dem Heimweg bis zum Frühstück warm zu halten.

Hackus und Knieste

Kartoffeln spielen auch in der Harzer Küche eine wichtige Rolle. Ihre wohl einfachste Zubereitungsart ist das Backen im Ofen. Dafür werden die »Knieste« (oder »Knüste«) sorgfältig gereinigt, halbiert und mit Öl bestrichen sowie mit Salz und Kümmel (oder anderen Gewürzen) bestreut auf ein Backblech gesetzt und etwa eine Stunde durchgebacken. Dazu reicht man dann mit Zwiebelwürfelchen und Eigelb vermischtes Hackfleisch (»Hackus«), entweder roh oder als Frikadelle – und Gurken. Harzer Knüste bzw.Knieste kann man aber auch mit Gänseschmalz bestreichen und mit Räucherspeck belegen. Oder mit Mett. Dazu passt dann jeweils ein grüner Salat.

Milbenkäse

Bekannt ist er seit dem Mittelalter, seit Kurzem erst gehört er aber auch zu den Passagieren der von der Slowfood-Bewegung »gezimmerten« Arche des Geschmacks. »Melln«, also Milben, stellten in früheren Zeiten ein ernsthaftes Problem dar bei der Lagerung von Käse. Also versuchte man die Schädlinge als Nutztiere in den Produktionsprozess einzubeziehen. In der Gegend um Zeitz und Altenburg wurden daher schon bald Käsemilben gezüchtet. Um 1970 drohte diese Tradition jedoch verloren zu gehen. Ein Würchwitzer Biologie- und Chemielehrer schwang sich zum Retter auf – und wenig später wurde der Käsemilbe im Ort sogar ein Denkmal errichtet.

WISSEN

Die Arbeit der Köhler

In wenigen Gegenden Deutschlands rauchten in den vergangenen Jahrhunderten so viele Kohlenmeiler wie im Harz. Denn um die gewaltigen Mengen an Silber-, Zinn- und Eisenerz zu verhütten, die in den Bergwerken gewonnen wurden, brauchte es noch mehr Holzkohle. Mit purem Holz wären die für die Erzgewinnung nötigen Temperaturen von mindestens 1200 Grad nicht zu erzielen gewesen. In riesigen Meilern von drei Meter Höhe und zehn Meter Durchmesser wurde das Holz etwa sieben Tage lang langsam zu Kohle verschwelt. Während dieser Zeit musste der Köhler rund um die Uhr aufpassen, dass das Feuer nicht zu viel Luft bekam und so das Holz zu Asche verbrannt wäre. Da die Köhlerei immer in der Nähe der Holzschläge betrieben wurde, war sie ein einsames Geschäft. Bereits um 1700 war der Harz wegen des gewaltigen Kohlebedarfs fast ganz kahl geschlagen. Das Köhlerhandwerk ist selten geworden, im Harz wird es noch betrieben.

Oben: Viele Harzer Spezialitäten gründen auf dem Berufsstand der Köhler. Unten rechts: Typische Gerichte aus Kartoffeln findet man in jeder Ecke Deutschlands. Und auch die gebackene Variante ist keine Delikatesse, die man nur im Harz vorfindet.

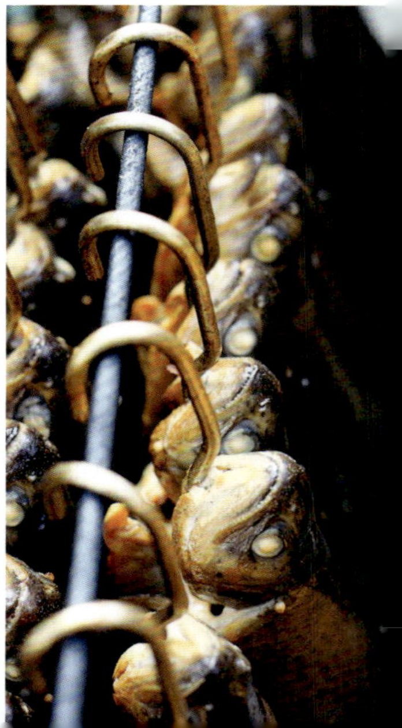

ERLEBEN

Köhlerfest in Groß Lindow

Früher galt die Köhlersuppe als Arme-Leute-Essen, heute feiert man ihr zu Ehren in Groß Lindow ein Fest mit Einmarsch der Köhlerliesel, Vorführungen alter Handwerkskunst, Kienstubbenweitwurf-Wettkampf und vielem mehr. Neben Köhlerbrot, Plinse und Räucherfisch gibt's natürlich auch die Köhlersuppe, die als neuzeitliche Variante (neben Schmalz, Tomaten, Kartoffeln, Kohl, Möhren und Pilzen sowie Fleisch) mit Hagebutte und Preiselbeeren auf den Teller kommt.

Köhlerplatz, Knappenweg 7, 15295 Groß Lindow, Tel. 033609/72641 www.kienstubbenverein.de

Bergbauernmarkt in Clausthal-Zellerfeld

Ein besonderes Einkaufserlebnis unter freiem Himmel ist der Bergbauernmarkt von Mai bis Oktober immer donnerstags. Denn die Bornhardtstraße als »Grüne Meile« lädt zwischen 18 und 22 Uhr zum Bummeln, Shoppen und vor allem zum Schlemmen verschiedenster saisonaler Harzer Delikatessen ein.

Bornhardtstr., 38678 Clausthal-Zellerfeld, Tel. 05328/8020, www.oberharz.de oder www.clausthal-zellerfeld.de

Blankenburger Altstadtfest

Während man im Juni drei Tage auf der Hauptbühne am Tummelplatz mit moderiertem Programm aus Konzerten, Vorführungen und Mitmachaktionen das Blankenburger Altstadtfest feiert, geht's parallel in der Tränkstraße beim »Wirtschaftsball« des Café Nest rund. Für das leibliche Wohl ist an vielen Ständen mit Rostbratwurst, Fischbrötchen, Tornado-Kartoffeln und mehr gesorgt.

Historische Altstadt, 38889 Blankenburg, www.altstadtfest.blankenburg.de

Wiesenblütenfest Sankt Andreasberg

Der Harz, speziell auch Sankt Andreasberg, ist berühmt für seine artenreichen Bergwiesen. Das wird jährlich im Juni mit dem Wiesenblütenfest als echter Harzer Brauch mit Folklore und Spezialitäten samt dazugehörigem Viehaustrieb in beeindruckendem Bergpanorama gefeiert. Dann nämlich werden die Kühe von den Oberharzer Hirten aus ihrem Winterquartier wieder auf die frisch erblühten Wiesen geführt.

Tel. 05582/80336 (Touristeninfo), www.braunlage.de

Ilsenburger Forellenfest

Das Forellenfest im Stadtzentrum hat im Juli Tradition. So wartet nach der Eröffnung des Markttreibens, wo sich natürlich alles um die Forelle dreht, die obligatorische Floßfahrt vom »Bischof« und den »Benediktinermönchen« über den Teich, bei dem junge Forellen ausgesetzt werden. Zum Abschluss gibt's am Abend ein großes Feuerwerk.

Marktplatz, 38871 Ilsenburg, Tel. 039452/19433, www.ilsenburg-tourismus.de

Harzer Gourmet-Tage

Der Harz und sein Vorland bieten eine reichhaltige Schatzkammer für die Zubereitung eines köstlichen und gesunden Essens. Die Bergwiesen im Harz sind berühmt für die Vielfalt an Kräutern und bereits die Mönche der Klöster des Harzvorlandes wussten die Erze der Berge ebenso zu schätzen wie den Tischgenuss. Immer mehr Gastronomen des Harzes, oft in Kooperation mit heimischen Produzenten, besinnen sich daher auf die kulinarischen Qualitäten ihrer Region. Mittlerweile sind die »Gourmet-Tage« schon etabliert im Harz. Ihr Ziel ist es, Qualität und Regionalität unter Beweis zu stellen – und das an vier Tagen im Jahr. So kann man den Harz in jeder Jahreszeit kulinarisch entdecken.

Vieh- und Weidetag Buntenbock

Seit über zwanzig Jahren dreht sich in Buntenbock alljährlich ein ganzer Tag um die Harzkühe, auf die die Region so stolz ist. Dabei kann man die stattlichen roten Tiere nach ihrer Ankunft auf dem Festplatz nicht nur von ganz nah betrachten, auch allerhand kulinarische Spezialitäten gibt es zu kosten und zu kaufen.

www.oberharz.de/sommer/veranstaltungen-im-harz/vieh-und-weidetag-buntenbock/

BESUCHEN

Klostermarkt in Walkenried

Jedes Jahr findet in Kloster Walkenried ein kulinarischer und spiritueller Markt statt. Die rund 30 teilnehmenden Klostergemeinschaften aus ganz Deutschland präsentieren ihre klösterlichen Erzeugnisse, Essbares genauso wie Kunsthandwerk. Daneben bieten sie auch Meditationen, Gebete, Musik und Diskussionen über Gott und seine Schöpfung an. Letzter Samstag und Sonntag im September 10 bis 18 Uhr

www.kloster-walkenried.de

Willys Apotheke in Schierke

Im Jahr 1908 erfand der Schierker Apotheker Willy Drube einen Magenbitter, der bis heute mit großem Erfolg als »Schierker Feuerstein« vermarktet wird. Führungen mit Verkostung in der alten Apotheke gibt es jeden 3. Freitag im Monat bzw. für Gruppen nach Vereinbarung.

www.schierker-feuerstein.de

EINKAUFEN

Harzer Baumkuchen-Bäckerei in Wernigerode

Jeden Freitag und Samstag ab 14 Uhr können Besucher in der Baumkuchenbäckerei live miterleben, wie die röhrenförmigen Kuchen entstehen. Das vielschichtige Backwerk hat hier eine über 250-jährige Tradition.

Neustädter Ring 17
38855 Wernigerode
www.harzer-baumkuchen.de

Bilder oben: Die vielen Traditionen lassen Kultur und Brauchtum erlebbar werden. So kann man in Sankt Andreasberg alljährlich beim Wiesenblütenfest den Hirten beim Viehaustrieb zusehen; der Harz lohnt sich nicht nur aufgrund der kleinen, aber dafür umso schöneren Städte wie Blankenburg. Bilder Mitte und unten: Wer es lieber etwas nasser mag, schaut beim Ilsenburger Forellenfest vorbei. Ob gegrillt oder geräuchert, hier gibt es den Edelfisch in vielerlei Variationen.

DEUTSCHLAND IN FEIERLAUNE – VON BUNTEN SCHNITTCHEN BIS CHILI CON CARNE

Torte zum Geburtstag, Eier zu Ostern, Gans und Lebkuchenhaus zum Weihnachtsfest, Fondue zu Silvester: Wenn Deutschland feiert, waren und sind Traditionen angesagt. In den Fünfzigern, als die Zeit von Steckrüben und Rindenbrot endgültig vorüber war, entwickelten die Deutschen wieder Spaß am Essen und in der Küche. Eine neue Üppigkeit schwappte übers Land in Form von Buttercreme, Eierlikör und Mayonnaise. Der erste Fernsehkoch der jungen Bundesrepublik bescherte den deutschen Haushalten zudem ein Stück Exotik: den »Toast Hawaii«. Die Mischung aus Weißbrot, Schinken und einer Scheibe Dosen-Ananas, überbacken mit Käse und verziert mit einer Cocktailkirsche, avancierte rasch zum Partyhit – neben Fleisch- und Waldorfsalat, Russischen Eiern, Wurst- und Käsespießen.

Lieblicher Wein begleitet auch in den 1960er-Jahren noch den Weihnachtsbraten. Auf den Partybüffets prangen jetzt aber Butterrosen und salzige »Cracker«; Obst und Gemüse wird schön geschnitten, Brot gern mit Förmchen ausgestochen und fantasievoll belegt – und als warmes Festessen gib es »Ragout Fin«. Zum Dessert kommt »Pfirsich Melba« oder eine Schüssel Götterspeise auf den Tisch. Und in Sachen Alkohol erfreut die Menschen der eingestochene und mit Sekt aufgegossene »Kullerpfirsich«.

In den »wilden Siebzigern« begeistern, wann immer es etwas zu feiern gibt, kalte »Tutti-Frutti«-Torte oder Schokoküsse (damals hießen sie noch »Mohrenköpfe«) Klein und Groß. Das Fleischfondue tritt seinen Siegeszug an und auf den Festtischen haben neben »bunten Schnittchen« und Fliegenpilz-Tomaten nun auch Krabben (Cocktail), Geflügelsalat, Lachs, Oliven und Sardellen ihren Auftritt. Zudem liebt man es in der Ära der Schlaghosen und Plateau-Sohlen »gefüllt«. Getrunken wird »Kalte Ente« oder selbstangesetzter Rumtopf, aufgegossen mit einem Schlückchen Sekt, Bluna mit Eierlikör und Africola mit Kümmerling.

In den 1980er-Jahren werden andere Länder aktuell beim Feiern. Scharfes »Chili Con Carne« taucht ebenso auf wie feurige Gulaschsuppe; Mozzarella »Caprese« und Tiramisu zeigen, dass die ersten Italien-Erfahrungen der Deutschen auch kulinarisch ihren Nachklang gefunden haben. Auch fremdländische Spirituosen wie Wodka und Rum ziehen in die Barfächer und Kühlschränke der Deutschen ein. Farbige Cocktails wie »Grüne Witwe« gelten in der Zeit der Polohemden, Diskokugeln und »Ich bin Energiesparer«-Aufkleber als Nonplusultra beim Feiern; zumindest bei der jüngeren Generation. Viele lieben es zudem mondän und nippen mit perfekter Föhnfrisur am »Kir Royal« oder anderen Sekt-Aperitifs.

Wer ab den Neunzigern, als sich die Mädchen chinesische Ess-Stäbchen in die Haare steckten und überhaupt viele Stil-Experimente an der Tagesordnung waren, größer feiert, bietet seinen Gästen sowohl Rustikales wie Hähnchenschenkel, Hackfleischbällchen und Nudelsalat an als auch Mini-Quiches, mariniertes Gemüse oder Melone mit Schinken. Internationales Fingerfood wie Tapas, Sushi und italienische oder orientalische Häppchen erfreuen sich ebenfalls zunehmender Beliebtheit. Andererseits kommt zu besonderen Anlässen auch Althergebrachtes wieder zum Zuge: die Weihnachtsgans (oder Ente) oder der Kartoffelsalat. Aus den ursprünglich »natürlichen« Ostereiern sind allerdings längst solche aus Schokolade geworden, statt des Silvesterkarpfens gibt es Raclette oder Käsefondue und als Drinks lässt man sich Caipirinha oder Mojito schmecken. Aber auch guter Wein fließt immer häufiger durch deutsche Kehlen – selbst wenn es keinen offiziellen Anlass zum Feiern gibt.

Deutschland ist ein Feiervolk. Ob Fasching, runder Geburtstag oder Silvesterparty – zu jedem Fest gibt's auch reichlich Essen.

LAUSITZ

Die schlesische, sächsische, böhmische und sorbische Küche hat die Lausitzer Kochkunst beeinflusst. So kommen Mehlspeisen wie »Buchteln« (Ofennudeln) zum Beispiel aus Böhmen. Hauptnahrungsmittel in der Lausitz ist die Kartoffel. Oft wird die Knolle bei der Bezeichnung typischer Gerichte vor der Zutat genannt: »Abernmauke« (Stampfkartoffeln) mit »Schweinslaber« und »Rutkraut«. »Stupperle« (Kartoffelköße) sind mit »Furzwulle« (Sauerkraut) und wahlweise »Spaajkzwiebln« (Speckzwiebeln) oder »Laberwurscht« angerichtet und auch »Teichelmauke« – das Nationalgericht der Lausitz aus Kartoffelbrei, Rindfleisch, Brühe und Sauerkraut – wird gerne gegessen. Als Nachspeise oder zum Nachmittagskaffee reicht man neben »Plinsen« (Pfannkuchen) süßen Oberlausitzer Baumkuchen, dessen biskuitähnliche Schichten von Schokolade überzogen sind.

KOCHEN

Teichelmauke

1 kleine Zwiebel
1 Bund Suppengrün
500 g Kochfleisch vom Rind
1,5 kg Kartoffeln
Frisches Sauerkraut

Die Zwiebel schneiden und das Suppengrün zerkleinern. Das Fleisch und die Zwiebeln, Suppengrün, Pimentkörner und Lorbeerblätter mit 1 l Wasser ca. 1,5 Stunden kochen. Die Kartoffeln schälen, in große Stücke schneiden und ca. 30 Min. in Salzwasser garen, anschließend mit Salz und reichlich Majoran zerstampfen. Die aus dem Fleischsud gewonnene Brühe durch ein Sieb gießen und auffangen. Das Rindfleisch klein schneiden. Die gestampften Kartoffeln mit einem Teil der Rinderbrühe zu Kartoffelbrei verarbeiten. Den Kartoffelbrei (»Mauke«) auf die Teller verteilen und in die Mitte eine Mulde drücken. In diesen »Teich« heiße Brühe, Rindfleisch und Sauerkraut füllen.

GENIESSEN

Teichelmauke

Mus oder Brei schlägt das sächsisch-deutsche Wörterbuch als Übersetzung für »Mauke« vor. Im Plural bedeutet das Wort allerdings Füße. Beide Begriffe helfen aber, das angebliche Nationalgericht der Oberlausitzer zu enträtseln. Denn wir wissen bereits, dass Kartoffeln die Grundlage sind. Gestampft zu Mus oder Brei. In diesem bedarf es nun aber einer Vertiefung, des Abdrucks eines Löffels oder einer Kelle – ähnlich wie ein Fuß auf weichem Untergrund seine Spur hinterlässt. In die Kartoffelbrei-Kuhle wird nun jene (Rind-)Fleischbrühe gegossen, die schon dem Brei (anstatt der üblichen Milch) zu seiner cremigen Konsistenz verhalf. Ein kleiner Saucenteich bildet sich, nimmt noch die gekochten Fleischstückchen auf: fertig ist die »Teichelmauke«.

Leinöl

Flachs oder Lein sind im Osten Deutschlands eng mit der Tradition der Sorben verbunden. Das slawische Volk ist bekannt für seine Kunst des Webens (sorbische Mädchen erhielten früher gewebte Tuche aus Leinen für ihre Brauttruhe), und auch in sorbischen Sagen spielt die Pflanze eine wichtige Rolle. Für die Fasergewinnung werden nur ihre Stängel genutzt; die Samen indes dienten schon früh als Lebensmittel: sowohl in ihrer Körnerform als auch zu Öl gepresst. Noch heute wird in der Lausitz Leinöl gepresst, etwa in einer Mühle in Hoyerswerda. Pellkartoffeln mit Quark und Leinöl kennt in der Lausitz jedes Kind. Traditionell wird es in eine Kuhle des Weißkäses gegossen und dann mit den Kartoffeln »gestippt«.

Stupperle

Sie passen zu Wirsing-Gemüse ebenso wie zur Rinderroulade, zum Gulasch oder zur Weihnachtsgans. Optik und Geschmack erinnern an große Gnocchi – und tatsächlich sind sie ihnen eng verwandt. Denn der Teig dieser Klöße besteht wie jener der italienischen »Nocken« aus Kartoffeln, Mehl und Gries. Zutaten die sattmachen, den Magen »stopfen« oder »stuppen«, wie es in der Oberlausitzer Mundart heißt. »Stupperle« sind einfach zuzubereiten, ihr Teig wird zur Rolle geformt und dann in Scheiben geschnitten, die in siedendem Salzwasser garen. Ein kulinarischer Gruß aus Europas Süden in den deutschen Osten?

Oberlausitzer Kartoffelroulade

Der Erdapfel ist auch in der Oberlausitz das traditionelle Hauptnahrungsmittel. Bis zu 500 Dezitonnen pro Hektar ernten die Agrar-Genossenschaften mancherorts. Kein Wunder also, dass bis heute in der Region eine Fülle traditioneller Kartoffelrezepte auf dem Speisezettel steht. Eines der wohl ungewöhnlichsten ist die »Kartoffelroulade«. Man könnte sie auch »Roulade verkehrt« nennen. Denn das Fleisch dient hier nicht als Hülle, sondern wird selbst eingewickelt: in einen »Schnalz«, einen Kartoffelpuffer. Derart ummantelt wird die schmackhafte Schweinebratenscheibe außerdem noch mit reichlich Sauerkraut bedeckt.

Bilder unten: Leinöl zeichnet sich durch seinen besonders hohen Gehalt an Omega-3-Fettsäuren aus. In der Lausitz wird es bis heute gepresst und zu Pellkartoffeln mit Quark häufig und gern verzehrt.

BESUCHEN

WJELBIK
Hier lebt man sorbische Traditionen – von Brot und Salz als Begrüßung bis hin zu Gerichten aus der sorbischen und der Lausitzer Küche. Nach einer »Sorbischen Hochzeitssuppe« oder »Senfsuppe mit pochiertem Ei« hat auch die »Altbautzener Holunderkaltschale« mit hausgemachter Quarkmousse noch Platz im Magen.
Kornstr. 7, 02625 Bautzen, Tel. 03591/42060, www.wjelbik.de

Gastwirtschaft Haus des Müllers an der Krabat-Mühle
Auf dem Erlebnishof Schwarzhollm bietet das Restaurant in der sagenumwobenen Schwarzen Mühle, auch als »Krabat-Mühle« bekannt, sorbische und regionale Küche. »Sorbische Hochzeitssuppe«, »Teichelmauke«, »Lausitzer Karpfen« oder »Holundersuppe« verbreiten ihren Duft im Backsteingebäude.
Koselbruch 22, 02977 Hoyerswerda OT Schwarzkollm, Tel. 035722/951900, www.krabat-muehle.de

Dornspachhaus
1553 erbaut, hat das Dornspachhaus Stadtbrände und Kriege überdauert und ist eine der wenigen erhaltenen Renaissancebauten von Zittau. Besonders schön sitzt es sich an warmen Tagen im Innenhof. Die Speisekarte verspricht Heimatgerichte aus dem Dreiländereck: »Geschmorte Rippe mit Stupperle«, »Laberpfonne mit gebrotnen Äppeln« (Rinderleber mit gebratenen Apfelscheiben) sowie »Böhmischer Lendenbraten und Piroggen« (mit Hackfleisch gefüllte Teigtaschen).
Bautzner Str. 2, 02763 Zittau, Tel. 03583/795883, www.dornspachhaus.de

Wirthaus zum Alten Sack
Die dampfende Kartoffel war in den vergangenen 150 Jahren Hauptmahlzeit der Oberlausitzer und ist es in diesem Wirtshaus noch heute. Hier, in der einstigen Salzkammer der Stadt, werden regionale Gerichte in rustikalem Ambiente serviert. »Stupperle werden mit Furzwulle« (Sauerkraut) und wahlweise »Spaajkzwiebln« (Speckzwiebeln) oder »Laberwurscht« angerichtet, und auch »Teichelmauke«, das Nationalgericht der Oberlausitz wird gerne bestellt.
Neustadt 47, 02763 Zittau, Tel. 03583/540459, www.zumaltensack.de

Haus der Sinne
Ingrid Fischer hat ihr elterliches Geburtshaus in eine gemütliche Mischung aus Laden und Café verwandelt. In verschiedenen Zimmern des Hauses sowie in Gartenhaus und Pavillon kann man Schokolade, Wein, Kaffee und weitere ausgewählte Produkte erwerben und genießen.
Hauptstr. 28, 02708 Kottmar, Tel. 035875/67488 www.haus-der-sinne.biz

Bilder oben: Im Familienrestaurant »Wjelbik« (sorbisch für *Gewölbe*) genießt man im gemütlichen Gewölbekeller mit Buntglasfenstern typische Spezialitäten der Region. Bilder unten: In der Gastwirtschaft an der »Krabat-Mühle« herrscht eine besondere Atmosphäre.

KOCHEN

Sorbische Hochzeitssuppe

350 g Hohe Rippe,
1 Kräutersträußchen,
½ kleiner Blumenkohl (Röschen),
100 g junge Erbsen,
100 g Möhren, 2 Zwiebeln,
1 EL Butter, 1 Büschel Petersilie,
4 Eier, 1 Tasse Milch

Mit dem Fleisch, Salz, den Pimentkörnern, Kräutern und den in Butter kurz gerösteten Zwiebeln eine Brühe zubereiten. Das Fleisch ca. 1,5 Stunden darin garen. Herausnehmen und die Brühe durch ein Sieb geben. Blumenkohl, Erbsen und Möhren separat in leichtem Salzwasser garen. Mit dem Schneebesen die Eier mit Milch, Salz, Pfeffer und Paprika verschlagen. Die Eiermilch in einer Form in ein kochendes Wasserbad stellen, bis die Eiermasse stockt. Die gestockte Eiermasse lösen, kleine Herzchen ausstechen. Das gegarte Gemüse, das gewürfelte Fleisch und die Herzen in die Brühe geben. Diese nochmals kurz aufkochen lassen und mit Petersilie bestreuen.

GENIESSEN

Sorbische Hochzeitssuppe

Wenn Sorben feiern, dann nach strengen Ritualen. Daher gibt es bis heute bei einem Hochzeitsfest dieser vorwiegend in der Lausitz lebenden westslawischen Ethnie auch eine spezielle Suppe. Sie wird serviert, »um den Magen zu öffnen«, wie es offiziell heißt. Tatsächlich hatte die »kwasna poliwka« aber noch eine andere Funktion: Alle Festgäste sollten an ihr sehen, ob die Braut eine gute Hausfrau und Köchin ist. Denn die hochzeitliche Brühe mit Eierstich, Gemüse und Hack- oder Leberklößchen muss trotz ihres Gehalts so leicht sein, dass sie nicht den Appetit auf den folgenden Gang verdirbt.

Baumkuchen

Er ist das Zunftzeichen der deutschen Konditoren – aber diese Art von Kuchen hat auch anderswo in Europa Tradition. Ihr Vorläufer könnte das mittelalterliche Stockbrot sein. Erste Rezepturen für das Schichtgebäck birgt ein italienisches Kochbuch von 1426; die älteste deutschsprachige Anleitung erschien um 1450 in Heidelberg. In Nürnberg und Frankfurt am Main war Baumkuchen im 15. Jahrhundert ein bekanntes Hochzeitsgebäck – aber wohl unter anderem Namen. Der uns heute geläufige taucht erst in einem Kochbuch von Johann Elsholtz auf, dem Leibarzt Kurfürst Friedrich Wilhelms von Brandenburg. Seit Anfang des 19. Jahrhunderts wurden Baumkuchen auch in Salzwedel und Cottbus gebacken. Wilhelmine Kluge, die Cottbuser Bäckerin, wurde 1886 sogar mit dem Titel »Kaiserliche Hoflieferantin« geehrt.

Pfefferkuchen (Pulsnitz)

Schon im Jahre 1558 wusste man auch in Pulsnitz, dass der Mensch nicht vom Brot alleine leben mag. Daher wurde den Bäckern das Recht erteilt, auch andere Gebäcke herzustellen. »Und soll ein Jeder meister so viell Rockens Pakken, als die gemeine notturft erfordert, deßgleichen Pfefferkuchen«, heißt es in dem Rats-Privileg. Um 1800 repräsentierten dann »14 Töpfermeister und neun Pfefferküchlermeister« das Gewerbe der Stadt. Inzwischen produzierte Pulsnitz eine Fülle verschiedener Pfeffer-, Leb- und Honigkuchen; darunter auch auf Oblaten und für die Sauce. Außerdem gibt es ein Pfefferkuchen-Museum (in dem Besucher die würzige Spezialität auch selbst backen dürfen).

Schaumvögel

Nach sorbischem Brauch schicken die Vögel den Kindern einmal im Jahr zum Dank für das Futter während des Winters einen Hochzeitsgruß. Am Vorabend des 25. Januar stellen die Kinder deshalb leere Teller aufs Fensterbrett, am nächsten Morgen finden sie darauf allerlei Zuckergebäck in der Form von Vögeln – »Schmäzl« oder »Schmätzchen«, traditionell aus weißer, hellblauer oder zartrosa Baisermasse, mittlerweile auch mit Buttercreme oder Marzipan, oder auch ganze Creme-Nester mit Zuckerküken. In welcher Form auch immer – vor der »Vogelhochzeit« haben die Bäcker in der Region alle Hände voll zu tun.

Bilder unten: Die Geschichte der Pulsnitzer Pfefferkuchen geht bereits auf das Jahr 1800 zurück. Bis heute gibt es in Pulsnitz zahlreiche Pfefferküchlereien, die auch ab und an ihre Türen für Besucher öffnen.

EINKAUFEN

Bautz'ner Senfladen Manufaktur & Museum
Alles über die Geschichte des Bautz'ner Senfs erfährt man im namensgebenden Museum. Raritäten sind die antike Senfmühle mit einem Gewicht von 1300 Kilogramm sowie Menagen und Kochbücher aus der Vergangenheit. An der originalen Biedermeier-Ladeneinrichtung von 1860 darf man die verschiedenen steinvermahlenen Manufaktur-Senfe probieren.
Fleischmarkt 5, 02625 Bautzen, Tel. 03591/597118, www.bautzener-senfladen.de

Georg Gräfe Pulsnitz Pfefferkuchen
Wer glaubt, dass sich Pfefferkuchen nur in der kalten Jahreszeit genießen lassen, der irrt sich. Das Gegenteil beweisen die Georg Gräfe Pulsnitzer Pfefferkuchen und Leckereien wie Marzipanspitzen, Cranberry-Pfefferkuchentaler und Honigzungen im Ladengeschäft in Pulsnitz.
Schillerstr. 6, 01896 Pulsnitz, Tel. 035955/4800, www.pfefferkuchen-pulsnitz.com

Original Oberlausitzer Baumkuchen
Schicht für Schicht wird seit 1993 im kleinen Familienbetrieb im Herzen der Oberlausitz die biskuitähnliche Masse auf eine sich drehende Walze aufgetragen und im Anschluss mit feiner Zartbitter- oder Vollmilchschokolade überzogen.
Dorfstr. 37b, 02788 Schlegel, Tel. 035843/20585, www.original-oberlausitzer-baumkuchen.de

Schusterlieb's Schaubrennerei
An Schaubrennen und Verkostungen darf man in der Brennerei der Familie Lindner auf Anmeldung teilnehmen. Es warten Bockbier-, Getreide-, Kürbis- und Honigbrand sowie Neukircher Aprikosen-, Honig- und Tresterbrand. Auch der Schusterlieb's Brand hat es in sich.
Bautzener Str. 22 b, 01904 Neukirch/Lausitz Tel. 035951/30826, www.schusterliebs.de/

Baumkuchen bestehen aus dünnen Schichten. Eine um die andere werden sie zum Backen auf eine Walze aufgetragen, die sich vor offenem Feuer langsam dreht. Die unregelmäßigen Ringe, die beim Auftragen entstehen, sind ein Zeichen für aufwendige Handarbeit.

KOCHEN

Schlesisches Himmelreich

500 g durchwachsener Schweinebauch, 350 g Backobst 1 mittelgroße Zwiebel (gespickt mit 2 Nelkenköpfen & 1 Lorbeerblatt), 1 Zimtstange, Saft & Schale von ½ Zitrone, 30 g Butter, 30 g Mehl

Das Backobst (am besten über Nacht) in 750 ml Wasser einweichen. Die Zitronenschale und Zimtstange dazugeben und in dem Einweichwasser ca. 25 Min. köcheln. Die mit Nelken und Lorbeer gespickte Zwiebeln ins kochende Wasser geben. Das Schweinefleisch hineingeben und ca. 30 Min. garen. Aus der Butter und dem Mehl eine helle Mehlschwitze herstellen. Mit circa 500 ml Koch-Fond aufgießen und glatt rühren. Anschließend 10 Min köcheln lassen. Mit Salz, Pfeffer und Zitronensaft abschmecken. Das in Scheiben geschnittene Fleisch in der Sauce erhitzen und mit dem Backobst und Kartoffelklößen servieren.

GENIESSEN

Weißkraut Bacska

Ungarn liegt zwar für die Lausitzer nicht gerade vor der Haustüre, aber es kamen ja einst viele Völker vom (Nord-)Osten in Richtung Westen. Böhmen, Schlesier, Sorben und eben die Menschen aus der Baschka. Sie alle brachten ihre Traditionen mit, bei Festritualen wie bei den Alltagsspeisen. Zu Letzteren zählt »Weißkraut Bacska«, ein Weißkrautauflauf. Außer dem Kohl kommen in die feuerfeste Form auch Tomatenscheiben, darüber in Streifen geschnittene Paprika sowie Zwiebelringe. Die Gemüseschichten werden nun mit saurer Sahne begossen – und zum Schluss legt man noch eingeschnittene Speckscheiben darauf.

Bautz'ner Senf

»Britze & Söhne, Bautzen«, steht in blassroter Schrift auf der braunen Pappe, mit der das runde Behältnis für »Senfwürze« verschlossen ist. Man schreibt das Jahr 1866. Im thüringischen Kleinhettstadt ist aus etwa der gleichen Zeit der Betrieb einer Gips-, Senf-, Säge- und Graupenmühle verbrieft, betrieben vom Wasser der Ilm. Im Rheinischen dagegen läuft die Senf-Produktion längst auf Hochtouren: Seit 1726 wird der »aechte Düsseldorfer Mostert« produziert; den Steintopf mit dem typischen Anker-Emblem hat sogar Van Gogh auf einem seiner Stillleben abgebildet. Der Bautz'ner ist somit noch ein recht junges Kind der großen Senffamilie, deren Wurzeln zurückreichen bis ins Alte China. Aber es werden in Bautzen inzwischen rund zwanzig Sorten hergestellt – und die Grundlage für sie, die Senfsaat, soll künftig nur noch von regionalen Erzeugern kommen.

Fürst-Pückler-Eis

Schokolade, Vanille, Erdbeer: drei farbige Streifen gefrorener Sahne. Es war Louis Ferdinand Jungius, Mundkoch seiner Majestät des Königs von Preußen, der dieses fruchtig-süße Trio ursprünglich erfand – ob bei Hofe in Berlin oder schon auf Schloss Muskau, wo er von 1817 bis 1819 als »Koch bey H. Graf von Pückler« tätig war, ist allerdings ungewiss. Jedenfalls erschien das Rezept 1839 als eines von fast tausend in Jungius' Sammlung »Allgemeines deutsches Kochbuch für mittlere und kleinere Haushaltungen«. Dort steht auch zu lesen, dass im Winter für das »demi-glace à la Pückler«, wie die deutsche Spezialität in Frankreich heißt, anstatt frischer Früchte wohl Konfitüre zu verwenden sei. International wird sie übrigens meist »Neapolitan ice cream« genannt.

Wilthener Gebirgskräuter-Likör

Alantwurzel, Bitterklee, Enzian, Ingwer, Pomeranze sowie noch gut zwanzig weitere Kräuter, Blüten und Wurzeln liegen dem Geschmacksgeheimnis dieses sowohl milden als auch herzhaften Likörs aus dem Lausitzer Bergland zugrunde. Ihre Inhaltsstoffe werden durch Mazeration (Kaltauszug) gewonnen – und zwar in einer der ältesten Weinbrennereien Deutschlands. 1842 wurde sie in dem nur wenige Kilometer südlich

Unten links und Mitte: Der Bautzn'er Senf ist heute deutschlandweit bekannt. Die geheime Rezeptur beinhaltet auch eine kleine Menge Meerrettich. Inzwischen gibt es die würzige Spezialität in den unterschiedlichsten Geschmacksrichtungen.

von Bautzen, am Flüsschen Butterwasser, gelegenen Ort Wilthen gegründet. Bereits zwei Generationen später gewannen die Wilthener Weinbrände auf der Weltausstellung in Paris eine Gold- und eine Silbermedaille. Inspiriert vom Wissen der sächsischen Botanikerin und Pflanzenjägerin Amalie Dietrich, begann das Unternehmen aber bald auch mit der Herstellung von Kräuterlikören.

Schlesisches Himmelreich

»Wer das Himmelreich nicht kennt, der hat umsonst gelebt« sagen die Schlesier. Somit ist dieses süß-deftige Gericht eine Art Nationalspeise für sie. Das Rezept nahmen sie mit, wohin immer sie gingen. So kam das »Schlesische Himmelreich« schon um 1900 in andere deutschsprachige Regionen. Es ist ein typisches Wintergericht, seine Zutaten ließen sich auch ohne Kühlmöglichkeit bestens lagern: die Kartoffeln in der »Miete«, das Mehl in Dosen. Der Speck war durch Räuchern konserviert, das Obst hatte man getrocknet. Inzwischen verwendet man als Fleischeinlage auch Pökelfleisch oder geräucherten Schweinebauch. Viele lieb(t)en das »Himmelreich« aber vor allem wegen der dazu gereichten Klöße. Jene aus Kartoffeln passen bestens. Sie haben übrigens traditionell eine kleine Delle, in der sich die Sauce sammeln kann.

Oben: Weißkohl ist die Grundzutat für den Weißkrautauflauf »Bacska«. Unten rechts: Schokolade, Vanille, Erdbeer – drei klassische Eissorten in einer. Die berühmte Kreation, die noch heute auf allen Eiskarten steht, trägt den Namen »Fürst-Pückler-Eis«.

ERLEBEN

Bautzener Senfwochen
Ob Senfsuppe, Kaninchen im Senfmantel oder ein »mittelscharfer« Cocktail – jedes Jahr dreht sich in Bautzen ab August für einige Wochen alles um die goldene Würzpaste. In dieser Zeit bietet eine Reihe von Gastronomen Gerichte an, die weit über den Senf als Tunke fürs Würstchen hinausgehen. So stehen neben abgewandelten klassischen Gerichten auch die »Bautzener Bemme« (Senf-Butterbrot) oder Senfpizza auf der Speisekarte.
Diverse Restaurants in der Innenstadt Bautzen, www.bautzener-senfladen.de/senfwochen

Krabat-Fest
Seit 2002 soll das Krabat-Fest dazu beitragen, die Region und deren Traditionen und Produkte bekannter zu machen. Etliche Orte durften die Feier bereits ausrichten, denn mit dem Wechsel der Organisatoren ändert sich von Jahr zu Jahr auch die Ausgestaltung. Mal war es ein Kinderfest, mal ein Erntedankfest oder auch ein internationales Kulturfest – immer erfolgreich umgesetzt mit Musik, Tanz und regionale Leckereien.
Krabat-Region, 03578/784696, www.krabatfest.de

Senftenberger Hafenfest
Im August lädt die Promenade des Senftenberger Sees am Hafenfest-Wochenende mit seinem Ambiente und zahlreichen gastronomischen Angeboten zum Flanieren ein. Neben den 120 Bootsliegeplätzen hat sich die 80 Meter lange Seebrücke zu einem Publikumsmagnet entwickelt. Anziehungspunkt der Besucher ist zudem der Lausitzmarkt mit seinen zahlreichen Händlern sowie das Drachenbootrennen und das musikalische Höhenfeuerwerk.
Am Stadthafen, 01968 Senftenberg, Tel. 03573/662930, www.hafenfest.info

Vogelhochzeit
Alle Jahre wieder feiern die Kinder in vielen Oberlausitzer Orten am 25. Januar die Vogelhochzeit. Der Sage nach vermählt sich an diesem Tag die Elster mit dem Raben und belohnt die Menschen zum Dank für die Fütterungen im Winter mit kleinen Gaben. Kinder stellen deshalb am Vorabend Teller auf die Fensterbretter, auf Türschwellen oder ins Freie, die dann über Nacht von den Vögeln mit Geschenken gefüllt werden: mit Nüssen, Äpfeln, Süßigkeiten oder gebackenen Figuren wie süßen Teig- oder auch Baiservögeln. In Kindergärten und Grundschulen wird die Vogelhochzeit in Verkleidung oder Tracht gefeiert und nachgespielt.
Mehr Infos unter www.oberlausitz.de

Jacobimarkt
Ursprünglich war das »Gierschdurfer Schissn« (Neugersdorfer Schießen) ein Fest, an dem der Schützenkönig ermittelt wurde. Heute zählt es als »Jacobimarkt« zum größten Volksfest der Oberlausitz, das um den Jakobitag, am 25. Juli herum mit traditionellen Böllerschüssen nicht verpasst werden sollte.
Festgelände zwischen Gottfried-Keller-Straße und Hauptstraße, 02727 Ebersbach-Neugersdorf, www.jacobimarkt.de

Kamenzer Forstfest
Seit über 170 Jahren feiern die Kamenzer in der Bartholomäus-Woche das Forstfest, ursprünglich ein Schul- und Heimatfest. Über die Jahre entwickelte es sich zu einem großen Volksfest mit Fahrgeschäften, kulturellen und musikalischen Vorführungen und einem kulinarischem Angebot. Im Mittelpunkt der Forstfestwoche stehen die farbenprächtigen Festumzüge, welche am Montag und Donnerstag stattfinden. Dann ziehen Schulkinder in weißer Kleidung und mit Blumenschmuck, begleitet von mehreren Spielmannszügen, durch die Straßen der Innenstadt.
Kamenzer Forst, 01917 Kamenz, www.forstfest-kamenz.de

Osterreiten
Diese sorbische Tradition ist bis heute lebendig. Am Ostersonntag tragen mit Frack und Zylinder gekleidete Reiter verschiedener sorbisch-katholischer Gemeinden rund um Bautzen die Botschaft der Auferstehung Jesu singend und betend auf geschmückten Pferden von Dorf zu Dorf. Mehrere Routen um Bautzen:
https://osterreiten.wixsite.com/osterreiten

WISSEN

Hermann Fürst von Pückler-Muskau

»Der Grüne Fürst und die Kaiserin« war einst eine Ausstellung auf Schloss Babelsberg. Ihre Besucher hatten die einmalige Gelegenheit, dem Gartenkünstler Hermann von Pückler-Muskau (1785–1871) inmitten einer seiner wichtigsten Schöpfungen zu begegnen. Denn der Graf und spätere Fürst war nicht nur Weltreisender und Autor, der seine Erlebnisse in Werken wie »Semilassos vorletzter Weltgang« oder »Aus Mehemed Alis Reich« pointiert schilderte. Auch seine Pläne für die Weiterentwicklung des »englischen Parks«, etwa in Muskau und Branitz (Cottbus), galten nicht nur bei vielen Zeitgenossen in Europa als genial; sie machten Schule bis nach Nordamerika. Für das Schloss von Kaiserin Augusta und Wilhelm I. in Babelsberg hatte der Dreifachbegabte einen »Goldenen Rosengarten«, ein »Schwarzes Meer« und den »Wilhelm-Wasserfall« anlegen lassen. Fürst Pückler selbst stand Pate für eine dreifarbige Eiscreme-Schöpfung.

Bild oben: In Bautzen, der einstigen Hauptstadt der Oberlausitz, haben viele regionale Spezialitäten ihren Ursprung. Eine von ihnen ist der Bautz'ner Senf, den man während der alljährlichen Senfwochen in der Stadt in allerlei Variationen und Kombinationen verkosten kann (Bilder Mitte). Bilder unten: Das Osterreiten ist einer der vielen sorbischen Osterbräuche, die bis heute lebendig sind; beim Kamenzer Forstfest ziehen Schulkinder mit bunten Blumenkränzen durch die Straßen.

LEIPZIG, DRESDEN & VOGTLAND

Ob in Scheiben geschnitten, gekocht oder gebraten, die Kartoffel ist die Hauptzutat der einfachen vogtländischen Küche. Kartoffelstücke heißen hier »Spalken«. Mit brauner Mehlschwitze und Essig zubereitet, entstehen »Saure Spalken«. Während »Bambes« (Kartoffelpuffer) mit Kräuterquark angerichtet sind, gehört zu Roulade oder Kaninchenbraten »Grüner Kloß« mit »schee Brie« (viel Sauce). »Grün« steht für die Kartoffel, die in rohem Zustand gerieben wurde. Mit Rotkraut und Äpfeln kommt sie zu Braten und Wild in Dresden auf den Teller. Der Renner unter den Eintöpfen ist die sächsische Kartoffelsuppe, meist mit Majoran, manchmal mit Kümmel abgeschmeckt, aber immer mit Wiener Würstchen. Als süße Versuchung wird zum Kaffee die »Eierschecke« (Blechkuchen aus Hefeteig mit Äpfeln, Quark und Mohn) angeschnitten und es darf »gediddschd« werden.

KOCHEN

Leipziger Allerlei

20 Krebsschwänze, 25 g getrocknete, eingeweichte Spitzmorcheln, 200 g Weißbrot (fein gehackt, mit Milch übergossen), 2 Eigelb, 50 g + 80 g Butter, 2 steif geschl. Eiweiß, 500 g Erbsenschoten, 400 g Blumenkohlröschen, 800 g Spargelstücke, 12 feine Möhrchen, 30 g Mehl, 4 EL Weißwein, 200 ml Sahne

Klößchen: Eigelb und 50 g Butter verrühren, mit dem Weißbrot vermengen, Eischnee unterheben. Mit Salz abschmecken, kalt stellen. Das Gemüse in Wasser kochen, alles warmhalten. 250 ml des Gemüsefonds beiseitestellen. Klößchen formen, 8 Min. in Salzwasser garen. Morcheln ausdrücken und waschen, den Fond passieren. 80 g Butter mit dem Mehl unter Rühren 2 Min. kochen. Mit Salz, Pfeffer und Weißwein abschmecken. Den Gemüse- und Morchelfond mit Sahne aufkochen. Klößchen aus dem Wasser nehmen. Morcheln und Krebse in Butter schwenken.

GENIESSEN

Leipziger Allerlei

Erstmals erwähnt wird das ursprünglich zur »armen« Küche zählende Gericht 1745 in der Rezeptsammlung einer gewissen Susanne Egers. Sie kochte während der Barockzeit in den bürgerlichen Haushalten Leipzigs und notierte sich dabei Hunderte von Gerichten. Alle Zutaten für das Leipziger Allerlei gab es damals in der unmittelbaren Umgebung und in großen Mengen, also kostengünstig: Im fruchtbaren Ackerland des Pleiße-Deltas gediehen Spargel, Möhren, junge Erbsen und grüne Bohnen, die Wasserläufe wimmelten von Flusskrebsen und der angrenzende Auwald war reich an Pilzen. Die Gemüsesorten und Lorcheln (heute ersetzt durch Morcheln) wurden zunächst einzeln gegart, um ihren Eigengeschmack zu erhalten, dann begoss man sie mit zerlassener, mit Kalbsfond verlängerte Krebsbutter und fügte zum Schluss die gekochten Krebsschwänze und Grießklößchen hinzu.

Sächsischer Sauerbraten

Wie fast jede Region in Deutschland hat auch Sachsen eine eigene Sauerbraten-Variante. Sie basiert, wie andernorts auch, auf Rindfleisch (das vor dem Braten allerdings mit Lorbeerblättern und Pimentkörnern einige Tage in Buttermilch eingelegt wird), zeichnet sich aber durch ihre Sauce aus, die nicht nur besonders sämig ist, sondern zudem ein unverwechselbares Aroma hat. Beide Eigenschaften verdankt sie der Zugabe spezieller Saucenkuchen: schwach gesüßten, einfachen Lebkuchen, die entweder fein gerieben oder mit etwas Flüssigkeit aufgeweicht und dann mit dem Bratenfonds aufgekocht werden.

Leipziger Lerche

Sie selbst singt nicht, sorgte aber dafür, dass die gleichnamigen kleinen Vögel in der Messestadt wieder unbeschwert trällern konnten. Denn Leipziger Bäcker erfanden seinerzeit das mit Konfitüre gefüllte Mürbeteigtörtchen, um den örtlichen Feinschmeckern über den Verlust ihrer geliebten Feldlerchen hinwegzuhelfen. Im 18. Jahrhundert galten diese als besonderer Gaumenschmaus. Allein im Oktober 1720 sollen fast eine halbe Million dieser Singvögel getötet worden sein. Vogelfreunde empörten sich so zunehmend über die grausamen Fangmethoden, dass der sächsische König die Jagd auf Feldlerchen im Jahr 1876 schließlich verbot. Die beiden übereinander gekreuzten Teigstreifen auf der heutigen, süßen Leipziger Lerche erinnern noch an die umstrittene Tradition: Sie sollen die Schnüre symbolisieren, mit denen die gefangenen Lerchen zusammengebunden waren.

Neinerlaa

Mit dem typischen Weihnachtsessen werden im Vogtland und im Erzgebirge nicht nur »neunerlei« Gerichte, sondern gleichzeitig auch neun gute Wünsche beschert. So versüßt beispielsweise Sauerkraut das Leben, Linsen stehen für Kleingeld, Klöße für das große Geld, Semmelmilch bewahrt die Gesundheit, Pilze oder rote Rüben bringen Freude und Glück im neuen Jahr.

Unten links: Das »Leipziger Allerlei« gab es schon im 18. Jahrhundert. Ursprünglich war es ein Arme-Leute-Essen. Unten rechts: Eingelegt in Buttermilch mit Lorbeerblättern und Pimentkörnern, ist der Sächsische Sauerbraten ganz besonders schmackhaft.

BESUCHEN

Weinstock
Im Herzen der Leipziger Altstadt direkt am Markt lädt besonders die Sonnenterrasse zur Mittagspause ein. Aber auch ein romantisches Abendessen zu zweit kann man hier genießen. Das Ambiente ist edel, die Gerichte gut bürgerlich.
Markt 7, 04109 Leipzig, Tel. 034114060606 www.restaurant-weinstock-leipzig.de

Wagners Restaurant & Weinwirtschaft
Dort, wo 1727 die erste Leipziger Theaterspielstätte »Neuberin« beheimatet war, ist heute das schmalste Fachwerkhaus mit eigenem Weinanbau samt einmaligem Innenhof zu finden. Das dazugehörige Restaurant in der ersten Etage serviert unter anderem das traditionelle Gemüsegericht »Leipziger Allerlei« mit Flusskrebsen, Morcheln und Hummerschaum.
Richard-Wagner-Platz 1, 04109 Leipzig, Tel. 0341/52941178

Stilbruch Bar & Bistro
Neben einer Vielzahl an Stilgetränken bietet das Bistro seinen Gästen auch kleine Speisen wie »Bambes« (eine Art Kartoffelpuffer) mit Kräuterquark oder Apfelmus. Die indirekte Beleuchtung schafft in Kombination mit den bequemen Sitzgelegenheiten ein gemütliches Flair.
Engelstr. 7, 08523 Plauen, Tel. 03741/146840, www.stilbruch-plauen.de

Café Maître
Französisches Flair und Jugendstil-Ambiente warten in diesem gemütlichen Café. Die Geschichte des Kaffeehauses mit eigener Pâtisserie reicht zurück bis ins Jahr 1904. Über die Jahre wurde das Café mehrmals umgestaltet und erstrahlt heute in neuen Glanz. Die Frühstückskarte ist umfangreich, und zwischen Omelettes, Quiches, Croques, Crêpes und Galettes hat man die Qual der Wahl.
Karl-Liebknecht-Str. 62, 04275 Leipzig, Tel. 0341/30328924 www.cafe-maitre.de

Typische Süßspezialitäten wie die »Leipziger Lerchen« (oben) gibt es in vielen Leipziger Cafés wie zum Beispiel am Leipziger Naschmarkt (unten). Aber auch diverse sächsische Kaffee-Spezialitäten sind hier natürlich zu haben.

WISSEN

Sächsische Weinstraße

Sie durchzieht eines der kleinsten Weinanbaugebiete Deutschlands: die Sächsische Weinstraße. 1992 feierlich eingeweiht, ist sie heute eine der bedeutendsten Ferienstraßen in Sachsen. Weinstuben und Manufakturen wie auf Schloss Wackerbarth (www.schloss-wackerbarth.de) ermöglichen die Verkostung der Elbtalweine. Getümmel herrscht am letzten Wochenende im August, wenn die Winzer am »Tag des offenen Weingutes« ihre Tore öffnen. Das Programm reicht von kleinen Weinproben bis hin zu Traktorfahrten.

www.saechsische-weinstrasse.net

GENIESSEN

Quarkkeulchen

Sie ähneln zwar eher kleinen Pfannkuchen, aber in anderer Schreibweise löst sich das Rätsel um den Namen der nicht nur in der ehemaligen DDR beliebten Süßspeise rasch. Er leitet sich nämlich nicht ab von der Waffe oder dem Hinterbein eines Tieres, sondern vom mittelhochdeutschen Wort »Kaule«, also »Kugel«. Und tatsächlich heißen die Quarkkeulchen in anderen Dialekten bis heute »Quarkkließ(le)«, also Klöße. Ihr Teig besteht neben dem namengebenden Weißkäse vor allem noch aus geriebenen Pellkartoffeln. Das Verhältnis beider Zutaten variiert jedoch von Rezept zu Rezept. Zucker, Zimt und abgeriebene Zitronenschale sorgen aber in fast jedem für die entsprechende »Würze«. Mitunter auch noch Rumrosinen. Quarkkeulchen isst man warm mit Kompott, Apfel- oder Pflaumenmus. Zum Kaffee oder Tee werden sie kalt serviert.

Dresdner Eierschecke

Schon Erich Kästner sang ihr Loblied ebenso wie sein zeitgenössischer Schriftsteller-Kollege Martin Walser. Und für ihren Namen ist ebenfalls »Männliches« verantwortlich: Die »Schecke« war im 14. Jahrhundert eine Art von Bekleidung (Leibrock, Hüftgürtel, Beinkleid), die den Körper des mittelalterlichen Adam quasi in drei Etagen teilte. Und so besteht die Dresdner Eierschecke tatsächlich aus drei Schichten: dem (Hefe-)Teigboden, der Quarkmitte und dem »Dach«, hauptsächlich aus Eigelb-Butter, Puddingpulver und gezuckertem Eischnee. Die fluffige Köstlichkeit kommt entweder auf einem Blech oder in Tortenform aus dem Ofen. Sie ist perfekt, wem man mit dem Finger leicht auf die Oberfläche drückt und die kleine Delle wieder verschwindet.

Dresdner Stollen

Inzwischen gibt es für ihn sogar einen eigenen Schutzverband, denn es kursieren unzählige Kopien und Varianten des traditionsreichen Weihnachtsgebäcks – weit über den Freistaat Sachsen hinaus. Das Original, wie wir es heute kennen, mit reichlich Butter und Rosinen, süßen und bitteren Mandeln, Orangeat und Zitronat, dürfen seit Beginn des 21. Jahrhunderts nur noch gut hundert Bäcker und Konditoren in und um Dresden produzieren. Den mittelalterlichen »Ur«-Stollen würden wir aber wahrscheinlich sowieso kaum schätzen, bestand er doch, wie einer Rechnung des christlichen Bartolomai-Hospitals von 1474 zu entnehmen ist, lediglich aus Mehl, Hefe und Wasser. Ein echtes Fastengebäck! Besser schneidet dann schon der im Auftrag von Kurfürst August im Sommer 1730 gebackene Riesenstollen ab: Neben 20 Zentnern Weizenmehl enthielt er 3600 Eier und 326 Kannen Milch.

Soljanka

Eine würzige Mischung aus Fleisch- oder Schinkenwurst, Speck, Salami, Paprikaschoten, Zwiebeln und Tomatenmark. Ursprünglich aus Russland, wurde der deftige Eintopf wohl von der Sowjetarmee in die ehemalige DDR gebracht und ist noch heute ein beliebtes (Resteverwertungs-)Essen.

Unten links: Naschkatzen sind in Sachsen genau richtig. Quarkkeulchen isst man meist mit Kompott oder mit Apfel- oder Pflaumenmus. Unten Mitte: Die traditionelle Dresdner Eierschecke wird oft auf dem Blech oder auch als runde Torte gebacken.

EINKAUFEN

Bäckerei Kleinert
In der Backstube von Familie Kleinert wird der Teig noch von Hand bearbeitet. Das schmeckt man nicht nur bei den Brötchen, sondern auch bei der Spezialität »Leipziger Lerche« aus zartem Buttermürbeteig und mit Lübecker Marzipan. Die Süßigkeit ist zudem aus Schokoladenmürbeteig, mit gemahlenen Pistazienkernen, Kaffee-Extrakten oder im Winter mit kandierten Früchten und Gewürzen im Backstubenladen in der Lützner Straße sowie in neun weiteren Fachgeschäften in Leipzig erhältlich.
Lützner Str. 192, 04179 Leipzig, Tel. 0341/4972030 , www.baeckerei-kleinert.de

Kexerei – Die Keksmanufaktur
Keksfreunde finden in einer der vier Kexerei-Filialen garantiert ihren Lieblingskeks aus 100 Sorten. Die kleinen Köstlichkeiten entstehen mit handwerklichem Können und aus vielen alten Rezepten aus Omas Rezeptbuch – von süß, schokoladig, fruchtig (zu empfehlen: Cranberry-Orangen-Kekse) über herzhaft bis hin zu Kalter Hund und Baiser. Für die vierbeinigen besten Freunde des Menschen wurde eine Auswahl an Hundekeksen entwickelt.
Industriestr. 19, 01129 Dresden, Tel. 0351/84732100, www.baecker-walther.de

Bäckerei Petzold
Jeden Morgen werden über tausend Brötchen und mehr als einhundert Brote nach Rezepten des Begründers Paul Petzold hergestellt. Unter die insgesamt 400 Backwaren in den inzwischen 15 Filialen gesellen sich auch der Quarkkuchen und die prämierte Dresdner Eierschecke (drei Schichten: Hefeteig als Boden, darüber eine Lage aus Quarkmasse und oben eine cremige Vanille-Schicht), die beim Kuchenwettbewerb der Bäckerinnung Bautzen mit dem Prädikat »Lausitz Gold« ausgezeichnet wurde.
Richard-Thieme-Str. 2, 01900 Großröhrsdorf, Tel. 035952/33565, www.baeckerei-petzold.de

Emil Reimann Dresden – Backstube mit Werksverkauf
Vor allem für den berühmten Dresdner Stollen, der noch warm in heißes Butterfett getaucht und mit Kristallzucker bestreut wird, ist die Traditionsbäckerei Emil Reimann seit über 100 Jahren bekannt. Schon mehrfach wurde der Weihnachtsstollen von der Stiftung Warentest mit dem Qualitätsurteil »Gut« gekürt.
In der streng gehüteten Sammlung von traditionellen und modernen Backrezepten befinden sich viele verschiedene Anleitungen, so auch für die Dresdner Eierschecke oder für das Roggenmischbrot, das aus einem speziellen, hauseigenen Natursauerteig hergestellt wird.
Marie-Curie-Str. 11, 01139 Dresden, Tel. 0351/272880, www.emil-reimann.de

Unten rechts: Der Dresdner Christstollen ist mittlerweile auch über Deutschland hinaus bekannt. Bilder oben: Die Dresdner »Kexerei« ist ein regelrechtes Kekspararadies. Unter den zahlreichen Keksarten darf die Frauenkirche als Motiv natürlich nicht fehlen.

KOCHEN

Schwammespalken

500 g Waldpilze in Scheiben
4 Kartoffeln
1 Zwiebel
1 Scheibe Kasseler gewürfelt
1 Möhre gewürfelt
½ Bund Petersilie gehackt
1 TL Kräuter- oder Balsamicoessig

Margarine oder Butter in eine hochwandige Pfanne geben und die Pilze mit den Zwiebeln anschwitzen. Das Kasseler und die Möhren hinzugeben und anbraten. Alles in einen Topf geben, mit Salz und Pfeffer abschmecken. Dann mit Essig, Thymian und Kümmel würzen und mit 1,5 l Brühe aufgießen. Etwa 30 Min. köcheln lassen, bis die Kartoffelstückchen weich sind. Mit Petersilie bestreut servieren.

GENIESSEN

Schwammespalken

Als »Essen aus dem Wald« ließe sich diese sächsische und vogtländische Spezialität betiteln. Denn ihre hauptsächliche Zutat sind Schwammen: Waldpilze. Mit Kartoffelstücken, im Dialekt »Spalken« genannt, Suppengrün und eventuell weiterem Gemüse ergeben sie, angebraten und in Brühe geköchelt, einen schmackhaften Eintopf. Clou des Ganzen ist das Abschmecken mit Essig und ordentlich Zucker sowie die Zugabe (frischer) Kräuter. Manches Rezept fügt dem »Schwammespalken« auch noch fleischliche Komponenten hinzu – etwa in Form ausgelassener Speckwürfel, klein geschnittenen Kasslers oder sogar Blutwurststückchen.

Dominosteine

»Notpraline« nannten sie viele in der lebensmittelknappen Zeit des Zweiten Weltkriegs. Erfunden wurde die Köstlichkeit aber schon drei Jahre vor dessen Ausbruch – und zwar von dem jungen Dresdner Chocolatier Herbert Wendler. Bereits 1933 hatte er seine Pralinenmanufaktur im ehemaligen Ballhaus Alberthöhe in Klotzsche, nahe der Gartenstadt Hellerau, eröffnet. Mit dem Dominostein wollte er breitere Käuferschichten ansprechen, da er preisgünstiger war als seine anderen Produkte. Bis heute wird Wendlers dreischichtige Erfindung vom Nachfolgebetrieb nach der Original-Rezeptur produziert: Brauner Lebkuchen, gefüllt mit Kirschsaftgelee und feinstem Marzipan, umhüllt von dunkler Schokolade.

Bambes

Land- und Forstwirtschaft war und ist Lebensgrundlage der Menschen im sächsischen Vogtland. Mit zu den wichtigsten Ackerfrüchten dort zählte einst die Kartoffel. Bis heute ist sie Hauptbestandteil vieler Rezepte – seien es nun Suppen, Pudding, Mus oder Kuchen, »Griegenifften« (Kartoffelklöße) oder »Bambes« (Kartoffelpuffer). Letztere werden mit Buttermilch zubereitet und am besten frisch aus der Pfanne gegessen: traditionell mit Schwarz- oder Preiselbeeren. Man kann zu den knusprigen Bambes aber auch einen sauren Brei-Sud reichen: aus Milch, Salz, Mehl und Eiern, Essig und etwas brauner Butter.

Meißner Fummel

»Der Bäcker nimmt ´nen Batzen Luft / bläst bissel Teig drum rum; / schon zieht der Fummel würz´ger Duft / ins liebe Publikum«. Das schöne Gedichtchen zeigt: In Meißen liebt man es zart. Beim Porzellan wie beim Gebäck. Tatsächlich sind die »Fummel« nicht nur luftig, sondern auch zerbrechlich wie das in der Stadt produzierte »weiße Gold«. Und der Gründer der Meißner Porzellan-Manufaktur gilt auch als Initiator der fragilen Süßigkeit. Friedrich August I. von Sachsen wollte dank ihrer die mit etlichen Zwischenstopps bei Wirtstöchtern verbundene Trinkfreudigkeit seiner Kuriere unterbinden. Ab 1710 wurde den kurfürstlichen Meldereitern also »Meißner Luft« in die Hand gegeben, die sie heil, also ohne Risse und weder bröckelnd noch zusammengefallen, in Dresden bei Hofe abliefern mussten. Andernfalls drohten drastische Strafen.

Unten links: Frische Waldpilze sind die Hauptzutat von »Schwammespalken«.
Unten rechts: »Bambes«, Sachsens Kartoffelpuffer, werden mit Buttermilch zubereitet und meist als Süßspeise verzehrt.

WISSEN

Kaffeesachsen
1697 ist für das damalige Sachsen ein wichtiges Jahr: Friedrich August I. wird zum König von Polen gekrönt – und Leipzig erlässt die erste deutsche »Kaffeehaus-Ordnung«. Vier Jahre später ist August der Starke im Besitz des »Goldenen Kaffeezeugs« und der schwarze Bohnentrunk aus dem Alltag vieler nicht mehr wegzudenken. Im Leipziger Haus »Zum Arabischen Coffe Baum« floriert bald eines der ersten Kaffeehäuser Europas. Als Anfang des 18. Jahrhunderts in Meissen Europas erste Porzellanmanufaktur ihren Betrieb aufnimmt, schlürfen sächsische Kaffeetrinker das »schwarze Wasser« bald aus feinsten Tassen. Ihr Blümchenmuster gibt später dünnem Kaffee seinen Spottnamen. Der Begriff »Kaffeesachsen« indes stammt aus dem Mund Friedrichs des Großen: So nannte der Preußenkönig sächsische Soldaten, die während des Siebenjährigen Krieges nicht ins Feld ziehen wollten. Ihre Begründung: »Ohne Gaffee gönn mer nich gämpfn!«

Oben: Fein und meist mit filigranen Mustern verziert, ist das kostbare Meißner Porzellan inzwischen weltberühmt. Unten: Ursprünglich als preisgünstigere Alternative zu anderen Schokopralinen gedacht: Herbert Wendlers Dominosteine schmecken bis heute.

ERLEBEN

Dresdner Stadtfest
Mehr als 500 000 Besucher sorgen beim »Canaletto« für unglaubliche Stimmung. Zahlreiche Einwohner sowie Gäste aus aller Welt folgen jährlich im August der Einladung und feiern drei Tage lang vor der zauberhaften Dresdner Kulisse an 15 verschiedenen Orten sowie vor und auf neun Bühnen mit rund 1000 Künstlern ein rauschendes Fest.
Innenstadt, 01067 Dresden, Tel. 0351/31776040, www.canaletto-fest.de

Grünauer Kultursommer
Von Mitte Juni bis Mitte September gibt's in Grünau wieder reichlich Spiel, Spaß, Unterhaltung, Tanz, Musik, Theater, Literatur, kulinarische Genüsse und Aha-Erlebnisse. Dazu zählen die Rahmenveranstaltungen wie das Schönauer Parkfest, Kunst und Kultur im Schlosspark der Robert-Koch-Klinik oder die Leipziger Tastentage.
Diverse Orte, Tel. 0341/1234280 (Kulturamt), www.grünauer-kultur.de

Leipziger Stadtfest
Jedes Jahr sind ca. 300 000 Besucher aufs Neue vom Leipziger Stadtfest begeistert. Unter dem Motto »Mein Leipzig – Mein Stadtfest« ist auf vier Bühnen rund um den Altmarkt und in der gesamten Innenstadt mit 150-stündigem Liveprogramm, irischem Dorf und kulinarischen Höhenflügen allerhand geboten.
Markt, 04109 Leipzig sowie diverse Orte, Tel. 0341/583040 (Veranstalter), www.leipzigerstadtfest.de

Leipziger Wasserfest
Ob Wels-Pfanne, frischer Aal aus dem Räucherofen, Fischbrötchen oder Austern – am dritten Wochenende im August hält das Wermsdorfer Fischerdorf im Rahmen des Leipziger Wasserfestes für jeden maritimen Geschmack etwas bereit. Dazu gibt es Weißwein aus der Region, der sich auch beim Leipziger Entenrennen oder beim Anfeuern des Ruderteams genießen lässt.
Hauptstandort Clara-Zetkin-Park, 04107 Leipzig, www.wasserfest-leipzig.de

Leipziger Ökofete
Als Verbrauchermesse laden Umweltmarkt mit Fairtrade- und Bio-Mode, Mobilitätsmeile, Walk-Acts und weitere Programmpunkte jedes Jahr im Juni zum Feiern, Mitmachen und Zuhören ein. Groß und Klein erfährt Wissenswertes zu aktuellen Umweltthemen und darüber, wie man sich in Leipzig für die Umwelt starkmachen kann. Zum Schlemmen gibt's leckere Bio-Produkte.
Anton-Bruckner-Allee im Clara-Zetkin-Park, 04107 Leipzig, www.oekoloewe.de

Brunnenfest Bad Elster
Am letzten Juniwochenende findet dieses Kultur- und Volksfest in Sachsens Staatsbad statt. Im Stadtzentrum herrscht dann buntes Treiben, für Kinder ist Spiel und Spaß geboten, es gibt einen großen Kunsthandwerkermarkt im historischen Kurpark, ein einmaliges Feuerwerk und verschiedenste kulinarische Angebote.
Stadtzentrum, 08645 Bad Elster, Tel. 037437/53900 (Touristeninfo), www.badelster.de

Plauener Spitzenfest
Auf dem Plauener Spitzenfest, das auf eine über 60-jährige Tradition zurückblicken kann, kommen Händler aller Art sowie zahlreiche Schausteller und Kleinkünstler zusammen. Auch mittelalterliche Spektakel stehen neben sportlichen Turnieren und Sonderausstellungen auf dem Programm. Den krönenden Abschluss bildet ein feierliches Feuerwerk über Plauens historischer Innenstadt.
Innenstadt, 08523 Plauen, Tel. 03741/2911027 (Touristeninfo), www.plauen.de

Elbhangfest
In fünf Orten wird auf einer Strecke von sieben Kilometern auf Dorfplätzen, in Parks und Villen an den Ufern sowie in den Gärten entlang der Elbe ein farbenfrohes Kunst- und Kulturfest gefeiert. Der besondere Reiz liegt in der Kombination aus netten Veranstaltungen mit namhaften Künstlern und der Gastfreundschaft der Elbhangbewohner, die ihre Weinberge, Häuser und Ateliers öffnen.
Diverse Orte, Tel. 0351/2683832 (Elbhangfest e.V., www.elbhangfest.de

WISSEN

Schrebergärten

Geboren wurden sie aus der Not – und zwar schon Ende des 18. Jahrhunderts. Um dem Hunger und der Verarmung der stetig wachsenden Bevölkerung entgegenzuwirken, regte Landgraf Carl von Hessen damals die Anlage von »Armengärten« an. Kappeln an der Schlei schuf 1798 die ersten Parzellen. Knapp zwanzig Jahre später existierten solche Gärten bereits in fast ebenso vielen Städten, angelegt von Fabrikbesitzern, Wohlfahrtsorganisationen, der Arbeiterbewegung. Ihren heute geläufigen Namen verdanken sie dem Leipziger Orthopäden Moritz Schreber. Gemeinsam mit dem Anatomen Carl Bock hatte dieser ein diätisch-orthopädisches Konzept zur »körperlichen Ertüchtigung« Heranwachsender entwickelt. 1864 griff der Leipziger Schuldirektor Ernst Hauschild den seinerzeit ungewöhnlichen Wunsch Schrebers nach kindgerechten Spiel- und Turnplätzen auf, gründete einen nach dem Verstorbenen benannten Verein und legte mit diesem auf der Martorffer Wiese den ersten »Schreberplatz« an.

Bilder oben und unten rechts: Jedes Jahr begrüßt Dresden Tausende Gäste zu seinem Stadtfest. Bild Mitte rechts: Die »Ökofete« bildet den Abschluss der Leipziger Umwelttage, die immer im Juni anlässlich des Weltumwelttages (5. Juni) stattfinden. Bilder Mitte links und unten links: Das Elbhangfest steht jedes Jahr unter einem anderen Motto und sorgt mit kulturellen und kulinarischen Höhepunkten für ein geselliges Beisammensein von Jung und Alt.

MESSER, GABEL, TISCHGEBET – GESCHICHTE DER ESSKULTUR

‚Schon in der Steinzeit versammelten sich die Menschen zum Essen. Gemeinsam hockten sie ums Feuer, zerteilten das erbeutete Fleisch mit einfachen Werkzeugen und brutzelten es in der Flamme. Gegessen wurde – wie auch heute noch in vielen Kulturen üblich – mit den Fingern. Seit der Antike kennt man immerhin den Löffel: Vor allem bei den alten Griechen ergänzt er beim Mahl die Schalen, Krüge und Becher aus Ton oder Metall. Im deutschen Mittelalter löffelte man mit ihm als zunächst hölzerner Ess-Hilfe die damals hauptsächlich aufgetragenen Suppen- und Breigerichte aus der Gemeinschaftsschüssel. Teller gab es auf den Tischen noch selten, ebenso wie Messer. Oft teilte man sich bei Tisch eines mit den Nachbarn. Gabeln – in denen so mancher gläubige Christ aufgrund ihrer ursprünglichen Zweizackigkeit ein Symbol oder gar Werk des Teufels sah – benutzte man zum Essen erst ab dem 17. Jahrhundert. Zuvor dienten sie meist nur zum Herausholen des Fleisches aus der Brühe, zum Festhalten beim Vorlegen oder – wie in Italien und in zierlicherer Ausfertigung – zum Aufspießen von Früchten. Das heute in Europa gängige, dreiteilige Essbesteck, individuell für jeden Speisenden, ist also noch recht jung. Das Tischgebet indes ist so alt wie die Weltreligionen: Man kennt es im jüdischen Glauben ebenso wie im Christentum und im Islam.

Das Auge isst mit: Ess- und Tischkultur sind eng miteinander verbunden. Zu jedem Essen gehört, je nach Anlass, ein entsprechendes Tischgedeck. Und ein schön gedeckter Tisch regt bekanntlich den Appetit an.

EICHSFELD & THÜRINGER BECKEN

International ist Thüringen vor allem für seine Klöße und die wohl noch berühmtere Thüringer Rostbratwurst bekannt. Doch im Eichsfeld haben Rohwürste nach Art der italienischen Salami Tradition. Etwa der »Eichsfelder Feldgieker« und die kugelige »Blasenmettwurst«, die traditionell mindestens sechs Monate in gut belüfteten Lehmhütten reifen mussten. Typisch für das Eichsfeld sind auch »Lumpen un Lüse«, eine Schmorkohlpfanne mit Kartoffeln und Rinderhack. Für die Thüringer Birnenpfanne dagegen werden Birnenschnitze mit einer Kartoffelschicht überbacken. Vorneweg gibt es gerne eine Suppe: Pilzrahmsuppe genauso wie deftige Schlachtsuppe, die beim Wurstmachen anfällt, oder Fruchtsuppen mit Eierklößchen. Bevorzugte regionale Gewürze sind Thüringer Majoran und Thymian, die hier auf den Feldern wachsen.

KOCHEN

Weimarer Zwiebelkuchen

500 g Mehl
0,25 l Milch
40 g Hefe
2 Eier
1 kg Zwiebeln
0,5 l saure Sahne
0,25 l Milch
1 TL Kümmel

Die Hefe in der Milch auflösen. Das Mehl, die Eier, etwas Salz und Öl zugeben und alles zusammenkneten. Zugedeckt ca. 1 Stunde gehen lassen. Den Teig auf dem gefetteten Backblech ausrollen, einen Rand hochdrücken, mit der Gabel ein paar Mal einstechen und ca. 5 Min. gehen lassen. Die Zwiebeln auf dem Gurkenhobel in feine Ringe schneiden, in heißem Öl andünsten, aber nicht bräunen. Abgekühlt auf dem Teigboden verteilen. Die restlichen Zutaten verquirlen und darübergießen. Den Kuchen bei 190 °C ca. 45 Min. backen. Noch leicht warm verzehren.

GENIESSEN

Weimarer Zwiebelkuchen

Seit Jahrhunderten schon, versichern die Einheimischen, ist das Festungsstädtchen Heldrungen aufgrund seines Zwiebelanbaus und den berühmten Zwiebelzöpfen bekannt. Verkauft wurden die »Zippeln« im nahen Weimar. Tatsächlich wird dort bereits 1653 erstmals ein »Viehe- und Zippelmarckt« erwähnt, auf dem sich die Bewohner der Umgebung mit Zwiebeln und Gemüse eindeckten. Längst ist aus den bäuerlichen Verkaufstagen im Herbst ein großes Volksfest geworden – bei dem der Zwiebelkuchen natürlich eine wichtige Rolle spielt. Gebacken wird er traditionell aus Brot- oder ungesüßtem Hefeteig, sein Belag wird zuvor mit kochender Milch übergossen und mit Speck in der Pfanne kurz angebraten. Mit Kümmel gewürzt kommt der Kuchen dann in den Ofen.

Thüringer Klöße

Wie viele deutsche Regionen hat auch Thüringen seine speziellen Klöße. Das älteste Rezept dafür stammt aus einer Kirchenhandschrift des frühen 19.Jahrhunderts, der »Topographie des Pfarrspiels Effelder«. Im Gegensatz zu den vogtländischen, meist ausschließlich aus rohen Kartoffeln hergestellten »Grünen Klößen« benötigte die thüringer Variante Kartoffeln auch in gekochter Form. Und der Kloßteig wird mit »Semmelbröckchen« gefüllt. Thüringer Klöße, auch »Hütes« genannt, begleiten mit Rotkohl oder Sauerkraut in der Regel (sonntägliche) Bratengerichte. Das Theaterstädtchen Meiningen hat ihnen sogar ein Denkmal gesetzt. Und wählt alljährlich zum Stadtfest eine Hüteskönigin.

Altenburger Ziegenkäse

Erstmals schriftlich erwähnt wird diese Weichkäsespezialität aus dem Grenzgebiet zwischen Sachsen und Thüringen schon im Jahr 1862. Damals lag ihre Herstellung freilich noch in Bauernhand; erst um 1900 begann die Produktion in Molkereien. Tatsächlich enthält der Altenburger Ziegenkäse nicht nur die Milch des namengebenden Tieres – denn die war früher selten und somit kostbar. Vielmehr basieren die cremigen, dem Camembert ähnlichen Laibe zum größten Teil auf Kuhmilch. Nach den aktuellen EU-Vorschriften darf der Altenburger Ziegenkäse heute nur noch in den Landkreisen Altenburger Land, Greiz und Muldentalkreis, in Teilen der Kreise Leipziger Land und Burgenlandkreis sowie in Gera hergestellt werden.

Greußener Salami

Ackerbau und Viehzucht sind seit Langem typisch für die Gegend um Greußen. Schon auf germanischen Kultgefäßen der Umgebung ist ein Eber abgebildet – im Volksmund »Greußener Schweinchen« genannt. Zum Symbol für die seit Ende des 19. Jahrhunderts produzierte Salami- und Schinkenspezialität Greußens taugte die uralte Tierdarstellung aber offenbar nicht. Vielmehr ziert der Namenspatron der Stadtkirche, Sankt Martin, als Emblem die heute in dem thüringischen Städtchen hergestellten Wurst- und Fleischspezialitäten.

Unten: Der Weimarer Zwiebelkuchen kommt in Thüringen zu vielen Gelegenheiten auf den Tisch – nicht nur zum alljährlichen Zwiebelfest. Eine Variante gibt es auch mit einer Muskat-Käse-Eier-Sahnemischung – und ohne Speck.

BESUCHEN

Deutsches Bratwurstmuseum
Es geht um die Wurst: Seit 2006 zeigt der Verein »Freunde der Thüringer Bratwurst« im 1. Deutschen Bratwurstmuseum neben Schlachterausrüstung und Gerätschaften zur Herstellung (also Fleischwolf, Wurstspritze und Füllmaschine) auch allerlei Kurioses wie die Kopie der ältesten Bratwurstrechnung der Welt.
Bratwurstweg 1,
99334 Amt Wachsenburg,
Tel. 03628/604412,
www.bratwurstmuseum.de

Echter Nordhäuser Traditionsbrennerei
Huhn Henriette, das Markenzeichen von »Echter-Nordhäuser«, pickt bekanntermaßen nur das echte Roggenkorn. So machen es die Echter Nordhäuser-Kornbrennmeister seit über 70 Jahren auch und setzen bei ihrer Kornspirituose auf den kräftigen und würzigen Geschmack der Pflanze. Im Werksverkauf gibt's zudem die bekannte Sekt- und Weinmarke der Rotkäppchen-Mumm-Sektkellereien.
Sundhäuser Str. 4, 99734 Nordhausen, Tel. 03631/636278,
www.nordbrand-nordhausen.de

Greußener Salami- und Schinkenfabrik
Traditionelle Rezepturen von 1864 sowie moderne Technologien und Werkshallen sind seit 1999 die Voraussetzungen für die Produktion der Greußener Salami. Im Werksverkauf findet man neben dem aktuellen Sortiment auch Probierstationen.
Vor dem Warthügel 9,
99718 Greußen,
Tel. 03636/76160,
www.greussener.de

Köstritzer Schwarzbierbrauerei
Im Jahr 1543 erstmals urkundlich erwähnt, zählt die »Köstritzer Schwarzbierbrauerei« heute zu den ältesten Brauereien Deutschlands. Seit 2015 lässt sich die Geschichte im Besucherzentrum im Köstritzer Dreiseitenhof erleben. Einen Blick hinter die Kulissen des gesamten Brau- und Produktionsprozesses gewährt auch eine Brauereiführung mit einem traditionellen Thüringer Snack und der Verkostung von Bierspezialitäten wie dem »Biermichel«. Hier dreht sich die kugelgelagerte Sitzbank in Richtung Zapfhahn, sodass jeder Gast sein eigenes Bier selbst zapfen kann.
Heinrich-Schütz-Straße 16,
07586 Bad Köstritz,
Tel. 036605/2006323,
www.koestritzer.de

Käserei Altenburger Land
Jeden Tag liefert der Milchwagen mehrmals frische Milch von den Bauernhöfen aus der Region in die »Altenburger Käserei« (Gründung 1897), wo durch moderne Klimatechnik die Reifung der Weichkäse-Spezialitäten sichergestellt ist: Nach dem Abtropfen wird der Käse aus den Blockformen gezogen und in der Salzanlage vollautomatisch gesalzen, ehe die Ruhephase beginnt. Jeder gereifte Weichkäse wird schließlich in Handarbeit einzeln verpackt. Im angeschlossenen Werksverkauf ist er direkt erhältlich.
Theo-Nebe-Str. 1,
04626 Lumpzig OT Hartha,
Tel. 034495/7700,
www.kaeserei-altenburgerland.de

Feuerkugel Gasthaus
»Ein Sonntag ohne Klöße verlöre sehr an seiner Größe«, heißt es in Thüringen. Ein Originalrezept gibt es zwar nicht, das Gasthaus »Feuerkugel« im Herzen der historischen Altstadt von Erfurt ist aber seit seiner Eröffnung Anfang des vorherigen Jahrhunderts für seine Thüringer Klöße bekannt. Das von Generation zu Generation weitergereichte Familienrezept von Oma Käthe wird heute als Beilage zu beispielsweise Thüringer Winterroulade serviert.
Michaelisstr. 3-4, 99084 Erfurt,
Tel. 0361/7891256,
www.feuerkugel-erfurt.de

Deutsches Kloßpressmuseum
Hier wird in einer kulturhistorischen Reise die Geschichte von der Kartoffel zum Thüringer Kloß aufgezeigt. Dazu gibt es allerlei Küchenutensilien und Haushaltsgegenstände sowie verschiedene Kloßpressen zu bestaunen. Ab acht Personen kann ein Kloß-Kochkurs gebucht werden.
Myliusstr. 6,
98701 Großbreitenbach,
Tel. 03678141815,
www.stadt-grossbreitenbach.de

Ursprünglich dienten Klöße, auch »Hütes« genannt, als einfaches Arme-Leute-Essen, in aufgewärmter oder gebratener Form als Mittags- oder Abendmahl und sogar als Brotersatz. Heute bilden sie die Beilage für deftige Mahlzeiten mit Sauce.

KOCHEN

Eichsfelder Kartoffelsalat

500 g Kartoffeln, ½ Zwiebel,
1 Bund Schnittlauch
2 EL Weißweinessig, 5 EL Öl,
3 EL Rinderbrühe,
60 g Bauchspeck

Kartoffeln in Salzwasser gar kochen. Die Kartoffeln abgießen, ausdampfen lassen und möglichst heiß pellen und in Scheiben schneiden. Die Zwiebel schälen und in sehr feine Würfel schneiden. Den Schnittlauch waschen und in Röllchen schneiden. Zwiebeln und Schnittlauch mit dem Weißweinessig, dem Öl und der Rinderbrühe mischen. Die Marinade mit den Kartoffelscheiben in einer Schüssel mischen und etwa 1 Stunde ziehen lassen. Für noch etwas mehr Biss: Speck in Würfel schneiden. Eine Pfanne erhitzen, den Speck darin auslassen und unter den Kartoffelsalat mischen.

GENIESSEN

Eichsfelder Kartoffelsalat

»Ich weiß nicht, dass ich jemals von der zauberhaften Schönheit eines Erdfleckens so innerlichst berührt worden wäre«, schwärmte Theodor Storm 1856 über das Eichsfeld. Ob dem Dichter auch die Eichsfelder Küche mundete, ist nicht überliefert. Einfach, aber ideenreich, gewinnt sie zum Beispiel der Kartoffel viele verschiedene Verwendungsformen ab: als Suppe, »Plätzchen«, Schnaps und eben als Salat. Ursprünglich wurde er wohl, wie der schwäbische, mit Brühe hergestellt und puristisch nur mit Schnittlauch gewürzt. Es gibt aber auch Varianten mit Apfelstückchen, Gewürzgurke, Zwiebel, Speck und Schmand.

Thüringer Rostbratwurst

Es gibt sie frisch oder gebrüht; ihr Inneres ist mittelgrob – und von ihrer großen Schwester, der Thüringer Bratwurst, unterscheidet sie sich vor allem durch den fehlenden Speck und ihr Brät aus Rind und Schwein. Beide Würste kann man schlicht in der Pfanne braten oder auf den Grill legen. Oder einen »Stolzen Heinrich« daraus machen. Bei diesem Gericht – dessen Name angeblich eine Anspielung ist auf die »säuerliche« Miene von König Heinrich bei seinem Gang nach Canossa – zieht die Wurst nach dem Braten nach ein paar Minuten in einen Sud aus Fleischbrühe, Essig, Wein und Gewürzen. Mitunter werden diesem auch noch Zitronenscheiben und Kapern beigegeben.

Erfurter Schittchen

Orangeat und Zitronat, Mandeln, Rosinen und Korinthen: Wer wollte bei diesen Zutaten nicht gleich an Stollengebäck denken. Und tatsächlich ist das »Erfurter Schittchen« eng verwandt mit dem Dresdner Striezel. Es gilt allerdings als gehaltvoller – und ist wohl auch ein wenig älter. Denn seine Rezeptur orientiert sich an jener für die schon 1329 im Naumburger Innungsprivileg aufgeführten »lange(n) weyssene(n) Brothe, die man Stollen nennet« und von denen die Bäcker »an des heiligen Cristus Abende« zwei bei Hofe abzuliefern hatten. Aber woher rührt der Name »Schittchen«? Von »Scheitchen« laut dem Wörterbuch der Gebrüder Grimm; also einem kleinen Holzscheit, dem das Gebäck in seiner Form ähnelt und mit dessen Hilfe einst auch die charakteristische Vertiefung in den Teig gedrückt wurde, in der sich nach dem Backen die zerlassene Butter sammelt.

Saale-Unstrut

Bereits im Jahr 998 bestätigt Kaiser Otto III. die Schenkung von Weinbergen an das Kloster Memleben. Heute umfasst das Weinbaugebiet Saale-Unstrut gut 750 Hektar (das Gros davon in Sachsen-Anhalt) – und steht für eine Vielfalt von mehr als sechzig Rebsorten. Als Spezialitäten der nördlichsten Qualitätswein-Region Deutschlands gelten Weiße und Graue Burgunder, aber auch Silvaner, Rieslinge und Müller-Thurgau. Zu den Raritäten gehören Gutedel und der rote André, der nur im Gebiet Saale-Unstrut wächst.

Unten links: Er ist als Beilage aus der deutschen Küche nicht wegzudenken, der Kartoffelsalat. Eine beliebte Variante ist die Eichsfelder Rezeptur. Unten Mitte: Lecker und kross – die Thüringer Rostbratwurst. Unten rechts: »Erfurter Schittchen«.

BESUCHEN

Thüringer Weinstube
Das in dritter Generation familiengeführte »Weingut Zahn« überzeugt als Gesamtpaket aus Restaurant mit Weinstube und Kaminzimmer in herrlicher Lage mit Blick auf die glitzernde Saale. Kein Wunder, dass es als eines der führenden Weingüter entlang der Saale-Unstrut-Weinregion gilt. In der Küche zählen zu den saisonalen Höhepunkten das Osterlamm, frisch gegrillte Thüringer Forelle vom Forellenhof Rust oder Federweißer zu deftigem Zwiebelkuchen.
Weinbergstr. 16, 99518 Großheringen, Tel. 034466/20356, www.restaurant.erlebnisweingut.de

Café Lobenstein
Zur kalten Jahreszeit weht der Stollenduft durch die Straßen der Erfurter Altstadt: Die traditionsreichen Bäcker ziehen die frisch gebackenen »Erfurter Schittchen« aus ihren Öfen. Aufgepasst: Wer in Erfurt einen Stollen verlangt, wird auch im Kaffeehaus Lobenstein freundlich gefragt, ob Schittchen gemeint sind. Als »Stollen« wird nämlich das Thüringer Weihnachtsgebäck im Allgemeinen benannt.
Damaschkestr. 18, 99096 Erfurt, Tel. 0361/3731666, www.cafe-lobenstein.de

Aktivmuseum Ländliches Brauchtum
Das Museum im Breitunger Schloss lädt zu einem Besuch der anderen Art ein. Hier darf man das Leben und Arbeiten aus früheren Zeiten kennenlernen, indem man selbst mitmacht. Ob Groß oder Klein – ein jeder kann sich hier an alten (Hand-)Arbeitstechniken versuchen. Unter Anleitungen werden Rezepte aus Großmutters Zeiten gekocht, Milch wird zu Butter gestampft, und man darf sein eigenes Brot backen und anschließend verkosten.
Im Schloss, 98597 Breitungen, Tel. 036848/88221, www.thueringen.info/breitungen-aktivmuseum-laendliches-brauchtum.html

Oben: Etwa 50 Privatweingüter, die Winzervereinigung Freyburg, das Landesweingut Kloster Pforta und die Rotkäppchen Sektkellerei verarbeiten die Trauben der Saale-Unstrut-Weinregion.

KOCHEN

Champignonrahmsuppe

350 g Champignons
3 EL Butter
4 EL Mehl
750 ml Rinder- oder Gemüsebrühe
100 g Sahne
Petersilie

Die Champignons putzen, falls nötig, trocken abreiben und in Scheiben schneiden. Butter in einer Pfanne erhitzen und die Pilze etwa 10 Min. darin andünsten. Mit Salz und Pfeffer aus der Mühle würzen. Die Pilze aus der Pfanne nehmen. Die Butter in einem Topf zerlassen, das Mehl unterrühren und darin anschwitzen. Mit dem Pilzsud und der Brühe unter Rühren ablöschen. Die Champignons in die Suppe geben und die Sahne hinzufügen. Die Suppe mit Salz, Pfeffer aus der Mühle und 1 Prise Zucker abschmecken. Die Champignonrahmsuppe in vier Teller verteilen und mit gehackter Petersilie bestreut servieren.

GENIESSEN

Nordbrand

Schon Anfang des 16. Jahrhundert wird im thüringischen Nordhausen erstmals die Herstellung von Destillaten erwähnt. Damals handelte es sich aber noch um »bornewyn«, also Branntwein. Wenig später taucht dann aber auch erstmals der Begriff »Korn« auf – in einem Ratsdekret, das den Brennherren untersagt, Getreide und Malz zu verwenden. Nach dem Dreißigjährigen Krieg waren jedoch alle Restriktionen für das Brennerei-Gewerbe gefallen und die Nordhausener konnten sowohl ihren Branntwein als auch ihren Kornbrand herstellen. Bald fand letzterer auch Anklang in der besseren Gesellschaft – und schon Ende des 17. Jahrhunderts gab es zahlreiche Versuche, Brenner aus Nordhausen abzuwerben. Ihre Rohstoffe wachsen übrigens bis heute in der »Goldenen Aue«. Und es braucht rund 25 000 Roggenkörner, um eine einzige Flasche Nordhäuser Korn herzustellen.

Saure Klebchen

Gutes Essen war für die Eichsfelder schon immer wichtig. Den Alltag bestimmen zwar meist »arme« Speisen wie »Lumpen und Lüse«, Schmorkohlpfanne mit Kartoffeln und Schweinemett, oder Kartoffelsuppe mit Pflaumen. An Festtagen wurde jedoch besonders gut aufgetischt. Kälberblasen und Schmandkuchen gehörten dann unbedingt auf den Tisch und zur Faschingszeit vor allem saure Klebchen. Dafür kochte man Pökelfleisch (Hintereisbein, Pfoten, Schwanz, Schnauze vom Schwein) gut zwei Stunden und servierte es dann in einer dunkle Sauce Soße aus »klebrigen« Honigkuchen.

Köstritzer Schwarzbier

Bier ist des Deutschen liebstes Getränk. Ob weiß oder schwarz, trüb oder klar, ober- oder untergärig gebraut. Bauern, Klosterbrüder und Ritter zählen zu seinen »Vätern«; im Falle des Köstritzer Schwarzbiers spielen die Grafen des Hauses Reuß eine wichtige Rolle. Sie übernahmen 1696 die rund 150 Jahre zuvor gegründete Brauerei. Von Johann Wolfgang von Goethe ist überliefert, dass er sich zeitweise fast ausschließlich von Semmeln und den verschiedenen Bieren der Köstritzer Brauerei ernährte. Ende des 19. Jahrhunderts reduzierte das Unternehmen seine Produktpalette auf Lagerbier und Schwarzbier. Letzterem wurde sogar eine gesundheitsfördernde Wirkung zugeschrieben. 1893 warb die Brauerei in einer Anzeige, es werde von »hohen medizinische Autoritäten empfohlen für Blutarme, Lungenkranke, Wöchnerinnen, stillende Mütter und Rekonvaleszenten jeder Art«.

Thüringer Huckelkuchen

Wie der Name verrät, zeichnet sich dieser dünne Blechkuchen durch seine »Huckel«, also Erhöhungen, aus, die der Teig beim Backen bildet. Der »Prophetenkuchen«, wie er auch genannt wird, enthält mehrere Löffel Rum und wird am Ende mit reichlich Butter bestrichen und mit viel Puderzucker bestäubt. Er wurde bereits im 18. Jahrhundert erstmals erwähnt.

Was kann man Schöneres aus Pilzen zaubern als eine cremige Suppe? Sie sieht nicht nur fabelhaft aus, sondern schmeckt auch unglaublich lecker. Dazu ein knuspriges Weißbrot, fertig ist die Mahlzeit.

EINKAUFEN

Thüringer Ökoherz
Der Dachverband für ökologischen Landbau in Thüringen gibt einen regelmäßig aktualisierten Bio-Einkaufsführer heraus, in dem neben Läden, Gastronomie und Märkten auch die Direktvermarkter und Hofläden aufgeführt werden. Das Thüringer Becken rangiert unter Nordthüringen.
www.oekoeinkaufsfuehrer-thueringen.de

Eichsfelder Hausmacherwurst Zapfe
Original Eichsfelder Mettwurst und andere Wurstwaren aus eigener Schlachtung von selbst gezogenen Tieren bietet der Hofladen der Familie Zapfe. An den Schlachttagen Montag und Mittwoch gibt es ab 9 Uhr auch frisches Mett und Kesselfleisch. Geöffnet 8 bis 13 Uhr, Dienstag bis Freitag auch 15 bis 18 Uhr, Samstag 7 bis 12 Uhr.
Hauptstr. 27, 37136 Seulingen, Tel. 05507/7320, www.hofladen-zapfe.de

Alpaka-Paradies Eichsfeld
Familie Mayer ist den Alpakas verfallen. In ihrem Hofladen gibt es allerlei Produkte aus der Wolle und der Milch der eigenen Tiere: Seifen, Kleidung, Accessoires und sogar Bettdecken.
Fuchsienweg 2, 37308 Heilbad Heiligenstadt, Tel. 03606/61 93 30, www.alpakaparadies-eichsfeld.de

Gut Sambach
Das alte Zisterziensergut ist heute sowohl eine Lebensgemeinschaft für Menschen mit Behinderungen als auch ein ökologischer Demonstrationsbetrieb mit eigener Käserei, Schlachterei und Bäckerei. Angeschlossen sind ein Café und ein Hofladen, in dem ebenfalls die Produkte von Kooperationspartnern verkauft werden, sodass dort ein reichhaltiges Bio-Sortiment zu finden ist. Geöffnet ist der Laden (außer sonntags) 9 bis 13 Uhr, mittwochs bis 17 Uhr, Donnerstag und Freitag bis 18 Uhr, samstags bis 14 Uhr, das Café Freitag bis Sonntag 14 bis 17 Uhr.
Gutsstr. 1, 99974 Mühlhausen, Tel. 03601/851150, www.gut-sambach.de

Klostergut Mönchpfiffel
Allein die Anlage des denkmalgeschützten Klostergutes ist einen Besuch wert. Heute wird dort vor allem der Anbau von Bio-Obst gepflegt. Im Hofladen finden sich Fruchtaufstriche, Sirups und Obstbrände sowie besondere Essig- und Senfsorten. Geöffnet (außer sonntags) 8 bis 13 und 15 bis 18 Uhr, freitags durchgehend, samstags nur bis 12 Uhr.
Triftweg 2, 06556 Mönchpfiffel, Tel. 034652/6650, www.moenchpfiffel.de

Biohof Rauschenbach
Der schön gelegene Biohof beteiligt sich an unterschiedlichen ökologischen Projekten und vertreibt Wurst- und Fleischwaren aus der Region. Simmentaler Fleckvieh und Sattelschweine werden hier gezüchtet. Im Hofladen gibt es Fleisch vom Bio-Rind oder vom Bio-Schwein zu kaufen.
Dorfstr. 1, 04603 Windischleuba, Tel. 03447/861869, www.biohof-rauschenbach.de

Süßes vom Lande
Auch Süßes verschmäht man in Thüringen nicht: Aus dem Backofen kommen Blechkuchen, zum Beispiel der Eichsfelder Breikuchen, dessen drei Beläge aus Obst, einem dicken Grießbrei und einem Schmandguss bestehen. Mühlhausen ist indessen für sein würziges Zwetschgenmus bekannt. Die Firma Mühlhäuser stellt es bis heute nach altem Rezept her.
www.muehlhaeuser.biz

Goethe Schokoladentaler Manufaktur in Oldisleben
In einem unscheinbaren Gebäude im Gewerbegebiet 13 entstehen edle Köstlichkeiten. Besucher können von einem kleinen Café aus bei der Produktion von Schokoladentafeln und Pralinen zusehen und sich im Werksverkauf mit den Verführungen eindecken. Nach Voranmeldung werden auch Führungen und Pralinenkurse angeboten.
www.goethe-schokoladentaler.de

Das Freilichtmuseum Hohenfelden präsentiert nicht nur historische Bauernhäuser, sondern informiert auch über altes Handwerk. Unter anderem findet sich hier eine der größten Ausstellungen zum Thema Schäfereigeschichte.

ERLEBEN

Zwiebelmarkt

Nichts geht am zweiten Oktoberwochenende in Weimar ohne Zwiebel: Auf dem Kuchen, in der Suppe oder im berühmten Zopf – der Weimarer Zwiebelmarkt ist legendär. Als »Viehe- und Zippelmarckt« ging das bunte Herbsttreiben zunächst in die Geschichtsbücher ein und hat sich seit seinen Anfängen im Jahr 1653 zu einem der beliebtesten Volksfeste Thüringens entwickelt, bei dem noch heute die Zwiebelmarktkönigin gewählt wird.

Wielandstraße 2, 99423 Weimar, www.weimar.de

Nordhäuser Altstadtfest

Drei Tage herrscht jährlich am ersten Wochenende im August volles Programm beim historischen Altstadtfest. Straßenmusiker, regionale Bands und Kulturgruppen sowie Stars der deutschen Musikszene sorgen für Unterhaltung. Fester Bestandteil sind außerdem das Mittelaltertreffen, ein Hoffest sowie ein Kinder- und Familienfest.

Altstadt, Blasiikirchplatz, Kranichstraße, Alendorf, Spendekirchhof, 99734 Nordhausen, Tel. 040/89725556 (Veranstalter), www.das-altstadtfest.de

Köstritzer Brauereifest

Neben dem Bühnenprogramm mit Live-Acts und zahlreichen Mitmachgelegenheiten, gibt die Köstritzer Schwarzbierbrauerei an zwei Tagen im Juni auch Einblicke in die laufende Produktion. Für das leibliche Wohl ist neben Bier mit allerlei Spezialitäten gesorgt. Kleiner Tipp: Von Gera aus verkehrt an beiden Tagen ein kostenloser Bus-Shuttle.

Biergarten auf dem Brauereigelände, 07586 Bad Köstritz, www.koestritzer.de

Brunnenfest

1811 entdeckte man bei Flussregulierungsarbeiten Schwefelwasserstoffgas. Ein Jahr später feierte man zu Ehren dieser Quellen das erste Brunnenfest, das sich zum musikalischen Volksfest entwickelt hat. Ein Umzug während der Brunnenfestwoche im Juni führt noch immer durch die Stadt, wo Kinder hübsche Blumengestecke an den Brunnen legen.

Innenstadt/Jahnplatz, 99947 Bad Langensalza, www.badlangensalza.de

Bratwurst-Song-Contest

Seit 2009 lockt ein Gesangswettbewerb der besonderen Art Besucher nach Holzhausen. Beim jährlichen Bratwurst-Song-Contest wird Thüringens schönstes Bratwurstlied gesucht. Es gilt, die »Königin Thüringer Bratwurst« in Wort und Ton zu preisen, also ein Lied über Thüringens leckerstes Kulturgut zu präsentieren. Wer gewinnt, entscheidet das Publikum per Stimmzettel.

Bratwurstweg 1, OT Holzhausen, 99334 Amt Wachsenburg, Tel. 03628/604412, www.bratwurstmuseum.de

Backhausfest

Kräftig eingeheizt wird im restaurierten »Backs« in Thörey jährlich im August, um das beliebte Backhausfest zu feiern – natürlich mit frisch gebackenem Kuchen, Kakaoschnecken, deftigem Zwiebelkuchen und über 160 Brote aus dem Backofen.

Backhaus Thörey, Tel. 03628/9110 (Touristeninfo), www.amt-wachsenburg.de

Internationaler Tag der Bratwurst

Er gehört ganz sicher zu den kuriosen Feiertagen, doch für alle Bratwurstfans ist der 16. August ein wahres Fest. Zumindest, wenn es nach dem US-kulinarischen Jahreskalender geht. Denn der listet das Datum als »National Bratwurst Day«. Grund genug für das 1. Deutsche Bratwurstmuseum, den Tag mit einer Grillparty und jeder Menge Attraktionen zu feiern.

Bratwurstweg 1, OT Holzhausen, 99334 Amt Wachsenburg, Tel. 03628/604412, www.bratwurstmuseum.de

WISSEN

Rapsanbau

Besonders schön präsentiert sich das Thüringer Becken im Frühjahr, wenn die großen Felder in der Sonne weithin leuchtend gelb glänzen und der Geruch des blühenden Rapses in der Luft liegt. Über 1000 Quadratkilometer sind allein in Thüringen mit der gelben Ölfrucht bestellt, das sind etwa 20 Prozent der gesamten Ackerfläche. Raps, der zu den Kohlgewächsen gehört, braucht viele Nährstoffe und verträgt die eigenen Wurzelausscheidungen schlecht. Deswegen darf er frühestens nach vier oder fünf Jahren wieder auf der gleichen Fläche angebaut werden. Das bedeutet, dass sich das Landschaftsbild jedes Jahr wandelt und immer andere Flächen und Hügel in strahlendem Gelb blinken. Raps dient dabei nicht nur für die Herstellung von Sprit, Farben, Bio-Kunststoffen und Schmierstoff, seit einigen Jahren hat er auch Einzug in die Küche gehalten. Mit seinem hohen Gehalt an mehrfach ungesättigten Fettsäuren ist er zu einem der gesündesten und beliebtesten Speiseöle überhaupt geworden.

Bilder oben: In der Brunnenfestwoche in Bad Langensalza wird viel Musik, Spaß, Rummel und Unterhaltung für die ganze Familie geboten; das Bratwurstmuseum in Holzhausen geht jedes Jahr gleich mit mehreren Veranstaltungen an den Start. Bilder Mitte: Natürlich gibt es beim Nordhäuser Altstadtfest auch einen Bratwurstsnack zu kaufen. Bilder unten: Der Zwiebelmarkt von Weimar kann auf eine lange Historie zurückblicken.

VEGAN, ROHKOST, PALEO — SO ISST MAN HEUTE

Getreide-Eis, Teeblätter-Salat, Pulled Pork von der Jackfrucht, Schafs-Lardo, Wildhasen-Leber, Karotte mit Blüte und Grün – oder doch lieber ein ganzes Menü ohne Fleisch? Dazu noch auf Sterne-Niveau? Alles scheint wieder möglich in Deutschlands kulinarischer Landschaft. Trends wie Paleo und Rohkost sind offenbar Ideen von gestern, ebenso wie die Molekularküche mit ihren Emulsionen und Sphären. Wer interessiert sich noch für die Steinzeit-Ernährung oder will nur noch ungekochte Lebensmittel zu sich nehmen; seien sie nun pflanzlichen oder tierischen Ursprungs? Superfood, Smoothies, glutenfrei, bio, vegetarisch, vegan – auch alles schon wieder out?

Ja und nein. Für sich allein stehen diese Rezepturen nur noch selten; als interessanter Mix sind sie jedoch sowohl in den Küchen der Profis als auch am heimischen Herd nach wie vor willkommen. Glaubt man den Zukunftsforschern, geht es aber gleichzeitig zurück zu unseren Wurzeln. Und zwar beinahe buchstäblich. Denn nach dem Gemüse entdecken nun auch die Deutschen Pflanzen als neues Nahrungsmittel – oder zumindest als Basis dafür. Die Palette reicht dabei von Algen über Samen bis hin zu Nüssen. Zudem erinnert man sich traditioneller kulinarischer Techniken wie etwa des Fermentierens, des Dörrens (Dehydrator lautet inzwischen die Bezeichnung für das entsprechende Gerät), des Niedertemperaturgarens (eine moderne Weiterentwicklung der Kochkiste) oder der Gesamtverwertung eines Produkts. »Nose to tail« heißt das beim Tier inzwischen in trendigem Küchen-Englisch, von der Schnauze bis zum Schwanz. Womit wir bei der Herkunft unserer Lebensmittel wären.

Kaufte die Nachkriegsgeneration noch meist in den neuen Supermärkten, ziehen die im Überfluss aufgewachsenen Kinder und Enkel der 68er der dortigen Regalanonymität (oder jener des zeitgenössischen Edel-Discounters) den Austausch mit dem Händler auf dem Wochenmarkt oder im Tante-Emma-Laden vor. Sie wollen wissen, woher die angebotene Ware stammt, unter welchen Bedingungen sie angebaut oder das verarbeitete Tier aufgezogen wurde. »Food Transparency« nennt sich dieser neue Trend. Er umfasst aber nicht nur Gewachsenes und Gezüchtetes, sondern auch industriell hergestellte Nahrung. Bleibt die Antwort auf die Frage nach dem Woher und Wie selbst mithilfe neuer Technologien wie Blogchain offen oder fällt sie ungenügend aus, macht sich so manche Köchin und so mancher Koch, ob nun in den eigenen vier Wänden oder im Restaurant, inzwischen oft selbst ans Werk. Da wird im eigenen Ofen Brot oder Pizza (aus Sauerteig!) gebacken, wird eigenhändig gewurstet, genudelt – oder gleich ein eigener Garten angelegt. Am besten nach dem Konzept der Perma-Kultur, also im Sinne der Nachhaltigkeit.

Regional, saisonal und fair lauten somit die aktuellen Trends unserer Esskultur. In der Gastronomie bedeutet das eine Rückbesinnung auf klassische Rezepte und eine neue Bodenständigkeit – allerdings modern interpretiert. Mit Traditionsgerichten wie Königsbergern Klopsen, Braten und auch fast Vergessenem wie Innereien wird deswegen fleißig experimentiert. Gleiches gilt für die vermeintlich einfachen Rezepturen der nordischen Küche – und für anderes Ethnofood. Chinesisch, japanisch, vietnamesisch oder koreanisch dominierten auf diesem Sektor in den vergangenen Jahren die Restaurants. Inzwischen stehen die Philippinen im Fokus – und Peru. Beide Küchen zeichnen sich durch vielfältige Einflüsse aus. Auch Frankreich meldet sich beim Nachbarn Deutschland kulinarisch zurück – nach mehr als 20 Jahren Pause. »The New French« trennt nicht mehr kategorisch zwischen Haute Cuisine und Bistroküche, gibt sich wilder, weltoffener – ohne freilich ihre klassischen Wurzeln zu leugnen. Genuss soll Spaß machen, darin sind sich alle heutzutage einig. Und er soll gesund sein.

Dass beides durchaus zusammengeht, zeigt der Run auf Foodtrucks genauso wie der Boom der »Poke Bowl«. Oder das Interesse an sogenannten Heilpilzen: als Frühstückssuppe, alternativ zum (Filter-)Kaffee oder (Matcha-)Tee.

Den Trend, sein Essen nach Farbe zu sortieren, gibt es zwar Gott sei Dank noch nicht, aber ansonsten ist in der neuen deutschen Küche derzeit (fast) alles möglich.

RHEINGAU, TAUNUS & WETTERAU

Die hessische Küche überzeugt mit gutbürgerlichen Gerichten, die sich an den Jahreszeiten orientieren. In dieser Tradition stehen auch die zahlreichen im Rheingau vertretenen Straußwirtschaften, in denen überwiegend Spätburgunder und Riesling ausgeschenkt werden. Letzterer passt wunderbar zum Spargel, der aus Ingelheim kommt und am besten mit Butter und Schinken schmeckt. Zum Zwiebelkuchen passt im Herbst, kurz nach Beginn der Traubenlese, der Federweiße. Ebenso zum Nationalgericht der Oberhessen: »Salzekuchen« (Kartoffelkuchen auf Brotteig mit Zwiebeln, Quark, Schmand, Eiern und Kümmel). Zu den Klassikern zählen daneben hessischer Wurstsalat und Frankfurter »Grie Soß«. Die aus sieben frischen Kräutern angerührte Sauce isst man insbesondere zu Kartoffeln und hartgekochten Eiern. Süßer Klassiker ist das ganze Jahr über »Kreppel« (Berliner, Krapfen).

KOCHEN

Salzekuchen

300 g Mehl, 50 ml Milch,
50 ml Wasser,
21 g Hefe, 3 große Zwiebeln,
1 EL Butter, 1 Bund Petersilie,
250 g Räucherspeck,
500 g Kartoffeln (gekocht), 1 Ei,
250 g Magerquark,
200 g Schmand
1 TL Kümmel

Das Wasser und die Milch erwärmen, die Hefe und einen ½ TL Zucker darin auflösen. ½ TL Salz mit dem Mehl mischen. Mit dem Öl und der Hefemilch verkneten. Zugedeckt etwa 45 Min. gehen lassen. Die Zwiebel würfeln und in Butter dünsten. Petersilie fein hacken. Speck würfeln. Kartoffeln reiben und mit Quark, Ei, Schmand, Zwiebeln und Petersilie verrühren. Etwas Milch hinzufügen. Mit Salz und Kümmel würzen. Den Teig durchkneten und auf einem gefetteten Backblech ausrollen. 15 Min. gehen lassen. Die Kartoffelmasse und den Speck darauf verteilen. Bei 175 °C 45–50 Min. backen.

GENIESSEN

Naturtrübes Hütt

Von den heute rund 1500 Brauereien Deutschlands stehen über vierzig in Hessen. Genauer gesagt 44 – sei es in Wiesbaden, Oberursel oder Bad Homburg, in Idstein oder im nordhessischen Baunatal. Seit der Hugenotten-Sohn Johann Friedrich Pierson (dessen Tochter Dorothea später eine wichtige Quelle für die Märchensammlung der Gebrüder Grimm war) 1752 die Konzession für das »Kessel-Bier-Brauen« in seinem Gasthaus erhielt, wird in Baunatal-Rengershausen gebraut. Da die Kutscher einst bis zu Brauerei eine Steigung überwinden mussten und daher für die Pferde kräftig mit der Peitsche knallten, bürgerte sich für Piersons Besitz bald der Name »Knallhütte« ein. Heute stellt die Hüttbrauerei, die nun schon seit neun Generationen im Besitz ein und derselben Familie ist, ein gutes Dutzend Bierspezialitäten her, darunter auch das »Naturtrübe Hütt«.

Ahle Worscht (Woschd)

Zurück geht diese Spezialität auf die in der Region Nordhessen weit verbreitete Tradition des Hausschlachtens. Das Schweinefleisch wird – abgesehen von Innereien, Sehnen, Knochen und dem Gros der Schwarte – noch schlachtwarm mittelgrob zerkleinert, gewürzt und in schmale Naturdärme gefüllt. Anschließend muss die Rohwurst vier Wochen bei weniger als 15 Grad reifen. Danach ist sie rot und »alt« (im Dialekt: »ahl«) und eine »Dürre Runde«. Für ihre Schwester, die »Stracke« (Gestreckte) wird die Wurstmasse in dickere Natur- oder Kunststoffhüllen gefüllt, daher muss sie mindestens zwei Wochen länger reifen. Oft aber bleibt die luftgetrocknete oder auch leicht kaltgeräucherte »Ahle Worscht« bis zum Verzehr noch einige weitere Wochen oder gar Monate am Haken. Als »Feldkieker« war die salamiähnliche Rohwurst schon 1488 in Hessen bekannt.

Salzekuchen

Vom letzten Rest Brotteig backten die Vogelsberger Frauen früher im Backhaus diesen »salzigen« Kuchen, der nicht nur stets das Aroma des vorher gebackenen Brotes aufnahm, sondern auch nahrhaft war wie dieses. Denn auf den Brotteig wird eine Masse aus heißem Kartoffelbrei, Quark, Eiern, Rahm und glasig gedünsteten Zwiebeln samt ihrem Öl gestrichen. Eventuell noch mit Kümmel gewürzt und mit Speckwürfeln belegt, kommt der »Salzekuchen« dann für gut eine halbe Stunde in den Ofen. Bis heute gilt er im Vogelsberg als vollwertiges Mittagessen, vorzugsweise begleitet von Kaffee. Abends gibt es aber eher einen Kümmel(schnaps) dazu.

Unten links: Der »Salzekuchen« ähnelt Zwiebelkuchen, Quiche Lorraine oder Pizza. Bei der Zubereitung gibt es regionale Unterschiede. Unten Mitte: Luftgetrocknet und kaltgeräuchert ist die »Ahle Worscht« in vielen Geschäften in Hessen erhältlich.

BESUCHEN

Weingut Allendorf
Seit dem 13. Jahrhundert lebt die Familie Allendorf dort, wo der Rheingau am schönsten ist. Aus der ehemaligen, 1971 erbauten Abfüllhalle wurde 2003 die einzigartige »Allendorf.Wein. Erlebnis.Welt«. Beim Wein gilt: Probieren, probieren und immer wieder probieren. In den Monaten Mai, Juni sowie im September und Oktober öffnet der Georgshof seinen Gutsausschank mit regionaler Küche. *Kirchstr. 69 , 65375 Oestrich-Winkel, Tel. 06723/91850, www.allendorf.de*

Eltviller Backhaus
Jede Nacht stehen die Brüder Markus und Niko Eckerich des »Eltviller Backhauses« im ältesten familiengeführten Handwerksbetrieb des Rheingaus in der Backstube. Nach traditionellem Rezept wird unter anderem das süße Hefegebäck »Kreppel« in Handarbeit gebacken. *Rheingauer Str. 9, 65343 Eltville am Rhein, Tel. 06123/4012, www.eltviller-backhaus.de*

Weinstube Wingertsknorze
Für gutbürgerliche Rheingauer Küche und ausgesuchte Weine ist die Weinstube »Wingertsknorze« bekannt. Hier lassen sich die Weine in gemütlichem Ambiente genießen. Die erlesenen Tropfen kommen von renommierten Winzern wie z. B. der Rheingau Riesling vom Weingut Hans Bausch, der Oestricher Doosberg vom Weingut Hirschmann oder der Hattenheimer Spätburgunder vom Weingut Christoph Pesch. *Hauptstr. 6, 65375 Oestrich-Winkel, Tel. 06723/2601, www.wingertsknorze.com*

Konditorei Bäckerei Günther
Als Nationalgericht Oberhessens gilt der »Salzekuchen« – ein Kartoffelkuchen auf Brotteig mit Zwiebeln, Quark, Schmand, Eiern und Kümmel. Seit mehr als 50 Jahren ist der herzhafte Blechkuchen der Konditorei und Bäckerei »Günther« beliebt, den es in der Obergasse in Alsfeld, an der Spezialitätentheke des Marktcafés und in dem kleinen Lädchen im Altenburger Einkaufszentrum sowie auf den Wochenmärkten in Alsfeld, Lauterbach und Marburg gibt. *Obergasse 10, 36304 Alsfeld, Tel. 06631/2247, www.salzekuchen.de*

Gutsschänke Bonnet's Weincabinet
Die Liebe zum Wein ließ den Modellschreiner Wilhelm Bonnet vor rund 30 Jahren in den Winzerberuf wechseln. Er pachtete Weinberge, kaufte Fässer und baute sein eigenes Weingut auf. Ein Glück für Weinkenner und -liebhaber. Der rheingautypische Riesling wird um die Spezialitäten Chardonnay und Spätburgunder ergänzt. Etwa 30 Prozent der Rebfläche sind dem Roten vorbehalten, allen voran dem Blauen Burgunder, gefolgt von Portugieser und dem tiefdunkeln Dornfelder. *Hauptstr. 32, 65396 Walluf, Tel. 06123/ 75292, www.bonnet-walluf.de*

Schreinerei Pfeiffer
Wenn Pumuckl nicht bei Meister Eder am Leimtopf hängen geblieben wäre, so hätte er es sich bestimmt in der Schreinerei »Pfeiffer« gemütlich gemacht. Heute trifft hier Handwerksgeschichte auf gutbürgerliche, hessische Küche. Denn in der ehemaligen Schreinerei von 1920 isst man in ganz besonderer Umgebung: Hobelbänke dienen als Tische, über 2000 alte Werkzeuge hängen an den Wänden und ein früheres Holzlager dient heute als beheizte Terrasse. *Audenstr. 6, 61348 Bad Homburg, Tel. 06172/20168, www.schreinerei-badhomburg.de*

Landgasthof Saalburg
Das mehrfach preisgekrönte Ausflugslokal, das in unterschiedlichen historischen Stilen eingerichtet ist, liegt direkt an der Saalburg und am Limes. Die Speisekarte wird um die Sonderkarte »Hessen à la carte« ergänzt und verspricht mit dem »Frankfurter Schnitzel« (Schweineschnitzel mit Grüner Sauce und Bratkartoffeln), der hausgemachten Wildbratwurst oder der »Hessischen Tapasplatte« regionale Spezialitäten im handlichen Format. *An der Jupitersäule 10, 61350 Bad Homburg, Tel. 06175/79620, www.landgasthof-saalburg.de*

Unten rechts: Das Weingut Allendorf ist ein Familienbetrieb wie aus dem Bilderbuch. Wer zu den Wurzeln der Familie durchdringen will, braucht einen langen Atem. Die Familiengeschichte reicht bis in das Jahr 1292 zurück.

KOCHEN

Kerschemichel

6 altbackene Milchbrötchen, ¼ l Milch, ½TL Zimtpulver, 3 Eier, 100 g weiche Butte,r 80 g Zucker, 1 Pck.Vanillezucker, 125 g Schmand, 50 g gehackte Mandeln, 50 g Schokotropfen, 300 g Schattenmorellen

Die Milchbrötchen in Würfel schneiden. Milch und Zimt verrühren, über die Brötchen geben und diese 10 Min. einweichen. Die Eier trennen. Die Butter mit 40 g Zucker und dem Vanillezucker schaumig schlagen. Die Eigelbe mit dem Schmand verrühren. Die Eiweiße mit 1 Prise Salz steif schlagen, langsam 40 g Zucker hinzufügen. Den Backofen auf 150 °C (Umluft) vorheizen. Die Brötchen mit den Mandeln und den Schokotropfen unter die Butter-Eigelb-Masse rühren und den Eischnee vorsichtig unterheben. Die Schattenmorellen (aus dem Glas) abgießen. Die Brötchenmasse mit den Kirschen in eine Auflaufform geben. 45 Min. backen.

GENIESSEN

Rhönschaf, Rhöner Weideochse

Schon Napoleon begeisterte sich für das zartwürzige Fleisch des Rhönschafs. Die am Kopf schwarzen, am Leib weißen Vierbeiner gelten als eine der ältesten Nutztierrassen Deutschlands. Ab Ende des 19. Jahrhunderts ging der Bestand der hörnerlosen Spezies jedoch drastisch zurück. Inzwischen sprechen Züchter wie Julia Djabameli wieder von einer Gesamtzahl um die 2000. Und auf den Rhöner Märkten sowie in der Rhöner Gastronomie ist wieder verstärkt Lammfleisch vom Rhönschaf anzutreffen. Ähnliches gilt für den Rhöner Weideochsen. Seit dem 18. Jahrhundert ist er auf den Bauernhöfen der Region zu Hause. Von Natur aus widerstandsfähig, darf er hier in Ruhe und ohne Hilfsmittel sein Schlachtgewicht erreichen. Belohnt wird das Warten mit festem, aromatischen Fleisch.

Hessische Brotsuppe

Einst war auch dieses Gericht ein »armes«, denn alte »Krüstchen« (Brot-Enden) bildeten die Hauptzutat. Man schnitt sie in Bröckchen, röstete sie in Zwiebelschmalz, füllte mit Brühe auf und klepperte allenfalls zum Schluss noch ein Eigelb in diese Suppe. Andere alte Rezepte fügen noch Buttermilch und Gewürze zu. Inzwischen werden auch Brotscheiben klein geschnitten, man gießt mit Rinderfond auf, püriert das Ganze und rührt eine Mischung aus Sahne, geriebenem Käse und Eigelb dazu. Sogar mit Tomaten und Bier bereitet man in Hessen inzwischen die Brotsuppe zu.

Kerschemichel

Altes, helles Brotgebäck wussten unsere Vorfahren noch auf vielerlei Weise zu nutzen. Sie rieben es zu Weckmehl, rösteten es für Suppen oder weichten ganze Scheiben ein in Brühe. Auch im Verbund mit Milch wurde altes Brot immer wieder verwendet – wie »Karthäuser-Klöße« (»Arme Ritter«), »Scheiterhaufen«, »Ofenschlupfer« oder eben der »Kerschemichel« zeigen. Für den sommerlichen Brotauflauf, den auch die Schwaben, Badener, Pfälzer, Franken und Südbayern kennen (unter jeweils anderem Namen natürlich), gibt es auch in Hessen viele Rezepturen. Am besten schmeckt er mit frischen Früchten; seien es nun Sauer- oder Süßkirschen. Beim Aromatisieren darf Vanille(zucker) nicht fehlen; Zimt und Nelken sind optional – ebenso wie die Mandeln.

Weckewerk

Ihren Namen verdankt die nordhessische Wurstspezialität den altbackenen Brötchen, die man im regionalen Dialekt »Weck(e)« oder »Wegge« nennt sowie der möglichen Konservierung im (Weck-)Glas. Und wie die »Ahle Worscht«, entstand »Weckewerk« oder »Wegwurst« aus der langen Tradition der Hausschlachterei. Gehacktes, gekochte Schwarten, Fleisch- oder Wurstbrühe vom Schwein: das sind die Grundzutaten. Mitunter kommen noch gekochte Fleischstücke, Blut und Innereien in die Schweine- oder Kunstdarmhülle. Gegessen wird Weckewerk kalt oder in der Pfanne gebraten. Beliebte Beilagen sind Pellkartoffeln und eingelegte Gurken.

Unten links: Altes Brot, Kirschen, Butter, Milch, Eier, Zucker – »Kerschemichel« braucht nicht viele Zutaten, das Ergebnis kann sich trotzdem sehen lassen. Unten Mitte: Das Rhönschaf gilt als eine der ältesten Nutztierrassen Deutschlands.

EINKAUFEN

Hof Hanka
Der Bauernhof im Wetteraukreis bietet ein umfassendes Sortiment an verschiedenen Sorten Gemüse, Kartoffeln und Obst. Alles aus regionalem Anbau und in frischer Qualität.
Eckhardsgraben 4, 61184 Karben-Petterweil, Tel. 06039/42425

Dottenfelder Hof
Auf dem Hof findet man ein reichhaltiges Öko-Vollsortiment mit 2000 Produkten. Aus der Hofbäckerei kommt ofenfrisches Brot und in der Metzgerei werden Wurst und Fleisch von Tieren aus ökologischer Haltung angeboten. Neben hofeigenem Obst und Frischwaren hält der Hofladen eine breite Palette an Bio-Frischobst bereit. Aus der Hofkäserei kommen eigene Milcherzeugnisse sowie Produkte aus der Region in die Regale. Selbst ein Hofcafé zum gemütlichen Verweilen und Schlemmen fehlt hier nicht.
Dottenfelderhof, 61118 Bad Vilbel, Tel. 06101/529625, www.dottenfelderhof.de

Hildegards Hofladen
Bei Hildegard und ihrem Team gibt es selbst angebautes Obst, Gemüse, Kartoffeln und weitere heimische Produkte. Fleisch-, Wurst- und Wildspezialitäten stammen aus der Region.
Schulstr. 16, 65719 Hofheim-Marxheim, Tel. 06192/39827, www.hildegards-hofladen.de

Talhof Usingen
Der Hof betreibt neben einer Pferdepension eine Brennerei, eine Käserei und auch einen Hofladen. Hier finden sich Produkte aus eigener Herstellung und regionale Erzeugnisse wie selbst gemachter Ziegenkäse, Gelees und Fruchtaufstriche, Eier, Äpfel, Edelobstbrände sowie Liköre und noch vieles mehr.
Talhof, 61250 Usingen-Wernborn, Tel. 0171/8146122, www.talhof-usingen.de

Hofgut Hohenwald
Frische Landprodukte direkt vom Hof vertreibt Familie Meyer in Kronberg. Neben Käse- und Wurstspezialitäten gibt es Geflügel, Spargel, Salate, Obst, Säfte und Weine sowie Blumen und Pflanzen aus der eigenen Gärtnerei.
Oberurseler Str. 69, 61476 Kronberg-Oberhöchstadt, Tel. 06173/68005, www.hofgut-hohenwald.de

Hof Zorn
Auf dem netten Familienbetrieb stammt alles aus eigener Landwirtschaft. Auf 120 Hektar, leben 50 Milchkühe, glückliche Kälber, Kühe und Schweine, außerdem wird Demeter-Roggen und -Weizen angebaut und zu verschiedenen Brotsorten verbacken. Zudem gibt es Weich- und Schnittkäse aus naturbelassener Milch, sowie Joghurt und Quark. Geöffnet ist jeweils Dienstag und Freitag Nachmittag.
An der Ganswiese 1, 65321 Heidenrod-Zorn, Tel. 06775/1503, www.hofzorn.de

Forellenhöfe Seitz
Auf zwei idyllischen Höfen direkt an der Wisper züchtet Familie Seitz etwa 100 000 Wisperforellen pro Jahr, die im Hofladen erworben werden können. Auch eine hofeigene Räucherei zählt zum Betrieb.
Tobias Seitz, Schwalbacherstr. 74, 65391 Lorch, Tel. 06726/586, www.wisperforelle.de

Berbalk Lammspezialitäten vom Taunus
Alles vom Rhönschaf gibt's auf dem Hof von Familie Berbalk. Von frischen Fleisch- und Wurstspezialiäten aus eigener Haltung und Schlachtung reicht das Angebot bis hin zu Schaffellen und Wolldecken sowie Hausschuhen, Fellwesten und Wollstrümpfen.
Am Mühlrain 2, 6554 Waldems-Wüstems, Tel. 06082/2704, www.hof-berbalk.de

Eltviller Hofladen
Obst-, Wein- und Ackerbau werden hier in dritter Generation betrieben. Je nach Saison gibt es Erdbeeren, Kirschen, Zwetschgen, Kürbis oder Tomaten. Auch Wein, Käse, Fleisch und Fisch zählen zum Sortiment. Alles stammt aus der Region.
Schulstr. 16, 65719 Hofheim-Marxheim, Tel. 06192/39827, www.hildegards-hofladen

Unten rechts: »Weckewerk« oder »Weckwurst« wird kalt als Brotaufstrich gegessen oder in der Pfanne gebraten. Häufige Beilagen sind in letzterem Fall Pellkartoffeln und eingelegte Gurken, Rote Bete oder ein grüner Salat mit Schmandsauce.

KOCHEN

Winzersuppe

3 Scheiben Toastbrot gewürfelt
1 EL Mandeln gehobelt
1 l Mosel-Riesling
1 EL Zucker
3 EL Sahne
3 Eigelb

Die Mandeln in einer trockenen Pfanne hellbraun rösten, wegstellen. In der gleichen Pfanne die Butter erhitzen und die Toastbrotwürfel goldgelb rösten und auf vier Suppentassen verteilen, bis auf ein paar Würfel zum Garnieren. Den Wein mit dem Zucker abgeschmeckt erhitzen. Die Eigelbe in der Sahne durchmixen, bis sie eine schaumige Konsistenz haben – nun den Wein damit legieren. Über die Brotwürfel gießen, mit Brot und Mandeln bestreut servieren.

GENIESSEN

Wingertsknorze

»Baumstumpf« empfiehlt der Duden als Synonym für den »Knorz(e)«. Beim »Wingertsknorze« handelt es sich indes um ein Gebäck. Seinen Namen aber hat es tatsächlich von der knorrigen Form eines Baumes – dem Rebstock. Traditionell ist es aus Roggenteig, dem mitunter Röstzwiebeln und Speck untergemischt sind. Bestreut mit Salz und Kümmel isst man es im Rheingau zu Spundekäs, Handkäs mit Musik – oder einfach zwischendurch, ohne Beilage, als Snack. Traditionell werden Wingertsknorze auf Weinfesten und bei Weinproben serviert. Wie bekannt und beliebt das knorrige Roggenbrötchen ist, zeigen auch die zahlreichen Rheingauer Wirtschaften, die sich nach dem Knorze benannt haben.

Wisperforelle

Wildromantisch schlängelt sich das Tal der Wisper von Bad Schwalbach quer durch das Rheingauer Gebirge bis nach Lorch. Das namengebende Wildflüsschen ist bekannt für seinen hohen Anteil an Mineralien – und damit ideal für die Forellenzucht. In Naturteichen, durch die die Wisper fließt, werden vor allem unterhalb der Lauksburg in zwei Gewässern die besonders schmackhaften Forellen aufgezogen. Rund Hunderttausend sind es pro Jahr; ein Großteil kommt in die hofeigene Räucherei. Im Hofladen der Züchter können die Fische direkt erworben werden und in vielen Gaststätten des Wispertals kommen sie auf den Tisch.

Winzersuppe

»Ich habe noch keine Landschaft gesehen, die mir so wohl tat als diese.« Clemens Brentano, Dichter und Spross einer italienischen Handelsfamilie, die in Oestrich-Winkel ein Sommerhaus besaß, rühmte mit diesen Worten den Rheingau. Neben der herrlichen Natur trugen Wein und Speisen sicher das Ihre zum Wohlbefinden Brentanos bei. Vielleicht hat er auch von der Winzersuppe gekostet, für die es in der Region viele Rezepte gibt. Manchmal handelt es sich nur um eine Mischung aus Milch, Mehl und Brühe, manchmal um einen kräftigen Eintopf mit Rind, Schwein, Kartoffeln und Gemüse. Sahne und natürlich ein Schuss Wein – Riesling meist – gehören aber fast immer hinein.

Zwieback

Angeblich war der »zwiefach Gebackene« schon bei den Alten Römern beliebt. In das Taunusstädtchen Friedrichsdorf, das noch heute mancher Einheimische liebevoll »Zwiebackshausen« nennt, kam das Trockengebäck jedoch erst im späten 18. Jahrhundert. Zwei Bäcker gelten dort als »Zwiebackväter«: Jean Georg Frederic Seidel, ein Nachfahre hugenottischer Glaubensflüchtlinge, und Christoph Stemler, der sich das Wissen um die Herstellung des lange haltbaren Hefe-Rechtecks offenbar auf holländischen Schiffen angeeignet hatte. Als das nahe Homburg dann zum Kurort avancierte, erstarkte auch die Zwieback-Produktion in Friedrichsdorf. In Dosen verpackt lieferten die Hersteller die goldenen Scheiben sogar an den Kaiserhof in Berlin.

Die Wisperforelle ist von so exzellenter Qualität, da braucht es nicht viel, um ein schmackhaftes Gericht zu kreieren. Ein bisschen Kräuter und Zitrone und dann ab auf den Grill.

WISSEN

Riesling
Er stammt offenbar vom Oberen Rhein und verbreitete sich schon im Mittelalter vom Tal dieses mächtigen Flusses in die meisten heutigen Anbaugebiete Deutschlands. Graf Johann von Katzenellenbogen etwa kaufte 1435 für einen neuen Weinberg »für 22 Schilling Setzreben einer neuen Weißweinsorte«, eben des Rieslings. Auch bei der Neubestockung der Rheingauer Weinberge von Schloss Johannisberg im 18. Jahrhundert unter der Ägide der Fuldaer Erzbischöfe setzte man fast ausschließlich auf den Riesling. So wundert es nicht, dass auf den rund 3000 Hektar Rebflächen des Rheingaus diese Rebe dominiert. Als Grand Crus wächst der Riesling allerdings nur auf etwa einem Dutzend Lagen, etwa dem Geisenheimer Rothenberg, dem Grävenberg in Kiedrich und dem Steinberg in Hattenheim. Dort stehen auch, wie in vielen anderen Weinorten, fast ganzjährig Probierstände im Wingert oder am Fluss.

Oben: Die Rieslingtraube wird in Deutschland fast ausschließlich an steilen Hängen angebaut. Unten: Getunkt in Schokolade gehörte der »Zweyback« zu den Lieblingsspeisen Johann Wolfgang von Goethes.

ERLEBEN

Weinfest Bad Homburg

Genießer kennen es, das Bad Homburger Weinfest, welches seit mehr als 20 Jahren an einem Wochenende im Mai gefeiert wird. Drei Tage lang kann man es sich bei erlesenen Weinen, Obstbränden, Flammkuchen und anderen Köstlichkeiten zu Musik auf drei Bühnen richtig gut gehen lassen. Traditionell findet auch ein verkaufsoffener Sonntag von 13 bis 18 Uhr statt, dem die Weinkönigin einen Besuch abstattet.

Innenstadt/Louisenstr., 61348 Bad Homburg v. d. Höhe, Tel. 06172/969640, www.bad-homburg.de, www.aktionsgemeinschaft-bad-homburg.de

Sekt- und Biedermeierfest

In Eltville wird seit über 150 Jahren Sektgeschichte geschrieben. Jedes Jahr steht der prickelnde Rebensaft deshalb am ersten Wochenende im Juli am romantischen Rheinufer und im Rosengarten der kurfürstlichen Burg im Mittelpunkt. So gibt der Bürgermeister mit dem Sektkorken-Knallen einer Magnumflasche den obligatorischen Startschuss, ehe ein Serenadenabend folgt. Künstler treten hier in edlen Seidenroben und Blümchenstoffen mit Rüschenhüten und hohen Zylindern auf.

Unter den Platanen am Rheinufer, 65343 Eltville am Rhein, Tel. 06123/90980 (Touristeninfo), www.eltville.de

Erbacher Erdbeerfest

Als Klassiker unter den Rheingauer Weinfesten gilt das Erbacher Erdbeerfest jedes Jahr Mitte Juni. Vor rund 80 Jahren wurde die beliebte Feier zu Ehren der »Königin der Früchte« mit Festumzügen und Blaskapelle ins Leben gerufen. Schließlich hat der Erdbeeranbau seit 1935 Tradition – genauso wie die Mischung aus Erdbeeren und Wein als Bowle. Noch heute schneiden »Schnippler« vier Tage lang kiloweise Erdbeeren direkt vor Ort, um das beliebte Getränk mit der süßen roten Frucht frisch zu pimpen.

Markt, 65346 Eltville am Rhein, Tel. 06123/62160, www.erdbeerfest-erbach.de

Rheingauer Weinwoche/ Rheingauer Schlemmerwochen

Während mit den Rheingauer Schlemmerwochen der Beginn der Freiluftsaison von 117 Winzern und Gastronomen (die von Flörsheim bis Lorch ihre Gaststuben, Gärten, Höfe und Weinkeller öffnen) für zehn Tage zelebriert wird, feiert Wiesbaden im August die Rheingauer Weinwochen. Täglich gibt's dann etwa 120 Ständen edle Weine sowie kulinarische Köstlichkeiten rund um das historische Rathaus.

Diverse Orte bei den Rheingauer Schlemmerwochen, www.rheingau.de

Morschbergfest

Beim Morschbergfest probiert man Weine, die genau dort wachsen, wo gefeiert wird, nämlich am Panoramaweg auf dem Morschberg inmitten der Weinberge – mit einem herrlichen Blick auf Geisenheim, Johannisberg und den Rhein. 18 Winzer laden Mitte September an zwei Tagen zum Wein-Tasting als kombinierter Genuss von Wein und Natur.

Diverse Weingüter, www.morschberg.de

Zwiebelkuchenfest

Jedes Jahr im Oktober locken Lorcher Straußwirtschaften und Gutsschänken zum dreitägigen Zwibbelkuche-Fest. Die Köstlichkeit wird in den Gutsküchen der beteiligten Winzerbetriebe natürlich selbst zubereitet. Dabei hat jeder ein eigenes Rezept, oft noch aus Omas Zeiten. Egal, welchen man nimmt, sie schmecken am besten zu einem Glas Federweißen.

Diverse Orte, Tel. 06726/ 8399249 (Touristeninfo), www.stadt-lorch-rheingau.de

Deutscher Sekttag

Einmal im Jahr öffnen alle deutschen Sektgüter ihre Pforten zum Deutschen Sekttag. Ein Schwerpunkt liegt im Rheingau: Zum prickelnden Genuss veranstaltet die Sektkellerei Henkell am Samstag vor Muttertag ein Open-Air-Fest mit Live-Musik, Oldtimer-Rallye und Führung durch den Marmorsaal im Rokokostil sowie in den sieben Stockwerke tiefen Weinkeller.

Biebricher Allee 142, 65187 Wiesbaden, Tel. 0611/630, www.deutscher-sektverband.de

WISSEN

Rheingauer Wein

Der Rheingau bietet mit seiner Bodenbeschaffenheit und dem optimalen Klima ideale Bedingungen für den Weinanbau, dessen Tradition bis in die Römerzeit zurückreicht. Milde Winter und warme Sommer begünstigen Rebenwachstum und Traubenreife. Die Weinregion ist mit 31 Quadratkilometern Reben bepflanzt, dabei nimmt der Rheingauer Riesling eine Spitzenposition ein. Über 80 Prozent der Rebfläche sind mit der Königin der Reben, der Rieslingtraube, bestockt.
Sie gedeiht in den trockenen, steinigen Südhängen besonders gut. Wie keine andere Rebsorte steht er für deutsche Weinkultur. Aber auch vollmundige und fruchtige Spätburgunder-Weine haben im Rheingau ihre Heimat. Das Mikroklima aus sonnenbeschienenen Hängen, dem als Feuchtigkeits- und Wärmespeicher fungierenden Rhein und ideale Schiefer- und Quarzitböden sorgen dafür, dass der Rheingau hervorragend auch für den Spätburgunderanbau geeignet ist. Seit 1999 werden im Rheingau herausragende Spitzenweine mit der Klassifizierung »Erstes Gewächs« ausgezeichnet. Ausschließlich die beiden Hauptrebsorten – Riesling und Spätburgunder – dürfen mit diesem Prädikat vermarktet werden, Erkennungszeichen sind drei romanische Bögen auf dem Etikett.

Bild oben: Dicht bewachsene Weinberge erheben sich am Rheinufer. Inmitten dieser wunderbaren Landschaft, auf dem aussichtsreichen Morschberg, veranstalten einmal jährlich jeweils 18 Winzer aus Geisenheim, Marienthal und Johannisberg gemeinsam ein Weinfest der Extraklasse – das Morschbergfest. Bilder Mitte und unten: Turbulent geht es auf der Rheingauer Weinwoche in der Altstadt von Wiesbaden zu. Zu einem erlesenen Tropfen sollte man unbedingt einen Zwiebelkuchen genießen.

FRANKFURT AM MAIN

Schon im Mittelalter verwandelte sich Frankfurts Römerberg in einen Markt. Noch immer wird Genuss großgeschrieben. Alleine die »Fressgass« verweist auf die Gourmets der Stadt. Hier reihen sich seit dem Ersten Weltkrieg Lebensmittelgeschäfte und Delikatessenläden in Fülle aneinander. Eine heiße Frankfurter Rindswurst gibt's für den Hunger zwischendurch. Abends wird in den Ebbelwoistuben aufgetischt: Rippchen, Gerichte mit »Grie Soß« (grüne Kräutersauce) oder »Gekochte Haspel« (Schweinshaxe). Auch »Sachsenhäuser Schneegestöber« (Camembert-Aufstrich) oder »Handkäs mit Musik« (in Essig und Öl eingelegter, von Hand geformter Käse mit Zwiebeln – die Variante ohne Zwiebeln nennt sich »ohne Musik«) werden gerne zum Apfelwein gesnackt. Zu den süßen Spezialitäten zählen der »Frankfurter Kranz« (Buttercremetorte) und die Marzipankugeln, genannt »Bethmännchen«.

KOCHEN

Frankfurter Grie Soß (Grüne Sauce)

200 g frische gemischte Kräuter (traditionell: Kerbel, Pimpinelle, Borretsch, Petersilie, Schnittlauch, Kresse, Sauerampfer)
200 g saure Sahne
1 TL Zucker
1 gehäufter TL Senf
1 TL Salz
1 kg Zutaten
500 g Naturjoghurt

Die Kräuter waschen, trocken schütteln und ggf. die Blätter abzupfen. Zusammen mit Sahne, Zucker, Senf und Salz im Blitzhacker fein zerkleinern. Die Kräuter in einer Schüssel mit dem Naturjoghurt mischen. Traditionell werden im Rheingau hart gekochte, in Scheiben oder Viertel geschnittene Eier und Pellkartoffeln zur Grie Soß serviert.

GENIESSEN

Grie Soß

Sogar ein Denkmal hat man ihr in Frankfurt gesetzt. Aber woher sie wirklich stammt, weiß man bis heute nicht. Denn »grüne Sauce« kennt die Menschheit schon seit 2000 Jahren. Aus dem Orient kam das Rezept dank römischer Legionäre angeblich zuerst nach Italien. So könnte sich die Frankfurter »Grie Soß« tatsächlich dem an den Main übersiedelten italienischen Handelsherren Bolongaro verdanken. Oder den Hugenotten, die das Wissen um eine »sauce verte«, eine Kräutervinaigrette, mitbrachten. Wie dem auch sei: In die Frankfurter Variante gehören nur Petersilie, Kerbel, Borretsch, Pimpinelle, Kresse, Schnittlauch und Sauerampfer – mit dem (Wiege-) Messer zerkleinert! Über Mayonnaise, Sauerrahm, Joghurt scheiden sich dann die Geister; selbst beim Grüne-Sauce-Festival. Aber sicher ist: Hartgekochte Eier schmecken ebenso zur Grie Soß wie Rindfleisch und Kartoffeln.

Apfelwein

»Wo' Kränzche hängt, wird ausgeschenkt« heißt es in Frankfurt seit rund 400 Jahren. Zwar kelterten die – vorwiegend am südlichen Mainufer um die Ritterhöfe ansässigen – Weinbauern, Küfer, Gärtner und Schiffer schon im 16. Jahrhundert einen Wein aus Äpfeln. Doch nur für den eigenen Bedarf. Denn im Vergleich mit dem damals exzellenten Frankfurter Traubenwein galt der Apfeltrunk als minderwertig. Erst als Missernten, Reblaus sowie die Annektierung durch Preußen die Wingerte dezimierten, begannen die Sachsenhäuser und Oberräder den Obstanbau zu intensivieren und ihren Apfelwein in größeren Mengen zu produzieren. Zum Verkauf reichten sie ihn durch das Erdgeschossfenster ihrer Häuser. Bald räumten sie auch die gute Stube für die Dürstenden aus. Schon 1641 zeigte ein Kranz aus Fichtenzweigen mit einem Apfel in der Mitte die neuen »Heckenwirtschaften« an.

Schneegestöber

Auf dem Teller ist auch im Frankfurter Hochsommer oftmals Winter. Zumindest in den Gärten der Apfelweinlokale. Denn neben »Rippche mit Kraut« und »Handkäs mit Musik« steht dort ganzjährig auch das »Schneegestöber« auf der Speisekarte. Ähnlich wie der bayerische »Obatzda« basiert es auf Weichkäse. In der Regel handelt es sich um Camembert, der in Stücke zerteilt (früher nahm man die Reste) mit Quark, Butter und fein gehackter Zwiebel vermengt wird. Das Ganze muss dann eine Zeitlang ziehen und wird – zum Hügel geformt, mit Paprikapulver bestäubt und mitunter noch durch ein paar Salzletten oder Salzbrezel und krause Petersilie verziert – zu frischem Bauernbrot serviert.

Gref-Völsings (Rindswurst)

Bereits im Jahr 1894 eröffneten Karl Gref und seine Gattin Wilhelmine Völsing in Frankfurt ihre Metzgerei. Die kräftige Wurst zählt heute zu den beliebtesten Wurstsorten der Hessen und schmeckt am besten mit Bauernbrot und scharfem Senf.

Unten rechts: Die »Grie Soß« wird traditionell mit Kartoffeln und gekochten Eiern serviert. Unten rechts: Saftige Äpfel liefern den beliebten »Ebbelwoi«. Das hessische Nationalgetränk wird auch in zahlreichen Apfelweinkneipen in und um Frankfurt ausgeschenkt.

BESUCHEN

Apfelwein Dax
In Alt-Sachsenhausen gelegen, bekommt man bei »Apfelwein Dax« den »Ebbelwoi« aus der eigenen Kelterei aufgetischt. Auf der Speisekarte finden sich typisch Frankfurter Gerichte – von Rippchen über Schnitzel mit »Grie Soß« (Grüner Kräutersauce) bis hin zu »Schäufelchen« mit Sauerkraut und Püree. Die Portionen sind dabei mehr als üppig und eine deftige Grundlage. Das, gepaart mit dem gemütlichen Garten im Innenhof, spricht sich herum. Deshalb unbedingt reservieren.
Willemerstr. 11,
60594 Frankfurt am Main,
Tel. 069/616437,
www.apfelwein-dax.de

Apfelweingaststätte Atschel
Das »Atschel« (hessisch für *Elster*) gehört zu den ältesten Apfelweinadressen Sachsenhausens. Auf der Karte stehen Frankfurter Leib- und Magenspeisen zu moderaten Preisen. Zum Beispiel »Gekochte Haspel« mit Sauerkraut und Brot, »Gref Völsings Rindswurst«, »Sachsenhäuser Schneegestöber« und Handkäse. Gegessen und gesessen wird an langen Holzbänken, die mit rustikalem Holzfußboden und Lampen aus der Jugendstilzeit für urwüchsige Atmosphäre sorgen und zum Verweilen einladen. Nach dem Apfelwein, bestellbar im 4er, 5er, 6er und 16er Bembel (dickbauchige Steinzeugkanne) wartet nämlich das Mispelchen – eine Kombination aus dem Apfelbranntwein Calvados und einer eingelegten Frucht, der Mispel.
Wallstr. 7, 60594 Frankfurt am Main, Tel. 069/619201,
www.atschel-frankfurt.de

Fichtekränzi
Direkt neben dem Atschel befindet sich die im 19. Jahrhundert gegründete Schoppenwirtschaft »Fichtekränzi«, die ebenfalls zu den ältesten Apfelweinlokalen der Stadt zählt. In den dunkel getäfelten und mit Pariser Art-déco-Lampen ausgeleuchteten Gasträumen sitzt man auf Bänken (meist ohne Lehne) an robusten Tischen. Die Teller sind mit Frankfurter Spezialitäten, aber auch mit traditioneller deutscher Hausmannskost gefüllt. Wie es sich für eine echte Ebbelwoi-Kneipe gehört, ist hier vor allem abends richtig Leben in der Bude, und es kann laut werden.
Wallstr. 5, 60594 Frankfurt am Main, Tel. 069/612778,
www.fichtekraenzi.de

Zum gemalten Haus
Seinen Namen hat die Apfelweinwirtschaft von den Frankfurter Motiven, mit denen die Wände des Lokals großflächig verziert sind. Auf ihnen sind typische Szenen aus dem althergebrachten Leben zu finden, aber auch Stillleben aus der Umgebung. Die Mehrheit der Fresken entstand bereits Anfang der 1950er-Jahre und versprüht einen besonderen Charme. Ebenso die Kellner, die noch klassisch in weißer Stehkragenjacke Frankfurter Gerichte – von Eiern mit Grüner Sauce über »Haspel« mit Kraut und Brot bis hin zum obligatorischen Handkäse – neben selbstgekeltertem »Ebbelwoi« servieren.
Schweizer Str. 67,
60594 Frankfurt am Main,
Tel. 069/614559,
www.zumgemaltenhaus.de

Kelterei Possmann
Wie seit 1881 aus Äpfeln leckerer Apfelwein oder gesunde Säfte werden, zeigt die Familienkelterei Possmann im Rahmen einer Führung durch die Produktion mit Ausklang in der Ebbelwoiwirtschaft. Wer mag, kann während der Kelterzeit unter dem Motto »Das Beste, was ein Apfel werden kann« sein selbst gepflücktes Obst verarbeiten lassen.
Eschborner Landstr. 156-162,
60489 Frankfurt am Main,
Tel. 069/7899040,
www.possmann.de

Klosterhof
Seit 1936 direkt am alten Karmeliterkloster gelegen, war dies die erste Apfelweinwirtschaft, in der zusätzlich auch Bier ausgeschenkt wurde. Rezepte und Getränke stammen aus unterschiedlichen Klöstern, hier kann jedes Gericht eine Geschichte erzählen. Eine der Spezialitäten ist z.B. das »Schlägler Chorherrenschnitzel«
Weißfrauenstraße 3,
60311 Frankfurt am Main,
Tel. 069/91399000,
www.klosterhof-frankfurt.de

Unten Mitte und rechts: Wie schon der Name verrät, sind die Wände in und an der Apfelweinstube »Zum gemalten Haus« kunstvoll verziert. Viele der Bemalungen bestehen schon lange Zeit und sorgen für ein besonders gemütliches Ambiente.

KOCHEN

Handkäs mit Musik

1 Harzer Käse
4 EL Weißwein
3 EL Essig
4 EL Öl
1 Schalotte
½ TL ganzer Kümmel
½ rote Zwiebel

Den Harzer Käse in Scheiben schneiden und in eine flache Schüssel geben. Den Weißwein und Essig in eine Schüssel geben und das Öl unterschlagen. Die Schalotte schälen, in feine Würfel schneiden und mit dem Kümmel unter die Marinade mischen. Die Marinade über den Käse gießen und diesen darin etwa 2 Stunden an einem kühlen Ort, am besten jedoch nicht im Kühlschrank, ziehen lassen. Die Zwiebel schälen und in Ringe schneiden. Den Handkäs auf Brot anrichten und mit den Zwiebelringen, den Petersilienblättern und nach Belieben mit Kümmel garniert servieren.

GENIESSEN

Frankfurter Kranz

Eine süße Krone zu Ehren des Königs oder Kaisers? Goldschimmernd dank Nuss- und Mandel-Krokant und mit einem Kreis von Kirschen, die wie Rubine leuchten? Schon möglich, wurden doch in Frankfurt bis ins 18. Jahrhundert zahlreiche Herrscher gekrönt. Doch als 1735 der Frankfurter Kranz erstmals erwähnt wird – ein Frankfurter Bäckermeister soll ihn damals seinen Zunftbrüdern als seine neueste Kreation vorgestellt haben – liegt die letzte Krönungs-Zeremonie im Dom schon fast ein Vierteljahrhundert zurück. Und es sollten noch einmal viele Jahre ins Land gehen, bis – Anfang des 20. Jahrhunderts – endlich jemand das Rezept für die köstliche Ringtorte niederschrieb. Inzwischen gibt es den Frankfurter Kranz in vielen Varianten – neben anderen sogar geeist.

Handkäs mit Musik

Die Herkunft seines Namens ist nicht schwer zu entschlüsseln, denn ursprünglich wurde der fettarme, eiweißreiche Sauermilchkäse zwischen den Handflächen geformt. Das erklärt auch seine Größe. Zum Reifen legte man die Handkäs-Laibchen einst dicht an dicht für fünf Tage in einen Steinguttopf und erst nach weiteren vier Wochen Ruhe kamen sie auf den Tisch. Serviert wird der Handkäs bis heute meist in einer Marinade aus Essig, Öl und Zwiebeln. Erstmals schriftlich erwähnt wird die Spezialität übrigens erst 1813. Und genau 80 Jahre später meldet der Gastwirt und Fabrikant Peter Traiser seine »Formmaschine« für (Hand-)Käse zum Patent an.

Frankfurter Würstchen

Schon mittelalterliche Chroniken rühmen die »Frankfurter Würste«. Sie waren damals allerdings zum Braten gedacht oder dienten als Füllsel für den anlässlich der Kaiserkrönungen am Spieß gebratenen Ochsen. Erst später wurde das Brät der Schweinswürste feiner und man begann, sie zu räuchern. Seit Mitte des 19. Jahrhunderts ist der Name »Frankfurter Würstchen« als geografische Herkunftsbezeichnung geschützt, seit 1929 darf er nur noch nur für Würstchen verwendet werden, die tatsächlich aus dem Raum Frankfurt am Main kommen.

Bethmännchen

Klein, rund und von besonderer Rosenwasser-Süße gehört dieses Marzipangebäck zu Frankfurt wie Johann Wolfgang von Goethe, der Römer und der Wäldchestag. Ihren Namen haben die mit Eigelb glasierten und zartbraun gebackenen Kugeln, so die Legende, von der seit Anfang des 18. Jahrhunderts in Frankfurt ansässigen Bankiersfamilie Bethmann. Und sie entstanden angeblich zu Zeiten von Simon Moritz von Bethmann. Erfunden haben soll sie sein damaliger Küchenchef, der Pariser Pâtissier Jean Jacques Gautenier. Den feinen Marzipanteig der Bethmännchen kannten die Frankfurter jedoch schon seit dem Mittelalter von ihren »Brenten« – einem rechteckigen Gebäck, dem schon Eduard Mörike ein Gedicht widmete.

Unten links: Zum »Handkäs' mit Musik« gibt es traditionell Brot und Apfelwein. Unten Mitte: Aus leichtem Biskuit- oder Sandteig und mehreren Schichten leckerer Buttercremefüllung besteht der legendäre Frankfurter Kranz. Rechte Seite oben: Frankfurter Würstchen.

EINKAUFEN

Metzgerei Der Ludwig
In ganz Europa sind die Frankfurter beliebte Würstchen – ob als klassische Brühwurst, im Brötchen oder kalt als Snack. Etwa eine Autostunde von Frankfurt entfernt, geht es um eben jene Wurst. Denn die Metzgerei »Der Ludwig« wurde bei der Hessischen Qualitätsprüfung für ihre besondere Qualität ausgezeichnet und ist seit 1897 als traditionelle handwerkliche Fleischerei mit eigener Schlachtung, Wurstküche und direkt angeschlossenem Fachgeschäft bekannt.
Fuldaer Str. 2,
36381 Schlüchtern,
Tel. 06661/7099980,
www.der-ludwig.de

Denningers Mühlenbäckerei
Hier wird noch von Hand gebacken, die Mühlen mahlen das Getreide besonders schonend, alle Zutaten stammen aus der Region.
Bergerstr. 196,
60385 Frankfurt am Main,
Tel. 069/257564150,
denningers.chayns.net

Rausch's Konditorei & Bäckerei
Sie sind klein, rund und Teil Frankfurts wie Goethe und der Main: die gebackenen Marzipankugeln Bethmännchen. Nach altem Brauch wird die Süßigkeit seit 1898 bis heute bei Rausch's Konditorei gebacken.
Wiesenstr. 30,
60385 Frankfurt am Main,
Tel. 069/461091,
www.rauschs-konditorei.de

Bitter & Zart
In diesem Schlaraffenland wird garantiert jeder fündig. Hier gibt es Unmengen handgeschöpfter Schokoladen, verschiedene Sorten Pralinen, Trüffel, geröstete Kakaobohnen, Nüsse und Mandeln, aber auch Bonbons, Lakritz oder Gebäck. Im an die Chocolaterie angeschlossenen Salon darf man die zartschmelzenden Leckereien auch in Form von kleinen Tartelettes und Kuchen genießen. Eine Trinkschokolade macht das Schokoladen-Erlebnis perfekt.
Braubachstr. 30,
60311 Frankfurt am Main,
Tel. 069/94942846,
www.bitterundzart.de

Unten rechts: Die Bethmännchen soll der Küchenchef des Bankiers Simon Moritz von Bethmann erfunden haben. Ihr Erkennungszeichen ist die Verzierung mit Mandeln: eine Mandel für jeden Bethmann-Sohn, zunächst vier, seit dem Tod des jüngsten nur noch drei.

KOCHEN

Schneegestöber

2 Stk. Camembert
400 g Frischkäse
2 EL Butter
2 Zwiebeln
1 TL Paprikapulver (edelsüß)

Den Camembert in ganz kleine Stücke schneiden, die Zwiebeln fein hacken. Beides zusammen mit Butter und Frischkäse in eine Schüssel geben und verrühren, bis eine weiche Käsemasse entsteht. Mit Paprika und, nach Belieben, ggf. auch mit etwas Kümmel abschmecken. Für einige Stunden kühl stellen und dann mit Bauernbrot servieren.

GENIESSEN

Haddekuche
Wer den Frankfurter Dialekt ein wenig versteht, weiß sicher gleich, dass es sich bei diesem Gebäck keinesfalls um ein weiches handeln kann. Tatsächlich ist der (etwa handgroße) »Haddekuche« ein Dauergebäck und wird schnell trocken, also hart. Er schmeckt würzig und leicht süßlich, wie Lebkuchen. Geformt ist er wie eine Raute, seine Oberfläche ziert ebenfalls ein Rautenmuster – genau wie das »Gerippte«, das typische Apfelweinglas. Und in den Apfelweinlokalen wird der Haddekuche auch traditionsgemäß angeboten: vom »Brezelbub«, einem von Gaststätte zu Gaststätte eilenden Verkäufer, dessen großer Korb salzige, würzige und oft auch süße Knabbereien wie »Makröncher« (Kokosmakronen) birgt. Allerdings stellen inzwischen nur noch wenige Bäckereien in und um Frankfurt den Haddekuche her.

Ebbelwoi-Hinkelsche
Frankfurt hat einiges an kulinarischen Migranten in seiner traditionellen Küche. Neben der »Grie Soß« zählt dazu auch das »Ebbelwoi Hinkelsche« (welches man durchaus auch im Odenwald kennt). Pate für das Gericht stand zweifelsohne der französische »Coq au Vin«. Nur dass anstatt des Hahns (»coq«) ein »Hinkel(sche)«, ein Huhn oder Hühnchen, oder zumindest Teile davon (Brust, Keulen) in den Topf oder in eine Schmorpfanne kommen – zusammen mit Apfel- und Zwiebelwürfeln. Und statt des roten oder weißen Weines eben Apfelwein. Vielleicht hatten wieder die um Frankfurt siedelnden Hugenotten das Ursprungsrezept mit Hahn und Wein im Gepäck – und man freute sich am Main über eine neue mögliche Variante, das Geflügel, welches auch hier ärmeren Ständen ein erschwinglicher Fleischlieferant war, zuzubereiten.

Rippchen & Haspel
Zu den absoluten Klassikern der Frankfurter Apfelweinküche zählen »Rippchen und Haspel«. Beide stammen vom Schwein, sind in der Regel gekocht, und werden mit dampfendem Sauerkraut und Salzkartoffeln serviert – oder manchmal auch nur mit einer Scheibe Bauernbrot. Die Fleischstücke aus der Rippenpartie stehen heute meist häufiger auf der Speisekarte als die mächtige Haxe (»Haspel«) – dafür gesellt sich als drittes Mitglied des fleischlichen Bundes zum »Schobbe« aus dem (Apfelwein-)Bembel oder zu einem »Sauer Gespritze« häufig das »Schäufelche«: das ebenfalls meist gekochte, Schulterstück vom Schwein.

Binding
Auch wenn es zunnächst vielleicht nicht so scheinen mag – in Frankfurt bekommt man nicht nur Apfelwein, sondern auch gutes Bier. Die Binding-Brauerei entwickelte sich im Laufe des 20. Jahrhunderts zur größten Brauerei in Hessen, mittlerweile gehört sie zur Radeberger-Gruppe. Ob Bindinger Pils, Export oder Doppelbock, Kraftmalz oder Naturtrüb – die Auswahl an kühlen Tropfen kann sich sehen lassen.

Unten links: »Haddekuche« werden in vielen Apfelweinlokalen zum »Ebbelwoi« gereicht. Unten Mitte: Das Besondere des »Ebbelwoi-Hinkelsche« ist die Zubereitung mit Apfel- und Zwiebelwürfeln und Apfelwein.

WISSEN

Fressgass

Offiziell heißt sie Große Bockenheimer Straße. Und der Zipfel Richtung Stadtmitte trägt den Namen Kalbächer Gasse. Aber seit 1977 hängt unter den blauen Straßenschildern der Fußgängerzone zwischen Zeil und Alte Oper auch noch ein kleines mit der Bezeichnung, die der Volksmund dem uralten Pflaster gab: »Fressgass«. Im Mittelalter fraßen an dieser Stelle tatsächlich noch Schweine. Aber der Name entstand erst um 1900. Damals konzentrierten sich auf dem rund 200 Meter langen Straßenstück neben alteingesessenen Gasthäusern viele Genuss-Adressen: Metzgereien, Bäckereien, Delikatessenläden. Die Fressgass war gleichsam der »Bauch« des noblen Frankfurter Vokriegs-Westends. Sogar die sparsame Baronin Mathilde von Rothschild, so heißt es, ließ hier ihre Champignons ohne »Dutt« (Tüte) abwiegen. Und die 1907 von Fleischermeister Stephan Weiss auf der Fressgass erfundene »Zeppelinwurst« gibt es bis heute.

Bilder oben: In der in der Nähe der Alten Oper gelegenen Fressgass befinden sich bis heute viele Essens- und Feinkostläden. Unten rechts: Beliebte Beilagen zum »Schäufelche« sind Kartoffelsalat oder Sauerkraut.

Gruß
aus
Frankfurt

ERLEBEN

Frankfurter Apfelweinfestival

Mal traditionell mit einem guten Schoppen, mal als trendiges Mixgetränk oder Sommercocktail – im Herzen der Stadt wird Frankfurts Nationalgetränk jährlich im August beim Apfelweinfestival ausgiebig ausgeschenkt und samt Bühnenprogramm gefeiert. Wer seine eigene Apfelwein-Ausrüstung besitzen möchte, findet hier vom gerippten Ebbelwoi-Glas über Schoppendeckel bis hin zum Bembel allerlei, um sich die Apfelweintrinkkultur mit nach Hause zu nehmen.

Roßmarkt, 60311 Frankfurt a. M.,
Tel. 069/21238990 (Touristeninfo),
www.frankfurt-tourismus.de

Grüne Soße Festival

5000 Gäste, 49 Gastronomen, unzählige Künstler aus dem Rhein-Main-Gebiet – sie alle feiern sieben Tage im Mai Frankfurts Markenzeichen: die »Grie Soß«. Und am Ende steht die Frage: Wer macht die beste grüne Kräutersauce? Hinter der verbergen sich Schnittlauch, Borretsch, Pimpinelle, Kerbel, Sauerampfer, Petersilie und Kresse, die ihr die markante grüne Farbe und ihren unvergleichlichen Geschmack verleihen.

Roßmarkt, 60311 Frankfurt am Main,
Tel. 069/48002525 (Veranstalter),
www.gruene-sosse-festival.de

Opernplatzfestival

Schlemmen unter freiem Himmel lässt es sich beim traditionellen Festival vor der Alten Oper in Frankfurt. Dort treffen im Juli bei einem Gläschen Wein rund um den Lucae-Springbrunnen kulinarische und kulturelle Genüsse mit einem breit gefächerten Live-Musik-Programm aus Rock und Pop, Schlager und Klavierkonzerten aufeinander. Besonderes Flair herrscht am Abend. Dann sind die Fassaden festlich beleuchtet.

Opernplatz, 60313 Frankfurt am Main,
Tel. 069/21238990 (Touristeninfo),
www.frankfurt-tourismus.de

Rheingauer Weinmarkt

1978 fand der erste Rheingauer Weinmarkt auf Frankfurts Flaniermeile, der »Fressgass«, statt, wo noch heute ausschließlich regionale Winzer über 600 Weine und Sekte neben zahlreichen kulinarischen Ständen präsentieren. Beachtlich: Über all die Jahre hat sich das Event sein typisches Gepräge bewahrt und verzichtet auf jegliches Entertainment und Programm. Allein die Frankfurter Weinkönigin hat traditionell einen kleinen Auftritt.

Große Bockenheimer Str./ Kalbächer Gasse,
60313 Frankfurt am Main, Tel. 069/21238990
(Touristeninfo), www.frankfurt-tourismus.de

Wäldchestag

Einzig in Frankfurt am Main wird der Wäldchestag (der Dienstag nach Pfingsten) seit Jahrhunderten als Nationalfeiertag der Mainmetropole begangen. Seit Generationen schiebt man an diesem Tag ab Mittag seine *Arbevit* beiseite und zieht in den Stadtwald, um zwischen 135 Ständen aus Fahrgeschäften, Handel und kulinarischen Spezialitäten zu feiern.

Frankfurt Stadtwald – Am Oberforsthaus,
60528 Frankfurt am Main, Tel. 069/21238990
(Touristeninfo), www.frankfurt-tourismus.de

Dippermess'

Sie gilt als größtes Volksfest des Rhein-Main-Gebiets und findet alljährlich im September und auch einmal im Frühling statt. Der einstige Verkaufsmarkt für Töpfe, Keramikschüsseln und Ähnliches entwickelte sich im Laufe der Zeit zu einem Jahrmarkt mit Schaustellern und Volksbelustigung und einem Markt für Haushaltswaren.Die Dippermess' endet jeweils mit einem feierlichen Feuerwerk.

Festplatz am Ratsweg, 60385 Frankfurt am Main,
Tel. 069/21238990 (Touristeninfo),
www.frankfurt-tourismus.de

Museumsuferfest

Vor der Kulisse der eindrucksvollen Frankfurter Skyline findet jedes Jahr entlang des Mains das Museumsuferfest statt. Das Programm ist immer wieder eine gelungene Kombination aus Kunst, Kultur, Musik und Kulinarik.

Schaumainkai, Mainkai, 60594 Frankfurt am Main
Tel. 069/21238990 (Touristeninfo),
www.frankfurt-tourismus.de

WISSEN

Lohrberg

Frankfurts flüssiger Botschafter Nummer eins ist zwar der Apfelwein, aber die Stadt hat zudem auch ein eigenes Weingut. 7000 Stöcke erstrecken sich an den Hängen des Lohrbergs am Rande des Stadtteils Seckbach. Schon vor Jahrhunderten wurden hier Reben gepflanzt. Das Areal gehörte zum Besitz des Karmeliter-Klosters, das auch in Hochheim Ländereien sein Eigen nannte. Dann kam 1803 Napoleon und mit ihm die Säkularisation. Die klösterlichen Weinberge fielen samt den zugehörigen Wirtschaftshäusern an Frankfurt. Viele Jahre lang bewirtschaftete die Stadt das Weingut selbst. Inzwischen kümmert sich ein Hochheimer Winzer darum. Auch der Lohrberger Riesling wird von ihm gekeltert: rund 10 000 Flaschen jährlich. Man kann den Wein sogar direkt am Weinberg kaufen oder nach dem Spaziergang gleich ein Gläschen probieren: am und im »MainÄppelHaus«.

Bild oben: Auf dem Rheingauer Weinmarkt kommen Weinliebhaber voll auf ihre Kosten. Bilder Mitte: Wer noch keinen Bembel besitzt, kann spätestens beim Frankfurter Apfelweinfestival einen solchen für den fruchtigen Trunk erwerben. Bild unten: Drachenbootrennen auf dem Main anlässlich des Museumsuferfestes. Es ist das größte Fest im Rhein-Main-Gebiet und wird jährlich von mehr als drei Millionen Menschen besucht.

WITZIGMANN & CO. — DIE DEUTSCHE STERNEKÜCHE

Aktuell zählt Deutschland mehr als 300 Sternerestaurants. Knapp ein Dutzend Spitzenköche durften sich in jüngster Zeit sogar jeweils drei Sterne des renommierten Gourmetführers »Guide Michelin« an die Kochjacke heften. Damit belegt die Bundesrepublik in dieser Kategorie weltweit Platz vier; nach Japan, Frankreich und den USA. Die Ausgezeichneten arbeiten in Hamburg, Niedersachsen, an der Mosel, im Saarland, im Schwarzwald und in Bayern. Bei den Zwei-Sterne-Lokalen – immerhin fast 40 – punkteten vor allem Bayern, Berlin und Baden-Württemberg.

Vor einem halben Jahrhundert sah es in der deutschen Spitzengastronomie noch deutlich düsterer aus. Zwar gab es schon ab 1964 einen eigenen deutschen »Gastro-Michelin« – aber den ersten Stern verliehen die Franzosen dort erst im Jahr 1973. Geehrt wurde das Münchner »Tantris«. Fritz Eichbaumer hatte es erst gut ein Jahr zuvor eröffnet, weil ihm die damaligen gehobenen Restaurants der Isarmetropole »zu steif und ernst« erschienen. An den Herd holte der Bauunternehmer den jungen Eckart Witzigmann. Der gebürtige Vorarlberger hatte zuvor bei den großen Köchen der Schweiz und Frankreichs in die Töpfe geschaut – und begann die dort erlernte »Nouvelle Cuisine« nun an seiner neuen Münchner Wirkungsstätte umzusetzen und weiterzuentwickeln.

In den ersten Jahren waren seine Ansprüche aber wohl noch etwas zu hoch, denn die von ihm gewünschte Produktqualität suchte man damals in Bayern und Deutschland meist vergeblich. So bildete Witzigmann Fahrgemeinschaften mit befreundeten Köchen, um Fisch, Kräuter oder Bresse-Hühner direkt am Pariser Großmarkt zu kaufen. Eine zweite Hürde stellten für den »Tantris«-Küchenchef anfänglich auch die kulinarischen Gewohnheiten seiner Gäste dar. So waren diese zunächst doch recht irritiert, dass etwa die bestellte Ente nicht »schön durch« sondern »rosa« auf ihren Tellern landete.

Nachdem Witzigmann rasch seinen zweiten Stern erkocht hatte (damals die höchste Michelin-Auszeichnung in Deutschland), akzeptierten die »Tantris«-Gäste fraglos den neuen Stil. Bald darauf schrieb zudem die »Herald Tribune« vom »deutschen Küchenwunder«. Stetig breitete sich dieses von München bald aus in alle Ecken der Bundesrepublik.

Zu den »Wunderknaben« zählten nicht nur für die Journalisten auch Jörg und Dieter Müller, zwei Brüder aus dem Südbadischen, die für ihre Küche in den »Schweizer Stuben« in Wertheim 1974 den ersten Stern erhielten.1977 folgt der zweite. Fünf Jahre später erstrahlt auch ein erster Michelin-Stern in der Eifel: über Christian Tieltges »Waldhotel« Sonora« in Dreis. Ab 1999 bis zum überraschenden Tod des Küchenchefs 2017 war es dann regelmäßig ein Trio. Einstige Witzigmann-Schüler wie Harald-Wohlfahrt, Hans Haas, Bobby Bräuer, Dieter Koschina, Johann Lafer und Alfons Schubeck greifen bald ebenfalls erfolgreich nach den Sternen des französischen Reifenherstellers.

Aber was ist mit den Frauen in der deutschen Spitzengastronomie? Sie müssen bis zum Beginn des 21. Jahrhunderts warten, bevor Michelin-Sterne und eine Vielzahl von »Gault-Millau-Punkten« ihre Kochkünste ehren. Cornelia Poletto aus Hamburg hielt ihren *étoile* dafür immerhin acht Jahre (bis zu Schließung ihres Restaurants 2010). Duce Steiner in Sulzburg wird 2012 vom »Gault Millau« zur Aufsteigerin des Jahres gewählt und erobert, nachdem sie das Familienrestaurant »Zum Hirschen« übernommen hat, rasch die vom Vater erkochten zwei Michelinsterne zurück.

Zu den jüngsten der wenigen Spitzenköchinnen Deutschlands zählt Julia Komp. Und die hätte ihren Stern für das »Schloss Loersfeld« fast verpasst. Denn an jenem Tag, als die Kritikerin des »Guide Michelin« nach Kerpen zum Testen kam, hätte sich die gebürtige Overatherin fast schon frei genommen. Für diesen Dienstag im Frühjahr sei lange Zeit nichts reserviert gewesen, erinnert sie sich. »Dann stand auf einmal eine einzelne Reservierung für eine Person im Kalender. Das kam mir seltsam vor – und ich bin lieber geblieben.«

Sterneköche wie Hendrik Otto brauchen viel Geschick, um ein perfektes Geschmackserlebnis auf den Teller zu zaubern.

NORDRHEIN-WESTFALEN

Die Küche in Ostwestfalen weist norddeutsche Einflüsse auf, ist vor allem aber westfälisch geprägt. Typisch und ursprünglich ein Arme-Leute-Essen ist der »Pickert« (ähnlich dem Reibekuchen). Gerne werden Gerichte mit Pumpernickel zubereitet. Seit dem 17. Jahrhundert hält sich das Schwarzbrot auch im Münsterland, wo Speisen noch aus der Zeit kommen, in der Essen lange satt halten musste. Während das Brot zum »Töttchen« (Fleischragout) gereicht wird, isst man es Richtung Mittelgebirgsregion zu Rinderwurst, Sauerländer Speckpfannkuchen oder zum Kartoffelgericht »Potthucke« mit Rübenkraut. Letzteres gibt's zudem zur Bergischen Kaffeetafel, bei der Speisen von herzhaft bis süß wie Korinthenstute (Rosinenbrot) in Fülle aufgetischt werden. Der Kölner legt Wert auf dicke Scheiben Gauda, auf Blutwurst, auf Mett vom Schwein, bestellt gerne Pferdefleisch als Sauerbraten und wenn das noch nicht reicht, gibt es noch eine Portion »Himmel un Äd« mit Krautsalat und »Murrejemangs«.

KOCHEN

Sauerländer Reibeplätzchen

2 kg Kartoffeln
4 Zwieback
3 EL saure Sahne
5 Eier

Die Kartoffeln schälen, waschen und auf der Gemüsereibe reiben. Die Kartoffelraspel in einem Sieb 5 bis 10 Min. abtropfen lassen und das Wasser abgießen. Zwieback in lauwarmer Milch einweichen. Die restliche Milch abgießen und den Zwieback ausdrücken. Mit der sauren Sahne und den Eiern verrühren und unter die Kartoffelmasse mischen, bis eine homogene Masse entsteht. Den Reibeplätzchenteig mit Salz, Pfeffer und frisch geriebener Muskatnuss würzen. Etwas Öl oder Butterschmalz in einer Pfanne erhitzen und darin portionsweise Plätzchen von beiden Seiten goldbraun braten. Traditionell werden zu Sauerländer Reibeplätzchen Apfelmus, Kochschinken, geräucherter Lachs und Brot serviert.

GENIESSEN

Aachener Printen

Schnittlebkuchen kannte man auch am Rhein schon im Mittelalter. Im 15. Jahrhundert aber brachten Kupferschläger aus Dinant ihr Wissen um die geformten »Gebildebrote« aus Honigteig in die Region Aachen. Die ersten dort nach dem neuen Verfahren hergestellten »Printen« oder »Prenten« waren nach dem Erkalten noch so hart, dass sie gebrochen werden mussten. Erst um 1820 kam dann die Aachener Printe, wie wir sie heute kennen, aus dem Ofen: Statt Honig enthielt ihr Teig (Rüben)Zucker und Kuchengewürze, aber keinerlei Fett. Ende des 19. Jahrhunderts wurden dann mit Zucker glasierte und mit Schokolade überzogene Printen erfunden. Zudem gab man dem Teig wieder mehr Honig zu sowie Krümelkandis, damit wurde er weicher und lockerer.

Bergische Kaffeetafel

Schon früh kam bei besonderen Anlässen im Bergischen Land alles, was Küche, Keller und Speisekammer hergaben, auf den Tisch. Wohl schon ab dem 18. Jahrhundert gehörte auch der Bohnenkaffee dazu. Und rund um die »Dröppelminna«, eine dickbauchige Zinnkanne mit Zapfhahn, um den neuen schwarzen Trunk herauslaufen zu lassen, wetteiferten Süßes wie Herzhaftes um die Gunst der Gäste. Hefeblatz, Schwarz- und Graubrot, Waffeln mit Rahm und heißen Kirschen, Milchreis, Brezel, Rübensirup, aber auch Eierspeisen, Wurst und Fleisch standen und stehen auf einer Bergischen Kaffeetafel. Ihren krönenden Abschluss bildet traditionell ein Gläschen echt Bergischen Korns. Oder ein »Opgesadden« (Aufgesetzer) auf der Basis von Schwarzen Johannisbeeren.

Rheinischer Sauerbraten

Rindfleisch aus der Schulter, in einem Sud aus Rotwein, Gewürzen, Zwiebel und Suppengemüse kräftig über mehrere Tage mariniert, erfreut die Rheinländer traditionell zu festlichen Gelegenheiten. Das Besondere an dem Gericht, für das man ursprünglich Pferdefleisch nahm, ist die Sauce: (Rum-)Rosinen, Zuckerrübensirup und Printen sorgen in ihr für eine süßliche Note und ergänzen damit das säuerlich gebeizte Fleisch perfekt. Klassische Begleiter für einen rheinischen »Suerbrode« sind Kartoffelklöße und Apfelmus.

Lieberhäuser Eierkuchen

Eng mit dem Hirtenbrauchtum, sagt man, sei diese tortenähnliche Eierspeise verbunden. Denn nach historischer Überlieferung schenkte man in Lieberhausen dem Hirten, wenn er zu Pfingsten seine mit zwei Besen geschmückten Kühe von der Weide heimwärts trieb, einen in einer Weidenrutenform gebackenen »Eierkäse«, damit seine Tiere mehr Milch gäben. Das Rezept für das dank Eischnee an die Konsistenz von Salzburger Nockerln erinnernde Gebäck wird als strenges Familiengeheimnis gehütet. Man weiß jedoch, dass es eine salzige Variante gibt (mit Speck) und eine süße (mit Puderzucker bestreut) und es sich auch als Hauptspeise eignet.

Unten links: In ganz Deutschland unter vielen Namen vertreten – Reibeplätzchen mit Apfelmus. Unten rechts: In der Variante »Pepse« wird beim Rheinischen Sauerbraten weder Rind- noch Pferdefleisch verwendet, sondern ein Stück kurz gebeizte Schweinekeule.

EINKAUFEN

Hoss an der Oper
Mitten in der Altstadt von Köln finden Liebhaber exquisiter Delikatessen hier ein wahres Paradies. Ob leckere italienische Vorspeisen, Käse aus Frankreich oder üppige Präsentkörbe, bei Hoss an der Oper wird man sicher fündig.
Breite Str. 25-27, 50667 Köln, Tel. 0221/2577393, www.hoss-delikatessen.de

Käsehaus Wingenfeld
300 Sorten Käse, unverpackt und naturbelassen, ermöglicht durch die wie Reifekeller klimatisierten Theken – ein Himmelreich für jeden Käsefan. In der Mehrzahl sind es Käse aus Rohmilch, viele davon sogar aus Bauernherste - lung und handgemacht, die hier angeboten werden. Von außen bietet sich Passanten durch ein Schaufenster ein faszinierender Blick in die Reiferäume.
Ehrenstr. 90 (Ecke Friesenwall), 50672 Köln, Tel. 0221/253341, www.kaesehaus-wingenfeld.de

Düsseldorfer Senfladen
Zapfhähne kennt man ja generell meist nur vom Bierausschank, im »Düsseldorfer Senfladen« wird jedoch Senf abgezapft. Dabei hat man die Wahl aus 30 verschiedenen Sorten. Dabei wird schnell klar: Senf ist nicht gleich Senf. Neben ausgewählten Produkten von Löwensenf gibt es Spezialitäten der beiden traditionsreichen Düsseldorfer Senfmarken ABB-Senf und Radschläger Senf.
Bergerstr. 29, 40213 Düsseldorf, Tel. 0211/41590, www.duesseldorfer-senfladen.de

Bio-Fleischerei Buchhardt
Von der Zeitschrift »Feinschmecker« als beste Fleischerei in Nordrhein-Westfalen ausgezeichnet, setzt man hier auf Nachhaltigkeit und natürlichen Geschmack.
Rellinghauser Str. 288, 45136 Essen, Tel. 0201/250471, www.bio-fleischerei-burchhardt.de

Hofladen Greitemann
Saisonale und regionale Produkte aus dem Sauerland wie Bio-Eier, Obst, Gemüse und Fleisch zählen zum Angebot des Bauernhofs und Hofladens Greitemann. Seit über hundert Jahren bewirtschaftet die Familie den Betrieb mit Milchwirtschaft. Frische Rohmilch erhalten Kunden über einen Selbstbedienungsautomaten sogar rund um die Uhr.
Seidfelder Str. 1, 59846 Sundern, Tel. 02933/2989, www.hofladen-greitemann.de

Birkenhof
Der »Birkenhof« wird bereits seit 1995 in biologisch-dynamischer Wirtschaftsweise betrieben. Die Erzeugnisse finden ihre Abnehmer in zwei Hofläden, in denen weitere Bio-Produkte das Sortiment ergänzen. Auch der Strom für den Betrieb stammt aus regenerativen Energiequellen.
Birkenhof 1, 57234 Wilnsdorf-Wilgersdorf, Tel. 02739/47698, www.birkenhof-siegerland.de

Sauerlandshof Jacobi
Der Käse vom Sauerlandshof ist eine Delikatesse. Die etwa 50 Milchkühe des Biolandbetriebs werden in einem Tretmiststall mit Laufhof gehalten. Weidegang wird so oft wie möglich organisiert. Gefüttert wird Gras, Klee und Heu. Das Ergebnis ist hervorragende Milch, die der Hof direkt verkauft und zu Käse verarbeitet.
Mühlentor 28, 34434 Borgentreich-Körbecke, Tel. 05643/16 69, www.biohof-jacobi.de

Hofladen Ohrndorf
Hof Heckseifen der Familie Ohrndorf ist seit 2001 anerkannter Bioland-Betrieb. Hier werden etwa 60 Milchkühe gehalten sowie Getreide, Kartoffeln und Gemüse angebaut. Die Erzeugnisse gehen später im Hofladen über die Theke. Darüber hinaus werden zugekaufte Waren aus biologischer Erzeugung wie Eier, Brot, Säfte und Weine angeboten.
Hof Heckseifen, 57078 Siegen-Langenholdinghausen, Tel. 0271/836 82, www.hof-heckseifen.de

Bilder unten: Nordrhein-Westfalen hat zwar einige Metropolen zu bieten, weite Teile des Sauerlands, Münsterlands und Ostwestfalens haben aber bäuerliches Gepräge und es gibt zahlreiche Hofläden, die es zu besuchen lohnt.

KOCHEN

Lippischer Steckrübeneintopf

1 kg Steckrüben
500 g Kassler
1 kg Kartoffeln
400 g weiße Bohnen aus der Dose

Die Steckrüben schälen, waschen und in Stifte schneiden. Das Kasseler waschen und trocken tupfen. 1,5 l Salzwasser zum Kochen bringen und das Fleisch hineingeben. Die Steckrüben dazugeben und alles 80–90 Min. gar kochen, bis die Flüssigkeit stark reduziert ist. Inzwischen die Kartoffeln schälen, waschen und in Stifte schneiden und ½ Stunde vor Ende der Garzeit zum Eintopf geben. Die weißen Bohnen aus der Dose in ein Sieb abgießen, abspülen und 5 Min. vor Ende der Garzeit zum Eintopf geben. Das Fleisch aus dem Topf nehmen und in Würfel schneiden. Den Eintopf mit Salz, Pfeffer, Thymian und gehackter Petersilie würzen. Die Fleischwürfel wieder dazugeben und nochmals abschmecken.

GENIESSEN

Muscheln Rheinische Art

Schon vor langer Zeit sorgte die intensive Schifffahrt auf dem Rhein dafür, dass die Miesmuscheln aus dem Mündungsdelta des Flusses in der Nordsee ihren Weg auch nach Süden fanden. Dort trafen sie auf die Reblandschaften des Mittelrheins. Weißwein gab es dort in den Kellern reichlich für einen guten Muschelsud; den Rest hatten viele Familien im Garten: Suppengemüse. Zu Würfeln oder in feine Streifen geschnitten und in Butter angedünstet und mit (trockenem) Riesling abgelöscht, aromatisieren noch heute Zwiebel, Möhren, Lauch, Sellerie und etwas Petersilie die zudem mit Salz, Pfeffer, Knoblauch, Lorbeer, Nelken und Piment kräftig gewürzte Brühe, in der die Schalentiere »auf rheinische Art« kochen. Serviert wird das fertige Gericht meist mit (gebuttertem) Schwarzbrot.

Pumpernickel

Napoleons Soldaten sollen gelästert haben, dass dieses Brot gerade mal genug für Pferde sei. Und Hans Jakob Christoffel von Grimmelshausen (1621–1676), der Dichter des »Simplicissimus«, nannte die 1570 erstmals erwähnte westfälische Spezialität aus Roggenkörnern und -schrot schlicht »grässlich«. Zu ihrer Herstellung braucht es jedenfalls eine Menge Geduld: allein das Backen – oder besser gesagt: das Dämpfen – dauert mindestens sechzehn Stunden. Bei gut hundert Grad Ofentemperatur setzen sich in dieser Zeit große Teile der Stärke im Roggenschrot in Zucker um, dieser karamellisiert und geht neue Verbindungen ein, sodass sich das Brot, ganz ohne Rösten, dunkel färbt. Und sein Name? Den könnte es von »pumpern« (furzen) haben, und von Nickel, einem arglistigen Kobold. Ein realistischer Verweis auf die blähungsfördernde Wirkung des Pumpernickel-Brotes.

Schnibbelbohnen

Schneiden, salzen, in Gläser oder in einen Steinguttopf schichten: Bevor Schnibbelbohnen oder »Suur Bonne« (Saure Bohnen), wie sie im Rheinland auch heißen, auf den Tisch kommen, braucht es viel Geduld. Zwar muss man das Gemüse heute nicht mehr unbedingt von Hand »schnibbeln«. Aber bis die Bohnen durchgegoren sind, vergehen einige Wochen. Zusammen mit Zwiebeln, Kartoffeln und Geräuchertem wie Kassler oder Mettwurst kocht man sie traditionell als Eintopf.

Wacholderschnaps

Unsere Ahnen sprachen dem Wacholderbusch magische Kräfte zu: Sein Holz stand im Ruf, böse Geister zu vertreiben. Sogar Krankenzimmer wurden mit Wacholder ausgeräuchert. Schon früh nutzte man seine Fähigkeit, Keime zu töten, auch bei der Konservierung von Lebensmitteln. Da die (getrockneten) Beeren der Pflanze überdies verdauungsfördernd wirken, gibt man sie noch heute fetthaltigen Speisen bei. Wacholderbeeren lassen sich auch destillieren; vermischt mit reinem Getreidealkohol und Quellwasser entsteht so unter anderem der im Münsterland weit verbreitete Wacholderschnaps.

Unten links: Die Regel, Muscheln seien nur in Monaten mit »r« am Ende genießbar, hält sich im Rheinland hartnäckig.
Unten Mitte: Wacholderbeeren sind vielfältig einsetzbar – u. a. zum Schnapsbrennen.

BESUCHEN

Lambertz
Printen, Dominosteine, Lebkuchen, Kekse und mehr können zweifelsohne unter der Traditionsmarke Lambertz zusammengefasst werden. 1688 als kleiner Nischenanbieter für Weihnachtsgebäck gegründet, verfolgt man den Leitsatz »Tradition pflegen, Innovation leben« weiter. Gratis-Probier-Gebäck und Bruchware gibt's neben dem klassischen Angebot im Werksverkauf.
Ritterstr. 9, 52072 Aachen, Tel. 0241/ 8905237, www.lambertz.de

Gronauer Tannenhof
Während der Kaffeeklatsch am Nachmittag mit diversen Backwaren typisch deutsch ist, kommen im Bergischen Land bei der »Kaffeetafel« ganz unterschiedliche Speisen auf den Tisch. Im »Gronauer Tannenhof« serviert man nach überlieferter Tradition neben Kaffee und Waffeln auch deftiges Schwarzbrot mit süßen Aufstrichen und Herzhaftem zum Belegen, Korinthenstuten (Rosinenbrot), Milchreis mit Zimt und Zucker, Apfel- oder Rübenkraut, Quark, Käse, Honig und mehr.
Robert-Schuman-Str. 2, 51469 Bergisch Gladbach, Tel. 02202/94140, www.gronauer-tannenhof.de

Landgasthof Reinhold
Zusätzlich zur Kaffeetafel am Nachmittag bietet der Landgasthof seit über 40 Jahren in einer ehemaligen Postkutschenstation auch eine Abendtafel als deftiges Vergnügen mit typisch bergischen, hausgemachten Spezialitäten. Serviert werden u. a. »Sauerländische Potthucke« (Kartoffelgericht), »Knochenschinken« sowie »Bergische Quarkspeise mit Pumpernickel und Preiselbeeren« oder »Liebhäuser Eierkuchen«.
Kirchplatz 2, 51647 Gummersbach, Tel. 02354/5273, www.hotelreinhold.de

Bäckerei Haverland
Zu einer gesunden Lebensweise gehört eine vollwertige Ernährung. Als traditionsreiches Haus und älteste Pumpernickel-Bäckerei der Welt präsentiert sich die »Bäckerei Havelland«. Saftig und ein bisschen süß schmeckt der echte westfälische Pumpernickel der Dynastie Haverland seit 1570.
Opmünder Weg 65, 59494 Soest, Tel. 02921/16019, www.baeckerei-haverland.de

Früh em Veedel
Direkt am Chlodwigplatz im Herzen der Südstadt liegt eine der ältesten Gaststätten Kölns. Seit 1979 betreibt die Cölner Hofbräu Früh KG das »Früh em Veedel« in den Räumen der legendären Severinstorburg Brennerei A. Herrmann. Bei den Speisen gilt: kräftig, deftig, typisch kölsch. Neben Gerichten aus der Eisenpfanne wie »Himmel und Äd«, gibt's dienstags frische Reibekuchen.
Chlodwigplatz 28, 50678 Köln, Tel. 0221/314470, www.fruehemveedel.de

Brauhaus Em Kölsche Boor
Seit über sieben Generationen verwöhnt das »Em Kölsche Boor« seine Gäste mit Spezialitäten wie »Kölscher Kaviar« (eine mit vielen Speckstückchen gewürfelte Blutwurst), »Halver Hahn« (Roggenbrötchen mit einer dicken Scheibe mittelaltem Käse) und »Hämmche mit Soore Kappes« (gepökeltes Eisbein mit Sauerkraut). Dabei kann das Brauhaus mit seiner urkölschen Gemütlichkeit bis heute auf eine 258-jährige Tradition zurückblicken und zählt mit zu den ältesten Brauhäusern in Köln.
Eigelstein 121 50668 Köln, Tel. 0221/135227, www.koelscheboor.com

Atta Käserei
Tief unten in der größten Tropfsteinhöhle Deutschlands reift bei einer konstanten Temperatur von 9 Grad und einer Luftfeuchtigkeit von 95 Prozent in Ruhe und Dunkelheit der spezielle Atta-Käse. Drei Monate braucht er, bis sich sein würziger Geschmack und seine eigenwillige Lochung entwickeln. Dabei wird er einmal pro Woche mit Salzwasser zur Schimmelvorbeugung abgewaschen. Für regelmäßigen Nachschub ist gesorgt: Bis zu 400 Käselaibe lagern auf Vorrat, die direkt an der Atta-Höhle zu kaufen sind.
Röntgenstr. 12, 57439 Attendorn, Tel. 02722/937513, www.atta-kaese.de

Unten rechts: Pumpernickel hat einen etwas altbackenen Ruf. Doch das Vollkornbrot aus Roggenschrot, das sich sehr lange hält, kann auch ganz modern daherkommen – wie hier in der Variante als Sandwich mit Hüttenkäse.

KOCHEN

Lippischer Pickert

1 Würfel frische Hefe, 1 EL Zucker, 500 g Kartoffeln, ¼ l Milch 500 g Mehl, 5 Eier, 1 TL Salz, 100 g Korinthen, 50 g Rosinen

Die Hefe zerbröckeln, in etwas lauwarmer Milch auflösen und mit etwas Mehl und dem Zucker verrühren. Alles 15 Min. ziehen lassen. Die Kartoffeln schälen, waschen, fein reiben und etwas ausdrücken. Die Milch zum Kochen bringen und mit den Kartoffelraspeln mischen. Das Mehl, die Eier, Salz, Korinthen und Rosinen sowie die angerührte Hefe dazugeben und alles zu einem glatten Teig verrühren. Den Teig zugedeckt an einem warmen Ort etwa 1 Stunde gehen lassen. Etwas Schmalz in einer Pfanne erhitzen und die Pickert darin portionsweise bei mittlerer Hitze zugedeckt von beiden Seiten goldbraun backen.

GENIESSEN

Lippischer Pickert

Ausgewiesene Schotten seien sie ursprünglich, sagen die Lipper von sich. Und kokettieren mit ihrer Sparsamkeit auch, wenn sie von ihren Traditionsgerichten sprechen. Alle basieren angeblich nur auf günstigen und gut verfügbaren Lebensmitteln. Wie etwa der Kartoffel. Gerieben und vermischt mit Mehl, Hefe und Rosinen wird aus ihr der »Pickert«: ein dicker kleiner, goldbraun gebackener Pfannkuchen, liebevoll auch Püfferchen genannt. Man isst ihn »nackt«, aber auch mit Butter, Marmelade, »Ssap« (Rübenkraut) oder Lippischer Leberwurst. Gern wird dazu Kaffee getrunken; für die Kinder gab es zum Pickert einst ein Glas kalte Milch.

Mu(t)zenmandeln

Zur rheinischen und westfälischen Karnevalszeit gehören traditionell »Mu(t)zen« und »Mu(t)zenmandeln« – so verschieden sie auch sein mögen. Die einen werden als Rauten aus dem Teig geschnitten, die anderen haben die Form von Tropfen oder eben Mandeln. Beide werden allerdings in Fett ausgebacken und wurden ursprünglich von Hand geformt. Für die Mu(t)zenmandeln gibt es heute spezielle Ausstecher – was aber dem Geschmack der mit (Bitter-)Mandeln, Rum oder Likör aromatisierten, nach dem Backen in Zucker gewälzten (und oft noch zusätzlich mit Puderzucker bestäubten) Mürbeteigteilchen selbstverständlich keinerlei Abbruch tut.

Krombacher, Veltins & Warstein

Am mittelalterlichen Fernhandelsweg zwischen Frankfurt und Soest gelegen und mit dem Quellwasser des Grumbergs gesegnet, bot Krombach ideale Bedingung für den Aufbau einer Brauerei. Unter dem Titel Krombacher stellt das 1802 gegründete Brauhaus heute vor allem Pils her: gut vier Millionen Hektoliter jährlich. Auch für die Brauerei Warsteiner im westfälischen Sauerland ist Pils das Flaggschiff. Gegründet wurde das Unternehmen allerdings schon 1753. Veltins ist die jüngste der Traditionsbrauereien in der Region. Erst im Jahr 1824 begann der Gastwirt Franz Kramer in Grevenstein mit der gewerblichen Produktion von Bier. 1852 wurden Gasthaus und Brauerei von Clemens Veltins übernommen.

Westfälischer Schinken

Schon im Mittelalter wurden die im Ganzen gepökelten (und oft über Buchenholz geräucherten) Schweinekeulen aus Westfalen auf dem Markt zu Köln als Spezialität angepriesen. Der traditionelle Westfälsche Schinken ist ein Knochenschinken aus der Hinterkeule des Schweins. Wie beim italienischen Parma oder wird sie nicht entbeint, sondern im Ganzen bearbeitet. Pökel-, Trocken- und Reifezeit verlängern sich dadurch zwar deutlich (auf bis zu 18 Monate), aber der im Fleisch verbliebene Knochen verleiht dem Produkt sein typisches, leicht nussiges Aroma.

Himmel & Äd

Kartoffeln wachsen in der Erde – und heißen daher heute noch im Dialekt vieler Regionen

Unten links: Lippischen Pickert kann man salzig mit Rübenkraut oder Leberwurst bzw. süß mit Marmelade oder Apfelmus genießen.
Unten Mitte: Das Traditionsgebäck zwischen Silvester und Karneval sind in Nordrhein-Westfalen Mu(t)zenmandeln.

Deutschlands Erdapfel (»Ädappel«). Der Obstapfel hingegen hängt hoch oben am Baum: in Richtung Himmel eben. Mischt man Kartoffel(püree) und Apfelmus, dann treffen sich »Himmel un Ärd« auf dem Teller. Zwiebeln, Speck und im Rheinland Flönz, eine geräucherte, gebratene Blutwurst, sind weitere Komponenten des ursprünglichen Arme-Leute-Gerichts, das man auch in Westfalen und in Niedersachsen kennt. Entstanden sein soll es im 18. Jahrhundert – weil ein Bauer die auf seinen Kartoffelacker herabgefallenen Äpfel in einem gemeinsamen Sack mit den dort aufgelesenen Erdäpfeln nach Hause brachte.

Weckmänner für Karneval

Gebildebrote gehören auch im Rheinland zur winterlichen Backtradition. Ob zu St. Martin, zu Nikolaus, Weihnachten oder Neujahr. Stellten sie einst verschiedene Figuren und auch Tiere dar, so kennt man heute fast nur noch den Weckmann. Im Dialekt heißt die Gestalt aus Weckteig allerdings auch »Hierzemann« (wörtlich Hirschmann); im Osten des Rheinlands und in Westfalen nennt man sie dagegen »Stutenkerl«. Weckmänner werden traditionell mit der Hand geformt, mit ausmodelliertem Kopf und Körper; auch Arme und Beine sind gut zu erkennen. Rosinen (oder Korinthen) markieren die Augen. Oft ziert den Weckmann zudem eine eingebackene Tonpfeife. Und dieses Accessoire machte vor Kurzem Schlagzeilen: Aus Gründen des Nichtraucher-Schutzes sollte die Pfeife aus seinem Gesicht verschwinden!

Kölscher Kaviar

Rheinischer Humor im Allgemeinen und der Kölsche im Besonderen macht auch vor dem Thema Speisen nicht Halt. Daher hat der Kölsche Kaviar natürlich überhaupt nichts zu tun mit dem schwarz glänzenden Störrogen aus dem Kaspischen Meer oder den rötlich schimmernden Forelleneiern. Vielmehr handelt es sich um gewürfelte oder in kleine Dreiecke geschnittene Blutwurst mit deutlich sichtbarer, weißer Speckeinlage. Diese »Flönz«-Stückchen werden begleitet von »Mostert un Musik«, also Senf und Zwiebeln, sowie einem »Röggelsche« (Roggenbrötchen) in den typischen Kölner Braugaststätten vom »Köbes« (Kellner) zum Bier serviert.

Halve Hahn

Einen Jux wollte er sich machen, der junge Mann, so heißt es. Zu seinem Geburtstag im April 1877 in einer Brauerei-Gaststätte an der Kölner Hohen Pforte. Karneval war schon vorüber, das Geld wohl eher knapp, daher verabredete Wilhelm Vierkötter, wie er später in einem Leserbrief an die Lokalzeitung schreibt, mit dem Köbes (Kellner), für seine Freunde vierzehn halbe Hähne zu bestellen, der Gesellschaft dann aber nach geraumer Wartezeit vierzehn »Röggelche met Kies«, also Roggenbrötchen mit Käse zu servieren. Nur fünfzehn Pfennig pro Stück musste der Gastgeber dafür zahlen. Im Gegenzug wurde ihm aber sicher die eine oder andere Runde Bier mehr in Rechnung gestellt als geplant.

WISSEN

Kölsch & Alt

Sie sind wie zwei ungleiche Geschwister: dunkel das eine, hell das andere. Obergärig gebraut aber beide. Und jeweils mit langer Geschichte. Jene des Kölsch beginnt mit dem unfiltrierten »Wieß«, das Kölner Hausbrauer als Nachfolger des mittelalterlichen Keute-Biers ab dem 18. Jahrhundert brauten. Um 1900 wird aus dem trüben »weißen« dann ein klares helles Bier, das »Kölsch«. Und in schlanken »Stangen«-Gläsern (0,2 l) oder den kleineren »Stösschen« ausschenkt. Auch Altbier wird aus zylindrischen Gläsern getrunken; diese »Becher« haben aber einen etwas größeren Durchmesser. Gebraut wurde Altbier erstmals im 13. Jahrhundert. Seine dunkle Farbe verdankt es einem höheren Darr-Malz-Anteil. Und seinen Namen der Tatsache, dass sich, nachdem Carl von Linde 1873 die moderne Kältemaschine entwickelt hatte, eine neue Brauart verbreitete: untergärig, nach Pilsner Art. Die obergärige Methode war somit die »alte«.

Unten rechts: In Nordrhein-Westfalen wird »Himmel & Äd« zusammen mit gebratener Blutwurst, gerösteten Zwiebeln und auch Speck oder gebratener Leberwurst serviert. Auch weiter im Norden wird das Gericht gegessen, hier gehört allerdings Grützwurst dazu.

EZB
-%
€
Mobilitätspartner des

ERLEBEN

Öcher Bend

Zweimal im Jahr findet in Aachen die große Volkskirmes »Öcher Bend« mit Zuckerwatte und rasanten Fahrgeschäften für Hunderttausende Besucher statt. Der erste Termin ist die Osterbend (auch als Frühjahrsbend bekannt), die stets am Ostersamstag beginnt. Im Sommer geht's dann zwei Wochen lang weiter. Der letzte Tag der Kirmes schließt immer mit einem großen Feuerwerk ab.
Bendplatz, 52070 Aachen,
Tel. 0241/9131225 (Touristeninfo),
www.aachen-tourismus.de

Aachener Weinsommer

Mit seiner idyllischen Lage hat das Weinfest im August eine ganz besondere Atmosphäre, in der man sich über rheinland-pfälzische Weine und ihre Anbaugebiete informieren kann. Besonders beliebt ist die Themenverkostung.
Katschhof, 52062 Aachen,
www.weinsommer.de/aachen

Historischer Jahrmarkt

Gaukler, Flohzirkus, ein altes Pferdekarussell und besondere Aussteller verwandeln über Fronleichnam den Ortskern von Kornelimünster in einen historischen Jahrmarkt. In malerischer Kulisse findet die Eröffnung durch Artisten, Marktkaufleute und örtliche Vereine statt, die die Besucher in einen »Rausch der Sinne« versetzen. Dazu gibt's Leckereien und Spezialitäten.
Korneliusmarkt, 52076 Aachen-Kornelimünster,
www.roncalli.de/historischer-jahrmarkt-in-kornelimuenster

Soester Allerheiligenkirmes

Wenn knapp eine Million Besucher die Stadt fluten, wird es eng in der Soester Innenstadt. Aber genau das macht wohl die unvergleichliche Stimmung der größten Altstadtkirmes Europas mit 400 Buden und Fahrgeschäften aus. In der pittoresken Umgebung zieht vor allem der Pferdemarkt die Besucher an. Und spätestens wenn die »billigen Jakobs« (als traditionelle Marktschreier) Käse, Würste oder Früchte anpreisen, fühlt man sich zurückversetzt in eine längst vergangene Zeit. Doch auch im modernen Getümmel wartet eine Tradition: Trinkfeste Gäste freuen sich auf das typische Getränk »Bullenauge« – angeblich gleicht die Mischung aus Mokkalikör mit einem Schuss Sahne einem Kuhauge.
Altstadt, 59494 Soest, Tel. 02921/1032117 (Kirmesbüro), www.allerheiligenkirmes.de

Laurentiuskirmes

17 Buden, ein Orgelspieler und ein Harfenmädchen kamen am 14. August 1842 zu den Kirchmesstagen von St. Laurentius in Gladbach. Heute eröffnet nach dem Gottesdienst ein Bierfassanstich, begleitet von Böllerschüssen und Glockengeläut, das große Familienfest. Aus 38 Metern Höhe lässt sich vom Riesenrad aus das bunte Treiben an den Süßwaren- und Imbissständen besonders gut beobachten.
Markt, 51429 Bergisch Gladbach,
Tel. 02202/140 (Touristeninfo),
www.in-gl.de und www.bergischgladbach.de

Stadt- und Kulturfest

Unterhaltung für jedes Alter und jeden Geschmack ist das Erfolgskonzept des Stadt- und Kulturfests, das im September drei Tage lang Tausende Besucher in die Innenstadt von Bergisch Gladbach lockt. Neben dem Programm aus Sport, Live-Musik und Antikmarkt reichen auf der Food- und Weinmeile am Konrad-Adenauer-Platz Winzer aus verschiedenen Regionen zu Reibekuchen, Bratwurst, Flammlachs und anderen Delikatessen Probierschlückchen.
Konrad-Adenauer-Platz, 51465 Bergisch Gladbach,
Tel. 02202/44000 (Veranstalter), www.stadtfest.gl

Kölner Karneval

Am 11. November jeden Jahres kehrt endlich der Normalzustand in die Stadt am Rhein zurück: Es ist Karneval. Um 11:11 Uhr wird auf dem Ostermann-Platz die närrische Saison eröffnet. Das lange Warten auf das bunte Treiben der »Jecken« hat ein Ende, von nun an kann sich der Kölner von Prunksitzung zu Tanzball feiern. Der Höhepunkt ist dann der Umzug am Rosenmontag.
koelnerkarneval.de

WISSEN

Köln und seine Büdchen

Was dem Frankfurter sein »Wasserhäusche« ist dem Kölner sein »Büdchen«. Es gehört zur Stadt wie das Kölsch, der Dom und der Karneval. Mit rund Tausend dieser fast rund um die Uhr geöffneten Mini-Geschäfte ist die Rheinmetropole auch die Kiosk-Hauptstadt der Bundesrepublik. Aber ob Straßenlädchen nur mit Fensterbedienung im Erdgeschoss eines Wohnhauses oder frei stehender Design-Kiosk: für den Kölner ist sein Büdchen viel mehr als nur Einkaufsmöglichkeit. Außer Zeitungen, Getränken und Lebensmitteln gibt es hier – und zwar meist nur wenige Schritte von den eigenen vier Wänden entfernt – auch Begegnung und Austausch über alle sozialen Schranken hinweg. Man plaudert über Fußball und Politik, fragt um Rat, bittet um Hilfe, hinterlegt den Hausschlüssel oder lässt seine Post hier anliefern. Welch wichtige Rolle die Kioske für die Menschen in ihrem Veedel (Viertel) spielen, kann man in Köln inzwischen sogar als Besucher bei organisierten »Büdchentouren« erfahren.

Bilder oben: Die Soester Allerheiligenkirmes ist die größte Altstadtkirmes Europas. Wenn alle Buden und Fahrgeschäfte aufgebaut sind, wird die gesamte Altstadt zu einer einzigen Festmeile. Bilder Mitte: Beim Aachener Weinsommer steht jedes Jahr ein bestimmtes Weingebiet im Fokus. Bild unten: Politische Satire ist Teil des Kölner Karnevals, die besonders beim Festzug am Rosenmontag zum Tragen kommt.

HEUTE BLEIBT DIE KÜCHE KALT ... BEGINN DES FAST FOODS IN DEUTSCHLAND

Grillhähnchen, Tiefkühlkost, Fertigsuppen, Ananas aus der Dose – die 1950er-Jahre Jahre bringen Deutschland im Zuge seines Wirtschaftswunders nicht nur neue Massenprodukte wie Taschenbücher, Langspielplatten und erschwingliche Autos, sondern schreiben auch ein neues Kapitel in der langen Geschichte der menschlichen Nahrungsaufnahme. Zwar kennt man Fast Food schon in der Antike: als Imbissmöglichkeit für Reisende an Handelsrouten wie etwa jener von Athen nach Piräus. Oder im Zusammenhang mit Unterhaltungsangeboten wie im Alten Rom, wo es im Circus Maximus unter den Sitzreihen der Tribüne Ladenreihen gab, an denen die Besucher der riesigen Wettkampfarena sich mit kleinen Speisen und Getränken versorgen konnten. Auf den Basaren des Orients und in den Straßen Asiens hat rasch zubereitete Kost für Käufer und Händler, Arbeiter und Passanten ebenfalls eine lange Tradition. Und selbst Deutschlands Wurstküchen datieren bis ins Mittelalter.

Aber nach dem Zweiten Weltkrieg bricht in Deutschland eine neue Ära an. Die Menschen leben in einem Spannungsfeld zwischen Aufbruch und bröckelnder Tradition – auch was den Haushalt anbelangt, das Kochen und das Essen. Man will sich einerseits wieder was gönnen, andererseits aber nicht ständig stundenlang am Herd stehen oder um einen Tisch sitzen. Da kommen Erfindungen wie die eines gewissen Friedrich Jahn (1923–1998) oder jene von Clarence Birdseye (1886–1956) gerade im richtigen Moment. Jahn, ein gebürtiger Österreicher, eröffnet 1955 in der Münchner Amalienstraße ein Lokal, das sich zunächst ganz der Küche seiner Heimat widmet, bald aber vorwiegend fertige Grillhähnchen anbietet, die nicht nur vergleichsweise preisgünstig, sondern auch rasch zu verzehren sind. »Wienerwald« nennt der findige Koch sein »Schnellrestaurant« fortan. Und rasch verbreitet sich in Deutschland der Slogan. »Heute bleibt die Küche kalt – wir gehen in den Wienerwald«.

Das Thema »kalt« treibt auch den amerikanischen Meeresbiologen Clarence Birdseye seit Langem um. Bereits auf seinen Forschungsreisen in den Jahren 1915 bis 1922 nach Labrador durfte er immer wieder miterleben, wie die Inuit die eisige Kälte ihres Lebensraums nutzten, um ihr Hauptnahrungsmittel Fisch lange haltbar zu machen: Sie froren ihn ein. Dadurch hielt er über Wochen und Monate und schmeckte auch nach dem Auftauen noch genauso frisch wie gerade gefangen oder erlegt. Die Idee, Lebensmittel ohne großen Geschmacks- oder Qualitätsverlust für einen längeren Zeitraum schonend zu konservieren, fasziniert Birdseye so sehr, dass er, zurück in den Vereinigten Staaten, mit eigenen Experimenten beginnt. Tatsächlich gelingt es ihm, die weltweit erste Schockgefrieranlage zu entwickeln und so nicht nur Fisch und Fleisch, sondern auch Gemüse, Obst und vieles andere im Ganzen oder stückweise schonend haltbar zu machen.

In Birdseyes Heimat erfreut sich die neue Tiefkühlkost rasch großer Beliebtheit. 1955 schafft sie dann auch den Sprung über den großen Teich: Anlässlich der ANUGA – der Allgemeinen Nahrungs- und Genussmittel-Ausstellung – in Köln. Sechs Tiefkühlkost-Produzenten stellen dort Vertretern des Handels ihre Produkte in Haushaltspackungen vor. Der Startschuss für TK-Produkte in Deutschland ist gefallen.

Gemeinsam mit den etwa zeitgleich aufkommenden neuen Fertigprodukten von Dr. Oetker oder Knorr, mit der neuen amerikanischen Tupperware zur hygienischen Aufbewahrung von Lebensmittel- und Speiseresten, mit elektrischen Küchenhelfern wie Mixer und Teigrührmaschine und mit den immer zahlreicher werdenden Wurst- und Frittenbuden sorgten die nur noch aufzutauenden Speisen in ganz Deutschland für eine kleine Revolution auf dem Ernährungssektor. Der Schritt bis zum Asia-Imbiss, zur Dönerbude und zum Burgerbrater war ab dann von hier nicht mehr weit.

Hendl oder Broiler – egal, welcher Name, mit Pommes und Ketchup markiert das Federvieh den Beginn des Fast Foods in Deutschland.

SAARLAND

Ohne Kartoffel gelingt in der saarländischen Küche nichts. Die Knolle ist in zahlreichen traditionellen Speisen zu finden. Von »Gefillde« (mit Leberwurst gefüllte Kartoffelklöße aus rohen und gekochten Kartoffeln) über »Hoorische« (längliche Klöße halb aus rohen, halb aus gekochten Kartoffeln mit Specksauce und Sauerkraut) bis hin zu Süßkartoffelbällchen. Die festkochende Sorte ergibt mit Lauch, Dörrfleisch und Gewürzen das Lieblingsessen der Saarländer: »Dibbelabbes« (»Dibbe« steht für den Topf und »Labbes« für einen großen Laib). Klassisch wird dazu Apfelmus aus Streuobstäpfeln gereicht, sofern diese nicht zu »Viez« (Apfelwein) verarbeitet wurden. Im Frühjahr dominiert »Bettsäächer« (Löwenzahn) kulinarisch das Saarland, im Sommer duftet es nach Schwenkbraten (Steaks) oder gegrillter Lyoner. Die Brühwurst isst man aber auch in Form von Aufschnitt auf dem Brot.

KOCHEN

Dibbelabbes

2 kg Kartoffeln
2 Zwiebeln
1 Ei
200 g Dürrfleisch oder Lyoner

Rohe Kartoffeln schälen und reiben, anschließend in einem Küchentuch fest ausdrücken. Zwiebeln schälen und gerieben zu der Kartoffelmasse geben. Ei und gewürfeltes Dürrfleisch dazugeben und alles vermischen. Mit Salz und Pfeffer würzen. Öl in einer großen Pfanne erhitzen. Die Masse einfüllen und immer wieder wenden und zerpflücken, sodass ganz viele Krüstchen entstehen.

GENIESSEN

Dibbelabbes

Saarländer lieben Kartoffeln. Und somit auch den »Dibbelabbes« – ein Gericht, für das eine Masse (»Labbes«) aus rohen, geriebenen Kartoffeln vermischt mit gewürfelter Lyoner, Gewürzen, Lauch, Eiern und Zwiebel in einem großen (gusseisernen) Pfannen-Topf (»Dibbe«) kräftig unter mehrmaligem Wenden gebraten wird, sodass viele »Kerschdscher« (Krüstchen) entstehen. Allerdings wird der Dibbelabbes im Saarland nicht gebraten oder gekocht, sondern »gemacht«. Und es gibt ihn auch in einer Auflaufvariante. Für diesen »Schales« kommt die Masse – zubereitet ohne Lyoner, dafür mit gewürfeltem Dürrfleisch – in einem Bräter für etwa eine Stunde lang in den Ofen, bis die Oberfläche schön gebräunt ist. Sowohl zum Dibbelabbes als auch zum Schales wird im Saarland traditionell Apfelmus gegessen und ein Bierchen getrunken.

Merguez

»Hauptsach gud gess« sagt der Saarländer gern, wenn es mal irgendwo nicht so gut läuft. Essen im Allgemeinen und Grillen im Besonderen spielt im Saarland eine zentrale Rolle. Zudem hat das nahe Frankreich seine Spuren in der Speisen- und Produktpalette hinterlassen. Auch in Sachen Wurst. So kommt neben einem Ring Lyoner durchaus mal die eine oder andere »Merguez« auf den Rost (oder in die Pfanne). Ursprünglich stammt die scharfe gewürzte Lammbratwurst aus der maghrebinischen Küche. Im Zuge des Zuzugs der »Pieds Noirs« (Algerienfranzosen) wurde sie ab 1950 zunächst im Süden Frankreichs, bald aber auch in anderen Landesregionen populär – und bei den deutschen Nachbarn. Kreuzkümmel, Knoblauch, Paprika und die Chilipaste Harissa geben der Merguez (die heute anteilig mitunter auch aus Rinderhack besteht) ihren besonderen Geschmack.

Buddeng

Nein, der Milchpudding hat nicht Pate gestanden für diese Spezialität. Sie stammt vielmehr aus der klassischen französischen Küche – und ihr Name ist eine Verballhornung der französischen »boudin«, zu Deutsch »Blutwurst«. Im franko-gallischen Raum hat die Herstellung von Blutwurst eine mehr als 2000-jährige Tradition. Auch im Saarland hatten die Metzger traditionelle spezielle »Boudin«-Tage, an denen sie die lockere Wurst aus frischem Schweineblut, Speck und Gewürzen verkauften. Mit »Gelleriemutsch« (Karottenpüree) oder Kartoffelpüree und Apfelmus kam sie dann in vielen Familien auf den Tisch. Und in der Faschingszeit witzeln die Saarbrücker noch heute, sie könnten »Buddeng mit einer Hand stemmen«. Mancher Fremde denkt dabei dann tatsächlich verwundert an den (doch eher flüssigen) Milchpudding.

Bilder unten: Der Saarländer mag es von Haus aus gern deftig. Daher kommen bevorzugt Wurst- und Fleischspezialitäten wie »Merguez« oder Blutwürste auf den Tisch.

BESUCHEN

Restaurant Valuta
Was als Familienbetrieb 1979 mit 40 Sitzplätzen begann, hat sich mit vielen An- und Umbauten zum beliebten, in zweiter Generation geführten Restaurant mit Platz für 120 Gäste entwickelt. Was geblieben ist, ist die gutbürgerliche Küche. So ist die Gaststätte für ihre Grillgerichte vom offenen Buchenholzfeuer, den Schwenkbraten mit dreierlei Saucen und für die Wildspeisen aus heimischen Wäldern bekannt. Aus Tradition und Verbundenheit zum Metzgerberuf wird zudem monatlich von Oktober bis März ein Schlachtfest mit hausgemachten Wurstwaren gefeiert.
Am Sprinkshaus 4, 66128 Saarbrücken, Tel. 0681/703164, gersweiler.restaurant-valuta.de

Alter Bahnhof Völklingen
Alte Züge erlebt man im Alten Bahnhof Völklingen als Gastro-Spektakel. Im eleganten, in Cremeweiß gehaltenen Speisewagen zeigt die Crew der Showküche ihr Können. Obwohl die Karte eher französisch angehaucht ist, kommen auch gegrillte Lyoner, »Dibbelabbes« und »Hoorische« (längliche Klöße halb aus rohen, halb aus gekochten Kartoffeln mit Specksahnesauce und Sauerkraut) auf den Teller. Im rustikalen Brasserie-Waggon erzählen große Fotos vom längst vergangenem Eisenwerk-Leben im UNESCO-Weltkulturerbe Völklinger Hütte. Nur ein schwerer, dunkelroter Vorhang trennt den Eingangsbereich von der ehemaligen Wartehalle, die nun als weitläufige Lounge mit ihren säulenartigen Mauerelementen und der hohen Decke beeindruckt.
Rathausstr. 57, 66333 Völklingen, Tel. 06898/850020, www.alter-bahnhof-vk.de

Bettsäächertage im Naturpark Hunsrück
Jedes Jahr im März und April bieten die Bettsäächertage Saar-Hunsrück Kulinarisches rund um den Löwenzahn. Dann nämlich werden seine jungen, nur leicht bitteren und an Rucola erinnernden Blätter geerntet und als Pesto oder in Smoothies verarbeitet. In dieser Zeit findet man den »Bettsäächer« auf fast jedem Wochenmarkt oder in den Hofläden des Saarlandes. Außerdem wird der Bettsäächer in verschiedenen Varianten in rund 20 Restaurants in der Premium-Wanderregion Saar-Hunsrück angeboten.
Tel. 06503/92140, www.naturpark.org

Stumm's Brauhaus
Stilechtes wie Saarländische Lyonerpfanne, hausgemachte Gefüllte Klöße mit Sauerkraut und Speckrahmsauce oder Sauerbraten nach »Brauhaus Art« mit Hoorische und Apfelrotkohl genießt man in Stumm's Brauhaus in gemütlicher Atmosphäre zum selbst gebrauten Bier. Die Gaststätte wurde auf dem Gelände der ehemaligen Neunkircher Stahlhütte errichtet. Unmittelbar daneben befinden sich die alte Gebläsehalle, ein Converter sowie ein früherer Reit- und Pferdestall.
Saarbrücker Str. 16, 66538 Neunkirchen, Tel. 06821/179145, www.stumms-brauhaus.de

Die Kartoffel
»Essen wie bei Oma« lautet das Motto des Restaurants und hält mit einer Vielzahl traditioneller saarländischer Speisen, was es verspricht: Bei jeder Spezialität findet sich die Kartoffel als Hauptbestandteil oder Beilage wieder, z. B. bei »Geheirade« (Mehlknöpfe und Salzkartoffeln mit Specksauce und grünem Salat), »Gefillde« (mit Leberwurst gefüllte Kartoffelklöße aus rohen und gekochten Kartoffeln mit Specksauce und Sauerkraut), Reibekuchen oder Süßkartoffel-Bällchen mit Puderzucker.
St. Johanner Markt 32, 66111 Saarbrücken, Tel. 0681/36217, www.die-kartoffel-sb.de

Herzenslust
Aus der Überzeugung, dass man auch ohne Fleisch und tierische Produkte außergewöhnliches und leckeres Essen zubereiten kann, entstand die Idee zu »Herzenslust«. Individuelle Kreationen mit starker Verbundenheit zu regionalen Produkten, laden zum bewussten Genießen ein.
Nauwieserpl. 5, 66111 Saarbrücken, Tel. 0681/68832126 herzenslust-saar.de

Aufgrund seiner harnfördernden Wirkung wird Löwenzahn im Saarland auch »Bettsäächer« (Bettnässer) genannt. Gern wird er als Salat zubereitet.

KOCHEN

Bibbelsches Bohnensupp

1 kg grüne Bohnen
1 Bund Suppengrün
4 Kartoffel
1 Bund frisches Bohnenkraut
6 Würstchen (Mett-Enden)
200 g Speck
1 TL Gemüsebrühe

Die Bohnen putzen, in kleine Stücke schneiden und waschen. Das Suppengrün und die Kartoffeln schälen, in kleine Stücke schneiden und waschen. Das Bohnenkraut von den Stängeln zupfen. Den Speck in Stücke schneiden. Das Gemüse in einen Topf geben. Dann die Würstchen und den Bauchspeck dazugeben. Das Ganze mit 2 l Wasser auffüllen und abschmecken. Alles aufkochen und dann ca. 30 Min. leicht köcheln lassen. Im Saarland isst man die Suppe mit einem Schuss Sahne.

GENIESSEN

Bibbelsches Bohnesupp

Herzhaft und Süß paart sich gern in der Küche des Saarlands. Das gilt auch für Suppen. Allerdings ist hier nicht die Mischung der Zutaten gemeint, sondern die Beilage. »Bibbelsches Bohnesupp« etwa wird traditionell in jenen (Sommer-) Monaten zubereitet, in denen gleichzeitig die grünen Bohnen und die Zwetschgen reifen. Aus den frischen Bohnen (und kleinen Kartoffeln) kocht man einen leichten Eintopf, in den zum Schluss noch Schmand oder saure Sahne eingerührt wird. Und dann genießt man dazu traditionell entweder »Grumbeerkiechelcher« (kleine Kartoffelpuffer) oder ein Stück frisch gebackenen Zwetschgenkuchen!

Bettsäächer

Im Frühling findet man ihn im Saarland auf fast jedem Wochenmarkt und in jedem Hofladen. Denn die nur leicht bitteren, an Rucola erinnernden jungen Blätter des – wegen seiner harntreibenden Wirkung von den Saarländern im Dialekt auch »Bettnässer« genannten – Löwenzahns sind nicht nur gesund. Es lassen sich aus und mit ihnen auch leckere Suppen, Salate, Tartes oder sogar Marmelade zubereiten. Als Gemüse und als Dessert eignet sich das zarte Grün der uralten Heil- und Küchenpflanze ebenfalls. Kuhblume, Hahnenspeck, Goldblom, Milchbusch oder eben auch Seichkraut (von seichen, pinkeln): Der Löwenzahn trägt viele Namen und wächst auch im Saarland auf fast jeder Wiese. Daher hat man ihm in und um Mettlach, im Naturpark Saar-Hunsrück, sogar ein eigenes kulinarisches Festival gewidmet: die Bettsäächer-Tage.

Gefillde

Ob sie ursprünglich ein bergmännisches Festessen waren oder nur der Resteverwertung dienten, ist ungewiss. Die Zubereitung der »Gefüllten« erfordert jedenfalls einiges an Zeit. Denn es gilt, aus Kartoffeln vom Vortag und frisch geriebenen rohen Kartoffeln einen Kloßteig herzustellen und die daraus geformten »Klees« oder »Knepp« dann noch zu füllen. Landleberwurst kommt dafür ebenso infrage wie Gehacktes vom Schwein oder Rind. Auch gebratenes und klein gemahlenes oder gezupftes Fleisch mit eingeweichten Brötchen, Zwiebelwürfel, Petersilie und Lauch werden mitunter in den Kloßteig gedrückt. Serviert werden »Gefillde« traditionell mit Sauerkraut und einer Speck-Sahne-Sauce.

Lyoner

Was dem Münchner seine Weißwurst, ist dem Saarländer seine Lyoner. Die »original saarländischer Lyoner« ist seit 2006 sogar europaweit als Regionalprodukt geschützt. Die einfache, auch in Frankreich (als Cervelas), der Schweiz und in Österreich (Pariser) hergestellte Brühwurst aus Schweinefleisch und Gewürzen ist eng mit der Bergbautradition des Saarlands verknüpft. So bestand die Überstunden-Zulage, die die Kumpel einst erhielten, aus einem Viertelring Lyoner, einem halben Doppelweck und nicht zuletzt einer Flasche Bier.

Unten links: »Bibbelsches Bohnensupp« isst man traditionell gemeinsam mit »Quetschekuche« (Zwetschgenkuchen). Unten Mitte: Auch am »Bettsächer« in vielerlei Variationen kommt man im Saarland nicht vorbei.

EINKAUFEN

Metzgerei Petermann
120 verschiedene Wurstsorten und bis zu 200 Fleischprodukte zerlegt und verarbeitet die Metzgerei Petermann in handwerklicher Tradition. Etliche Auszeichnungen bestätigen die Qualität der Produkte und bereits zum sechsten Mal in Folge wählte »Der Feinschmecker« die Metzgerei zu den »400 besten Metzgereien in Deutschland«.
Hauptstr. 65, 66386 St. Ingbert, Tel. 06894/6770, www.metzgerei-petermann.com

Obstbau Schmitt
Streuobstwiesen sind seit über 100 Jahren im Besitz von Familie Schmitt. Wie es in der Gegend um Merzig üblich war, hatten die Großeltern Obstbäume gepflanzt, um die Familie mit frischem Obst und dem traditionellen Haustrunk »Viez« (Apfelwein) zu versorgen. Äpfel, Birnen, Quitten, Mirabellen, Zwetschgen und Kirschen gedeihen seither auf den fruchtbaren Muschelkalkböden. Und aus der Handkelterei des Großvaters ist über einige Zwischenschritte ein eigenes Kelterhaus geworden. Der dazugehörige Hofladen hat samstags von 14 bis 17 Uhr geöffnet.
Saarmühlenstr. 57, 66663 Merzig, Tel. 06861/9393674 www.obstbau-schmitt.de

Bäckerei Kuhn am Schlossberg
Die Bäckerei Kuhn am Schlossberg in Blieskastel ist eine der ältesten Bäckereien im Saarland, die sich noch in Familienbesitz befinden. Ihre Existenz kann bis in die Zeit der Grafen von der Leyen zurückverfolgt werden und sorgt im gemütlichen Café in der barocken Altstadt mit einer reichhaltigen Auswahl an Torten, Kuchen und Pralinen aus eigener Herstellung für große Augen. Klaus Kuhn, Konditormeister seit 1978, hat bereits 1988 mit seiner »Saarlandtorte« den Wettbewerb des Saarländischen Konditorengewerbes gewonnen. Aber auch die Schwarzwälder Kirschtorte sollte man probiert haben.
Schlossbergstr. 4, 66440 Blieskastel, Tel. 06842/2304

Oben: Sogar eine Schlagerparodie dichteten die Saarländer auf ihre Lieblingswurst, die Lyoner: »Heut Abend ist Lyonerfeschd/ wo sich manches gut bereden lässt« lauten die ersten Zeilen. Unten rechts: Guten Apfelwein erhält man bei Obstbau Schmitt.

KOCHEN

Geheirade

750 g Kartoffeln
500 g Mehl
250 ml Mineralwasser
3 Eier
½ Bund Schnittlauch
150 g Speck
125 ml Milch

Die Kartoffeln schälen, zu Stiften schneiden und in Salzwasser kochen. Das Mehl, Mineralwasser, Eier, Salz und Schnittlauch werden zu einem zähflüssigen Teig vermengt. Ca. 2 l Salzwasser oder Brühe aufkochen und den Teig esslöffelweise in die Brühe geben und ca. 5 Minuten gar ziehen lassen. Den Speck ausbraten, mit der Milch oder der Sahne ablöschen. Im Wechsel schichtet man in einer vorgewärmten Schüssel die Kartoffelstifte und die Mehlknödel übereinander und übergießt das Ganze mit der Specksauce. Dazu reicht man Apfelmus.

GENIESSEN

Geheirade

Wer hochzeitete denn wohl für dieses einfache Gericht, das wie Schwenkbraten und Lyoner aus der saarländischen Küche nicht wegzudenken ist? Es sind »Mehlknepp(cher)« und (Salz-)Kartoffeln, die Braut und Bräutigam spielen und sich in einer sahnigen Specksauce paaren. Wie genau die Rollenverteilung ist zwischen den Löffelklößchen aus einer Art Spätzleteig und den gestiftelten Erdäpfeln, liegt allerdings bis heute im Dunkeln. Sicher aber ist, dass der Saarländer zu seinen »Ge-« oder »Verheirade« Apfelmus isst oder einen Salat aus Roter Bete. Erst kürzlich bewies übrigens ein saarländischer Koch, dass Geheirade auch bestens zu kross gebratenem Saiblingsfilet passen.

Schwenkbraten

»Gott lenkt, der Mensch denkt, der Saarländer schwenkt«, so lautet eine saarländische Redewendung. Denn das Schwenken und der Schwenker gehören unbedingt zur regionalen Küchentradition zwischen Homburg, Saarlouis, Mettlach und Nonnweiler – allerdings wohl erst seit den 1970er-Jahren. Zuvor war das meist von einem Herrn der Schöpfung, dem Schwenker, auf einem dreibeinigen, möglichst selbst gebauten Hängegrill (Schwenker) zubereitete Fleisch (Schwenker, Schwenkbraten) vor allem im Hunsrück bekannt: als Schaukelbraten. »Geschwenkt« wird im Saarland heute übrigens fast das ganze Jahr, zumindest aber von Aschermittwoch bis zum ersten Advent. Und auf den stets sauber gebürsteten Rost kommen neben den obligatorischen Halskoteletts, Spareribs und Steaks auch schon mal Lendenfilets, Lamm, Hühnchen oder Fisch. Und selbstverständlich: Lyoner.

Speckrahmsauce

Man isst sie zu »Mehlknepp« und zu »Hoorische«, zu »Verheirade« und zu manch anderem Kartoffel- oder Kloß-Gericht. Aber auch zu Bohnen und heute sogar zu Fisch oder Pasta wird die Speckrahmsauce im Saarland gegessen. Ursprünglich diente die sämige Kreation als zusätzlicher Kalorienlieferant, denn die Arbeiter in der saarländischen Industrie, in den Bergwerken und der Landwirtschaft brauchten ausreichende Energievorräte für ihre schweren Tätigkeiten. Schweinespeck und Milch beziehungsweise Rahm standen den meisten Familien selbst zur Verfügung oder waren leicht und kostengünstig erhältlich. Gleiches gilt für die Zwiebel, die im ausgelassenen Speckfett für die Sauce angebraten wurde.

Viez

Im Oktober geht es stets hoch her in Merzig. Denn in diesem Herbstmonat wird der »Viez« gefeiert, der lokale Apfelwein. Es gibt ihn heiß oder kalt, süß oder herb, mit Honig oder allerlei anderen Zutaten. Das Fest hat seinen Ursprung in der langen Tradition des Apfelbaus in der Region und im angrenzenden Saargau – der »Merziger Äppelkischd«, wie die Einheimischen sagen. Aber schon die einst in der Gegend siedelnden alten Römer kannten den Viez; von ihrem Begriff

Beim Schwenkbraten handelt es sich um marinierte und »geschwenkte«, d.h. gegrillte Scheiben vom Schweinenacken. Wenn man im Saarland grillt, und das tut man in den Sommermonaten oft, dann meist diese Spezialität.

»vice vinum«, Weinersatz, hat er seinen Namen. Charakteristisch für den vergorenen Apfeltrunk sind seine ausgeprägte Säure und sein trockener, feinherber Charakter. Daher genießt der Saarländer seinen Viez auch nicht nur im Glas, sondern schätzt ihn ebenso zum Kochen: für das Merziger Viezsüppchen zum Beispiel, wo er sich bestens mit Petersilienwurzel und Knoblauch paart.

Hundsärsch (Mispel)

Es ist ihr »Auge« mit den deutlich erkennbaren Kelchblättern, das wohl einst einen saarländischen Bauern mit viel Fantasie an einen Hunde-Anus denken ließ. Seither trägt die Mispelfrucht im saarländischen Dialekt diesen Namen. Schon die Römer kultivierten das Rosen-Gewächs und brachten es über die Alpen. Später gelangte es in die Klostergärten und verwilderte schließlich wieder. Vor allem im Blies- und im Saargau sind die niedrigen »Hundsärsch«-Bäume bis heute weit verbreitet. Da die harten, süß-säuerlichen Früchte wenig Saft geben und erst nach dem ersten Frost sowie längerer Lagerung genießbar sind, verarbeiten sie die Saarländer vor allem zu Gelee und zu feinen Bränden. So einen »Hundsärsch«-Schnaps habe Oskar Lafontaine, so heißt es, nach seinem spektakulären Rücktritt auch den vor seinem Haus wartenden Journalisten ausgeschenkt.

Bilder unten: Die Mispel war früher ein weit verbreiteter Obstbaum. Heute ist die Frucht in Vergessenheit geraten. Zur Zubereitung das Obst aufschneiden, die Kerne entfernen und das Fruchtfleisch in Stücke zerteilen. Oben: Saarländisches Nationalgetränk – Viez.

ERLEBEN

Merziger Viez-Fest

Wenn es den »Merziger Viez« in allen Variationen – mal süß, mal herb, mal heiß, mal kalt – gibt, wird seit 1970 das Viezfest gefeiert. Im Schnitt über 30 000 Besucher sind neben der Viezkönigin und deren beiden Prinzessinnen dabei, sobald das Fest um 10.30 Uhr vor dem Historischen Rathaus traditionell eröffnet wird und 50 Köche der ansässigen Vereine für das leibliche Wohl der Gäste sorgen.

Innenstadt, 66663 Merzig, Tel. 06861/850 (Bürgerservice), www.merzig.de

Saar-Spektakel

Das Saar-Spektakel ist das einzige Event, das jährlich im August für drei Tage maritimes Flair nach Saarbrücken bringt. Denn hier dreht sich alles um die Themen Wasser und Wassersport. Die Besucher feiern entlang der Saar bei Live-Musik, Wasser-Wettkämpfen, Mitmach-Aktionen und kulinarischen Angeboten.

An der Saar, 66111 Saarbrücken, Tel. 0681/9050 (Rathaus), www.saarspektakel.de

Saarbrücker Altstadtfest

Kurz vor den Sommerferien startet an drei Tagen das Saarbrücker Altstadtfest inklusive Kunst- und Trödelmarkt, Musik, Kultur und kulinarischen Genüssen. Lokale und überregionale Bands präsentieren sich auf fünf Bühnen und ein 250 Quadratmeter großer Tanzboden auf dem St. Johanner Markt verwandelt die Innenstadt in eine Partymeile.

Altstadt, 66111 Saarbrücken, www.altstadtfest-saarbruecken.de

Sonntags ans Schloss

Seit 1989 ist der Garten des Saarbrücker Schlosses jeden Sommer Treffpunkt, wenn es von Juni bis August heißt: »Sonntags ans Schloss«. An insgesamt zehn Sonntagen dürfen sich Musikliebhaber und Familien auf kostenlose Konzerte, Matinées, musikalische Soirées oder Theater, Zauberei und Clownerie freuen.

Schlossplatz, 66119 Saarbrücken, Tel. 0681/5066070 (Kulturforum), www.saarbruecken.de

Ingobertusfest

Seit vier Jahrzehnten gehört das Ingobertusfest zu den kulturellen und gesellschaftlichen Höhepunkten in St. Ingbert. Kein Wunder also, dass sich an zwei Tagen im Juli Tausende Besucher unter freiem Himmel in der Innenstadt einfinden, um bei Musik und kulinarischen Genüssen nach dem Fassbieranstich fröhlich zu feiern.

Innenstadt, 66386 St. Ingbert, Tel. 06894/130 (Rathaus), www.st-ingbert.de

Merziger Oktoberfest

Wiesn-Flair an der Saar herrscht jährlich beim Merziger Oktoberfest im September mit Fahrgeschäften und zahlreichen Schmanckerl-Buden. Zur feierlichen Eröffnung mit Fassanstich durch den Bürgermeister erfolgt der Einmarsch der Musikkapelle ins Festzelt. Zum Rahmenprogramm zählen auch eine große Automobilausstellung in der Innenstadt sowie der Große Kramermarkt am Festplatz.

Festplatz neben der Stadthalle, 66663 Merzig, Tel. 06861/85490 (Kulturbüro) oder 06861/85492 (Reservierung und Infos), www.merzig.de

Salz- und Kräutermarkt in Sulzbach

Ein Markt für Genießer rund um die Historischen Salzhäuser in Sulzbach. Hier dreht sich alles um Gewürze und Kräuter, daneben lockt ein kulinarisches Angebot an Speisen und Getränken.

www.historische-salzhäuser.de

Kasematten-Dinner

Die Zeitreise ins 16. Jahrhundert beginnt am Restaurant Schlossgarten in Saarbrücken. Von dort führt Graf Johann seine Dinnergäste durch den angrenzenden historischen Schlossgarten zum Champagner-Empfang. Danach steigt man hinab in die unterirdische Südwestbastion des Schlosses mit ihren zweigeschossigen Kasematten, erlebt dort ein unterhaltsames Theaterstück, bis es zum Highlight des Abends geht – einem fürstlichen 4-Gang-Menü, das standesgemäß im Restaurant Schlossgarten kredenzt wird.

www.restaurant-schlossgarten-saarbruecken.de

WISSEN

Michelin-Sterne-Land

Noch nicht einmal eine Million Einwohner, aber acht Michelin-Sterne. Mit dieser Dichte höchster kulinarischer Auszeichnungen kann kein anderes deutsches Bundesland konkurrieren. Zudem liegen im Saarland gleich zwei der derzeit elf von der französischen Gastro-Bibel »Guide Michelin« in Deutschland mit drei Sternen bewerteten Restaurants. Jenes von Klaus Erfurt in Saarbrücken und »Victors Fine Dining« von Christian Bau auf Schloss Berg im 8500-Seelen-Ort Perl. Bau kreiert hier eine moderne, japanisch-asiatisch inspirierte Küche. 2018 wurde er als Koch von Weltrang und kulinarischer Botschafter Deutschlands mit dem Bundesverdienstkreuz ausgezeichnet. Ähnlich wie Bau sieht auch Cliff Hämmerle in Blieskastel die Tradition als Basis für Innovation. Seit 2012 würdigt der Guide Michelin die Karte von »Hämmerles Barrique« mit einem Stern. Alexander Kunz in St. Wendel indes attestieren die Tester eine geradlinige Küche ohne Chichi.

Bild oben: Bereits zum 20. Mal feierten die Saarbrückener das Saar-Spektakel 2018, das u. a. mit Drachenbootrennen, Bands, Erlebnismeile und Kinderprogramm Gäste aus nah und fern anlockt. Bilder Mitte: Basis allen Feierns – ohne den Viez, den saarländischen Apfelwein, geht beim Merziger Viezfest gar nichts. Bild unten: Das Saarbrückener Schloss ist Veranstaltungsort für zahlreiche Festivitäten, z. B. »Sonntags ans Schloss« oder das »Kasematten-Dinner«.

RHEINLAND-PFALZ & MOSEL

Kulinarisch bieten Rheinhessen und die Pfalz vielfältige Geschmackserlebnisse. Ob »Backesgrumbeere« (Kartoffelauflauf), »Dibbehas« (Hase im Topf) oder »Spundekäs« (Frischkäsecreme), die Bandbreite der Küche zeigt sich variantenreich. Idealer Begleiter ist immer ein erlesener Tropfen Wein. Typisch für die Pfalz ist außerdem der Pfälzer Saumagen, der durch Altbundeskanzler Helmut Kohl internationale Berühmtheit erlangte. Im Herbst ist »Keschdezeit« und die prallen Früchte werden als Beilage zu Fleisch- und Wildgerichten auch in den Straußwirtschaften serviert. In der Weinregion Mosel gilt ein geschmückter Kranz am Tor als Erkennungszeichen, dass Wein zu »Wingertspoal« (Schweinenacken), »Weingräwes« (Schweinerippchen) oder »Trierer Kellervesper« (u. a. Blut- und Leberwurst, Winzerkäse, Griebenschmalz) ausgeschenkt wird.

KOCHEN

Zwiebelkuchen

400 g Mehl, 1½ Pck. Trockenhefe, ¼ l lauwarme Milch, 1 Ei, 6 EL Öl, 7 Zwiebeln, 200 g Speckwürfel, 1 EL Kümmelsamen, ½ TL Pfeffer, 300 g Schmand, 300 g Sahne, 1 Prise Salz, 4 Eier

Das Mehl in eine Schüssel geben, eine Mulde hineindrücken und die Trockenhefe mit der Milch und 1 Prise Salz hineingeben. Mit dem Ei und dem Öl zu einem glatten Teig verkneten. Den Hefeteig zugedeckt etwa 1 Stunde gehen lassen. Nochmals durchkneten und ausrollen. Ein Backblech einfetten und den Teig daraufgeben. Den Backofen auf 200 °C vorheizen. Für den Belag die Zwiebeln in Ringe schneiden und andünsten. Mit den Speckwürfeln auf dem Teig verteilen. Den Kümmelsamen, Pfeffer, Schmand, Sahne, Salz und die Eier in einer Schüssel verrühren und auf dem Kuchen verteilen. Den Zwiebelkuchen 30–40 Min. backen.

GENIESSEN

Pfälzer Zwiebelkuchen

Blätterteig oder Hefe? Eckig oder rund? Mit Kümmel oder ohne? Auch beim Pfälzer Zwiebelkuchen gibt es einige Varianten. Ähnlich wie beim Schwäbischen oder Badischen Zwiebelkuchen steht er vor allem zur Zeit des Federweißen, also des jungen Weins, dessen Aussehen im Glas angeblich an wirbelnde Federchen erinnert, in den Strauß- oder Besenwirtschaften, aber auch in der Ganz-Jahres-Gastronomie auf der Speisekarte. Speckwürfel sind übrigens fast immer ein Muss, der Käseguss hingegen ist optional. Aber kross muss er auf jeden Fall sein, der perfekte Zwiebelkuchen und die Hauptzutat, die Zwiebel, frisch, damit sie nicht schon Wasser gezogen hat.

Lewwerworscht

Pfalz und Kurpfalz sind ihr Zuhause und schon in einem Pfälzer Kochbuch von 1858 finden sich Rezepte für ihren Verzehr. Denn man kann die Pfälzer Leberwurst nicht nur aufs Brot streichen, sondern auch mit Kartoffeln anbraten. Oder Klöße mit ihr füllen. Ihr Brät ist grob und darf nach heutigen Lebensmittelleitsätzen nur »fettgewebereiches« Schweinfleisch enthalten, also Schweinemasken, Bindegewebe und Leber. Andere Innereien sind tabu, ebenso wie Nitritpökelsalz. Gewürzt wird mit Pfeffer, Majoran und Muskat. Und glaubt man einem T-Shirt-Spruch aus Kaiserslautern, dann schmeckt die Pfälzer Leberwurst nicht nur vortrefflich, sondern hat auch noch andere Eigenschaften: »Lewwerworscht löscht de Dorscht«, steht nämlich auf der Brustseite des Kleidungsstücks zu lesen.

Pfälzer Platte

Vegetarier wissen es schon lange: Die Pfälzer lieben Fleisch. Und zwar in allen möglichen Varianten. Als Wurst oder Braten, gekocht oder gegrillt, gerollt oder faschiert. Das Schwein ist Hauptlieferant für all diese deftigen Spezialitäten, die natürlich in jedem Gasthaus der Region auf der Speisekarte stehen und auch bei keinem Volksfest fehlen dürfen. Aber auch einem Pfälzer fällt es mitunter schwer, sich für eine der vielen fleischlichen Versuchungen seiner Heimat zu entscheiden. Abhilfe in diesem Dilemma schafft die »Pfälzer Platte«, denn sie bietet von allem ein wenig: eine Bratwurst, einen Leberknödel, etwas Sauerkraut – und natürlich eine Scheibe Saumagen.

Bitburger Bier

Der Slogan ist eingängig: »Bitte ein Bit!« Und jeder weiß: Ein Bier wird gewünscht, und zwar jenes aus der Eifel, dessen Geschichte dort bereits im 19. Jahrhundert begann. Mit Peter Wallenborn, der in Bitburg 1817 seine Brauerei gründete. Enkel Theobald ließ neue Gär- und Lagerkeller und ein neues Sudhaus bauen sowie einen Tiefbrunnen anlegen. 1883 stellte das Unternehmen erstmals ein Bier nach Pilsner Art her; 1913 erlaubte ein Reichsgerichtsurteil, es unter dem Namen »Original-Simonbräu-Deutsch-Pilsener« anzubieten. Klagen der Pilsner Brauer, die in der Bezeichnung Pils eine Herkunftsbezeichnung sahen, wurden damit für alle Zeiten gegenstandslos.

Unten links: Pfälzer Zwiebelkuchen. Manche experimentieren beim Belag mit roten Zwiebeln, Walnüssen und statt des Muskatnussabriebs kommt Thymian als Gewürz ins Spiel. Unten Mitte: Manchmal gibt es nichts Besseres als ein gutes Leberwurstbrot.

BESUCHEN

Spinnrädl
Im Herzen der Altstadt unweit vom Schillerplatz und mitten in der Fußgängerzone liegt das »Spinnrädl«. Manche behaupten, dass das älteste Fachwerkhaus, in dem sich die traditionell pfälzische Gaststätte befindet, noch aus dem 16. Jahrhundert stammt. Über echte Pfälzer Klassiker wie »Lewwerworscht-brot«, »Ofenbraten« mit »Speckböhnscher« und »Schneebällscher« (Knödel) oder »Saumaa' mit Sauerkraut un Bro« (Saumagen) reicht die Vielfalt bis hin zu saftigen Winzersteak und selbstgebackenem Kuchen.
Schillerstr. 1,
67655 Kaiserslautern,
Tel. 0631/60511,
www.spinnraedl.de

Weinland Mosel, Deutsche Weinstraße
Auf ihrem Weg von der luxemburgischen Grenze nach Koblenz legt die Mosel rund 250 Kilometer zurück. Auf beiden Seiten des Flussbetts und an den Unterläufen ihrer Nebenflüsse Saar und Ruwer liegen die dicht bepflanzten Rebflächen des Weinanbaugebietes Mosel, Deutschlands älteste Weinregion. Sie prägen das Gebiet, wie kaum eine andere Weinlandschaft. Hier haben schon Kelten und Römer vor 2000 Jahren Wein hergestellt. Heute freuen sich die jungen Winzer über Besucher. Sie geben Einblick in die Tiefen der Weinkeller, laden zu Weinproben ein und bieten die Weine direkt zum Kauf an.
www.weinland-mosel.de

AhrWeinForum
Als permanente Ausstellung wird hier über die Bedeutung des Weinanbaus in der Region erzählt. Fotos, Handwerkzeug und vielseitige Dokumentationen spannen den Bogen von längst vergangenen Zeiten bis in die Gegenwart. Unter dem Motto »Mit dem Winzer durchs Jahr« informieren Experten des Weinbaumuseums in Theorie und Praxis über den oft mühsamen und arbeitsintensiven Alltag der Winzer in Weinberg und Keller.
Walporzheimer Str. 19,
53474 Bad Neuenahr-Ahrweiler,
Tel. 02641/917176,
www.ahrtal.de

Restaurant Historischer Keller
Nach seiner aufwendigen Restaurierung ist es kaum zu glauben, dass der »Historische Keller« um das Jahr 1200 als Handelslager zur Aufbewahrung von Wollballen erbaut wurde und später als Weinkeller diente. Das Kreuzgewölbe, die Gurtbögen und die Pfeiler sind typisch für die romanische und frühgotische Baukunst und sorgen heute in der Gaststätte für einmaliges Ambiente, während man echte Spezialitäten aus der Region genießt.
Simeonstr. 46, 54290 Trier,
Tel. 0651/469496,
www.historischer-keller.de

Burgschänke Rittersberg
Im Juni, wenn die »Keschde« (Kastanien) blühen, zieht sich ein hellgelbes Band entlang des bewaldeten Haardtrandes. Ihm folgt der »Pälzer Keschdeweg« von Hauenstein im Süden, über Annweiler, Landau-Land, Edenkoben und Maikammer bis nach Neustadt an der Weinstraße. Im Oktober fallen die reifen Esskastanien wie Äpfel von den Bäumen, die stacheligen Hüllen platzen auf und die Keschde werden gesammelt. In der Burgschänke »Rittersberg« kommen sie dann als Kastaniencremesuppe mit Sahne oder glasiert zu Kürbis-Saumagen, Bratkartoffel und Sauerkraut duftend auf den Tisch.
Hambacher Schloss 19,
67434 Neustadt Weinstraße,
www.haus-rittersberg.de

Weingut Erwin Riske
Im Turmgarten des gewaltigen Hauses in Dernau verbirgt sich hinter den Mauern eine der wohl schönsten Straußwirtschaften an der Ahr. Offiziell wird sie von Kennern als eine der drei besten in Rheinland-Pfalz empfohlen. Dabei haben sich Mechthild und Volker Riske erst 1997 entschlossen, die Tür ihrer Probierstube für Wandergäste zu öffnen. Seither verwöhnt die praktizierende Lehrerin für das Fach Nahrungszubereitung die Besucher auch mit ihrer Kartoffel-Lauch-Suppe mit Sahnehaube und frischen Kräutern nach Hausrezept.
Wingertstr. 26–28, 53507
Dernau, www.weingut-riske.de

Unten rechts: Dass es in der Pfälzer Küche recht deftig zugeht, erfährt man spätestens, wenn die Pfälzer Platte servert wird. Auf dem Teller tummeln sich dann diverse Fleischspezialitäten und natürlich darf auch eine Bratwurst nicht fehlen.

WISSEN

Entlang der Weinstraße

Die Deutsche Weinstraße zieht sich von den pfälzischen Gemeinden Bockenheim und Grünstadt über Bad Dürkheim, Neustadt und Maikammer bis südlich von Bad Bergzabern, fast an die Grenze zum Elsass. Auf gut 80 Kilometern führt die schon vor mehr als ebenso vielen Jahren ins Leben gerufene touristische Route damit durch das zweitgrößte der 13 deutschen Weinbaugebiete. Gut dreimal so lang ist indes die Moselweinstraße. Sie beginnt in Perl und schlängelt sich über Trier bis zum Deutschen Eck in Koblenz durch die älteste Weinregion der Republik.

GENIESSEN

Ahrtaler Rehsauerbraten

Für Wein, roten zumal, ist das Ahrtal hauptsächlich bekannt. Zwischen Rhein und Eifel liegt jedoch auch ein großes Gemüse- und Obstanbaugebiet. Und die Eifel selbst birgt eine Fülle von Wild. Beste Voraussetzungen also für den Ahrtaler Rehsauerbraten. Im traditionellen Rezept wird das marinierte Fleisch mit Apfel- und Rübenkraut aus der Region angeröstet; später kommt noch Schwarzbrot dazu. Und für die Sauce ist natürlich der lokale Rotwein nötig. Als Beilage gibt es »gestovte« (sautierte) Äpfel aus der Region – mit Mandeln und Rosinen sowie Semmelknödel oder Kartoffelpüree.

Bingener Eiswein

Es war bitter kalt im Winter 1829/30 im linksrheinischen Winzerstädtchen Bingen. Temperaturen von mehr als zwanzig Grad unter Null ließen dem Fluss eine Eisdecke wachsen; Mensch und Tier litten Hunger. So beschloss man, die wegen mangelnder Reife an den Rebstöcken verbliebenen Trauben an das Vieh zu verfüttern. Dabei stellte man fest, dass noch ein wenig Saft in ihnen verblieben war, und presste sie daraufhin kurzerhand durch ein Tuch. Der so gewonnene Most wurde auf die übliche Art gekeltert und heraus kam ein vortrefflicher, goldener, süßer Wein. Zur Erinnerung an den wunderbaren Zufall steht heute in Bingen das Eisweindenkmal – die naturgetreue Nachbildung einer Rebzeile mit gefrorenen Trauben.

Dampfnudeln

Donnerstag ist in der Pfalz Dampfnudeltag auf vielen Gasthaus-Speisekarten. Manchmal auch schon Mittwoch. Am heimischen Herd werden die Hefeknödel aber ebenfalls oft und gern zubereitet – egal ob mit oder ohne Ei. Wichtig ist die salzige Kruste. Aber sie darf nicht anbrennen am Topf- oder Pfannenboden. In Sachen Begleitung der »Dampfknepp« oder »Hawwedambnudeln« kennt man hingegen kaum ein Muss. Weinsauce sagen die einen, die anderen mögen lieber »Bääreschnitz« (eingelegte Birnenschnitze). Auch schlicht Butter und Marmelade sind möglich – ebenso wie »Lewwerworscht« (Leberwurst). Mancher Wirt lockt sogar mit Angeboten wie: zwei hausgemachte Dampfnudeln mit wahlweise drei Saucen. Na dann: »E Guda«, wie der der Pfälzer sagt – Guten Appetit!

Teerdi(s)ch

Pechschwarz wie der einstige Straßenbelag ist sie nicht, diese Mischung aus Sauerkraut und gestampften Kartoffeln; die typisch ist für die Trierer Küche und zum besseren Verständnis mitunter präziser »Kappes-Teerdich« genannt wird. Kappes heißt im Dialekt das (Weiß-)Krauthaupt; Teerdich geht auf das lateinische »tyrium« zurück, was Stoff bedeutet. Gemeint ist: Robustes Gewebe wird einer nahrhaften Speise gegenübergestellt. Serviert wird Teerdi(s)ch sowohl zu Kassler als auch zu Leberknödel, Hausmacher-Leberwurst und Brat- oder Mettwurst. Es passt aber auch zu »Trierer Pannfisch« mit Blutwurst oder fein auf der Haut gebratenem Fischfilet.

Unten links: Eisweindenkmal in Bingen am Rhein – hier kam man durch Zufall nach einer langen Kälteperiode auf diese einzigartige Spezialität. Unten rechts: In Zell reifen die Reben der »Zeller Schwarzen Katz«.

EINKAUFEN

Käserei Mannebach
Im Hofladen gibt es handwerklich hergestellten Kuh-Rohmilchkäse in verschiedenen Variationen. Hausgemachte Öle und Pesto ergänzen das leckere Angebot. *Riedhof, 54441 Mannebach, Tel. 06581/2376, www.mannebacher-kaese.de*

Forellengut Rosengarten
Köstliche Fischspezialitäten bietet der Hofladen des Forellenguts. Hier gibt es ein umfangreiches Angebot heimischer Süßwasserfische aus eigener Zucht und Flussfischerei sowie verschiedene selbst hergestellte Fischprodukte. *Untere Neumühle 48-57, 54441 Trassem, Tel. 6581/91990, www.fisch-rosengarten.de*

Hofgut Serrig
Das Gut bietet Obst und Gemüse, selbst erzeugte frische Wurst- und Fleischwaren sowie Produkte aus der eigenen Brennerei, Töpferei und Weberei an. *Domänensiedlung, 54455 Serrig, Tel. 06581/914510, www.hofgut-serrig.de*

Bioland-Bauernhof Otten
Auf dem Hof Otten leben die Rinder noch wie in der guten alten Zeit. Das schmeckt man beim aromatischen Bio-Rindfleisch, das im Hofladen erhältlich ist. Ergänzt wird das Angebot u.a. durch Produkte wie Eier, Nudeln, Liköre und Brände, Obstsäfte, Öle, Honig sowie Käse von regionalen Erzeugern. *Hauptstr. 36, 54558 Strohn, Tel. 06573/468, www.bauernhof-otten.de*

Geflügelhof Janshen
Frische Eier, hausgemachte Eiernudeln, Geflügel- und Kaninchenfleisch sowie weitere regionale Spezialitäten kann man auf dem Hof erwerben. Im Landgasthof stehen typische Speisen aus Lebensmitteln des Hofes auf der Speisekarte. Auf die Kleinsten wartet ein Streichelzoo. *Moselweg 11, 54552 Ellscheid, Tel. 06573/730, www.janshen-ellscheid.de*

Ziegenkäserei Vulkanhof
Schon seit 1961 besteht der Betrieb, der bereits als eine der besten Käsereien Deutschlands ausgezeichnet wurde. Der Hofladen bietet eine umfangreiche Palette an Ziegenkäse, Ziegenwurst und Ziegenschinken aus eigener Herstellung sowie Honig, Nudeln, Schnäpse und Brände aus der Region. Bei einer deftigen Brotzeit auf der Terrasse kann der Käse direkt probiert werden. *Vulkanstr. 29, 54558 Gillenfeld, Tel. 06573/9148, www.vulkanhof.de*

Brennerei & Destillerie Dieter Sonne
Hier gibt es eine große Auswahl an Destillaten und Likören, Wildobstbränden und Raritäten von der Streuobstwiese. *Hauptstr. 18, 54472 Veldenz, Tel. 06354/89 19*

Dorfimker Kesten
Moselhonig, ein uraltes Kulturgut der Region, wird von Familie Braband unter dem Prädikat »Zertifizierte Qualität – Initiative Mosel« produziert und vertrieben. Außerdem gibt es Met (Honigwein) aus eigener Herstellung. *Moselstr. 5, 54518 Kesten, Tel. 06535/94 4221, www.dorfimker-kesten.de*

Saargauhof
Der Hofladen bietet Fleisch, Wurst und Schinken von Freilandschweinen und -rindern, Eier von Hühnern aus Freiland- und Bodenhaltung sowie frische Milch von Fleckviehkühen. *Saargauhof, 54439 Saarburg-Kahren, Tel. 06581/6131, www.saargauhof.de*

Weingut Dax
Weinladen, Straußwirtschaft und ein »Vinotel« – all das bietet das Ferienweingut Dax. Hier kann man Köstlichkeiten aus dem Moseltal sowie die eigenen Weine der Winzerfamilie erwerben. *Moselstr. 35, 56814 Ernst an der Mosel, Tel. 02671/3144, www.weingut-dax.de*

Weinhof Gassen
Weine aus eigenem Anbau, Sekt, »Mosecco«, Edelbrände, verschiedene Schnäpse, Öle, Kräutersenf, Weintraubengelee und vieles mehr gibt es auf dem traditionsreichen Weingut zu kaufen. *Robert-Schuman-Str. 204, 54536 Kröv, Tel. 06541/5888, www.weinhof-gassen.de*

Insgesamt sechs der 13 deutschen Weinbaugebiete für Qualitäts- und Prädikatswein liegen innerhalb der Landesgrenzen von Rheinland-Pfalz. Unten: Blick von den Weinbergen des pfälzischen Dienheim auf die noch im Morgennebel liegende Landschaft.

KOCHEN

Weinsuppe

1 Sellerieknolle, 1 Lauchstange, 1 Möhre, 1 Zwiebel, 3 EL Mehl, 1 ¾ l Gemüsebrühe, ¼ l Weißwein, 1 EL Zimtpulver, 2 Eigelb, 100 g Sahne, 3 Scheiben Weißbrot

Sellerieknolle, Lauch, Möhre und Zwiebel in Würfel schneiden. Butter in einer Pfanne erhitzen und die Zwiebeln andünsten. Das Gemüse dazugeben und dünsten. Das Mehl darüberstäuben und anschwitzen. Alles unter Rühren mit der Gemüsebrühe und dem Weißwein ablöschen. Mit Salz, dem Zimtpulver und Pfeffer aus der Mühle würzen. Die Suppe aufkochen und 10 bis 15 Min. bei schwacher Hitze köcheln lassen. Das Eigelb und die Sahne unterrühren (die Suppe darf nun nicht mehr kochen). Das Weißbrot in Würfel schneiden und anrösten. Mit Zimtpulver bestäuben. Die Suppe in Teller geben und die Brotwürfel darauf verteilen.

GENIESSEN

Gebreedelte

Sie mache einen Spagat zwischen Hausmannskost und Haute Cuisine, heißt es von der Pfälzer Küche. Blutwurstpraline und feine Spargelgerichte auf der einen Seite, »Lakcervelat« und »Hoorische« mit Specksauce auf der anderen. »Haarig« sind die Klößchen sicher nicht, der Name kommt von ihrer rauen Oberfläche, für die roh geriebene Kartoffeln sorgen. Die gelbe Knolle – »Grumbier« oder »Grumbeer« im Dialekt – spielt generell eine wichtige Rolle bei den Traditionsgerichten der Pfalz. Da gibt es etwa »Gequellde uun weißer Kees« (Pellkartoffel mit Quark), »Grumbier-Ponnekuche« (Reibekuchen), »Grumbeere-Stampes« (Kartoffelpüree), »Grumbier-Supp« (dazu isst man frischen Zwetschgenkuchen) oder auch »Gebreedelte«: schlichte Bratkartoffeln, aber aus der rohen Knolle, und nach Großmutterart serviert mit Sauermilch.

Moselfische

Lachs, Meerforelle und Maifisch sind zwar noch nicht zurück in der Mosel, aber Hecht und Aal fühlen sich recht wohl in ihrem Wasser – und die kleinen Flossenträger wie Rotaugen sowieso. Als »Muselfisch« meist im Dutzend angeboten und mit den Fingern zu essen, zählen die im Ganzen frittierten Winzlinge (15 bis 22 Zentimeter Länge seien ideal, sagen Experten, dann können sie mitsamt den Gräten verzehrt werden) ebenso zu den Mosel-Spezialitäten wie die Kartoffelgerichte »Dippelappes«, »Teerdich« und »Krumpernschnietchen«. Und natürlich der geräucherte Aal. Zu allen Gerichten schmeckt übrigens sowohl ein Glas Mosel-Viez (Apfelwein) wie auch der Riesling von den steilen Uferhängen der Mosel.

Keschde

»Wenn's Keschde gibt, gibt's auch Woi«, sagen die Pfälzer. Denn beide werden etwa zur gleichen Zeit reif: die Trauben und die Kastanien. Edle, also essbare, sind es in der Region, und schon die Römer sollen sie eingeführt haben, ebenso wie die Reben. Wahrscheinlich wollte man die Soldaten auf diese Weise verpflegen und zugleich bei Laune halten. Bayernkönig Ludwig I. schätzte die »castanea sativa« als »des südlichen Klimas bester Zeuge« und ließ Hunderte von Kastanienbäumen rund um seine Pfälzer Sommerresidenz anpflanzen. Wenn heute im Oktober die stacheligen Früchte von den Bäumen fallen, gibt es nicht nur längs des Pfälzer Kastanien-Wegs Spezialitäten wie Keschde-Supp, Keschde-Pastete, Keschde-Spitzle oder Keschde-Rollbraten. Die Bäcker backen Keschde-Brot und Keschde-Kuchen, formen Keschde-Pralinen – und ins Glas kommt Keschde-Geist oder Keschde-Bier.

Grießknepp

Besonders bei Kindern ist diese Süßspeise auch als Mittagessen beliebt. Aus Hartweizengrieß, Milch, Zucker und Butter sind die Nocken schnell und einfach zubereitet und schmecken besonders gut mit gekühltem Obst. Ganz wichtig: Die fertigen »Grießknepp» werden am Ende noch in mit Butter gebräunten Semmelbröseln gewendet.

Unten links: Die Pfälzer Weinsuppe ist eine leichte Auftaktsuppe zu einem großen Pfälzer Menü. Unten rechts: Wenn von »Muselfisch« die Rede ist, sind meist Rotaugen gemeint. Aber auch der fette Moselaal kann sich hinter dem Namen verbergen.

WISSEN

Der Saumagen – Helmut Kohl und seine Leibspeise
Kanzler Kohl machte ihn berühmt weit über seine pfälzische Heimat hinaus: Der gebürtige Ludwigshafener ließ seine deftige Leibspeise aus Schweinebrät, Kartoffeln und Gewürzen sogar politischen Staatsgästen wie Ronald Reagan und Margaret Thatcher vorsetzen. Erfunden wurde sie vermutlich von armen Bauern, die die sonst wenig brauchbaren Schlachtabfälle in einen Schweinemagen füllten und alles nach Art einer Brühwurst garten. In seiner ersten Konsistenz soll der Saumagen deutlich weicher gewesen sein als heute und zu Notzeiten wurde sein Kartoffelanteil beliebig erhöht. Gegessen wird die Pfälzer Spezialität, die noch immer in fast allen regionalen Metzgereien erhältlich ist, warm und in dicke Scheiben geschnitten. Volksmedizinische Überlieferungen sprechen »Saumagen mit Hirsebrei« eine hohe gesundheitsfördernde Wirkung zu.

Oben: Altkanzler Helmut Kohl machte ihn auch über die Grenzen Deutschlands hinaus bekannt – den viel gerühmten Saumagen.
Bilder unten: Sobald der Herbst in der Pfalz einzieht, bereichern »Keschde« (Kastanien) in vielerlei Formen den Speiseplan.

Roter
Weinbergpfirsich-Likör
mit Mandel & Vanille

ERLEBEN

Dürkheimer Wurstmarkt

Bad Dürkheim begießt am zweiten und dritten Septemberwochenende das größte Weinfest der Welt und im Schnitt an die 600 000 Besucher feiern mit. Neun Tage und neun Nächte verwandeln sich dazu die Brühlwiesen seit über 600 Jahren in einen Festplatz. Zentrum des Geschehens ist der Dürkheimer Wurstmarkt, der Weinfreunde aus aller Welt anlockt. Rund 300 Weinsorten gibt es hier zu verkosten, die an Schubkarchständen, im Weindorf oder in den Festzelten ausgeschenkt werden.

Brühlwiesen, 67098 Bad Dürkheim, Tel. 06322/935140 (Touristeninfo), www.bad-duerkheim.com

Hauensteiner Kastanienmarkt

Während der Erntezeit steht Hauenstein ganz im Zeichen der Esskastanie. Am dritten Sonntag im Oktober verführt der beliebte Keschdemarkt mit Pfälzer Leckereien: Metzgereien offerieren Keschde-Saumagen und Keschde-Worscht, aus der Backstube kommen Keschde-Brot, knusprige Keschde-Weck und süßer Keschde-Kuchen und Marktstände locken mit Keschde-Likör oder sogar Keschde-Senf. Ein absolutes Geschmackserlebnis sind Keschde, die über der Holzkohlenglut geröstet werden.

Johann-Naab-Platz/Hauptstr., 76846 Hauenstein, Tel. 06392/9233380, www.hauenstein-pfalz.de

Weinlehrpfadfest

Der Heimat- und Verkehrsverein Nitte lädt regelmäßig Weinfreunde zur genussvollen Wanderung auf dem Weinlehrpfad ein. Mit dem Weinglas in der Hand geht es auf einer 1,3 Kilometer langen Strecke zu zwölf Winzern, die zusammen mit der Saar-Obermosel-Weinkönigin und deren Prinzessinnen Elbling, weiße und rote Burgunder und andere Rebsortenweine präsentieren.

Diverse Weingüter, Streckenplan und weitere Infos unter www.weinlehrpfadfest-nittel.de

Bauern-, Handwerker- und Winzermarkt

Wenn Holzschnitzer mit Motorsägen die Blicke auf sich ziehen, niederländische Marktbeschicker Waffeln zum Probieren anbieten und kleine Pflanzensetzlinge die Neugier wecken, befindet man sich inmitten des größten rheinland-pfälzischen Bauern-, Handwerker- und Winzermarktes. An der Straße entlang des Burgener Frohnbaches stehen vor allem Gemüse- und Zierpflanzen der 150 Standbetreiber Spalier, örtliche Winzer und Vereine verwöhnen mit Köstlichkeiten.

Am Frohnbach, 54472 Burgen, www.weinland-mosel.de

Blütenmarkt

Die Terrassenmosel, eine einzigartige Flusslandschaft mit steilen Rebhängen und seltener Flora und Fauna, erstrahlt jährlich in einem Meer aus Pfirsichblüten. Kein Wunder, dass Cochem als Metropole des Moselweinbergpfirsichs gilt. Auf dem Pfirsichmarkt am Endertplatz warten an zwei Tagen im April leckere Produkte wie Tee, Brotaufstrich, Pralinen und Liköre – alle basierend auf der moseltypischen Frucht –, die nach Herzenslust probiert werden dürfen.

Terrassenmosel/Endertmarkt, 56812 Cochem, Tel. 02671/61681, www.cochem.de, www.moselweinbergpfirsich.de

Lautrer Kerwe

»Wem ist die Kerwe? – Unser!«, heißt es zweimal im Jahr im Mai (Maimarkt) und Oktober (Oktobermarkt) auf dem größten Volksfest der Westpfalz. Elf Tage lang wird der Messeplatz der Barbarossastadt dann mit rasanten Fahrgeschäften, zahlreichen Buden, kulinarischen Köstlichkeiten und dem beliebten »Shopping-Gässje« zur Festmeile.

Messeplatz, 67655 Kaiserslautern, www.kerwe-kl.de

Entlang der Viez-Straße

Hergestellt wird der »Viez« aus kleinwüchsigen Äpfeln, die auf den zahlreichen Streuobstwiesen der Region gedeihen. Die rund 150 Kilometer lange Themenstraße führt von Konz über den Saargau bis nach Siersburg im Saarland. Sie ist mit dem Apfel-Logo durchgehend beschildert. Besonders empfehlenswert ist die Route von April bis Oktober, dann gibt es entlang der Strecke zahlreiche Erntefeste und Bauernmärkte zu erleben.

WISSEN

Hildegard von Bingen

Sie wirkte in Sachen Musik und auch politisch, aber bekannt ist die Äbtissin, die als Hildegard zu Bermersheim 1098 bei Alzey das Licht der Welt erblickte, vor allem für ihre heilkundlichen Schriften. Vielen gilt sie dabei als Selfmade-Woman, die durch eigene Denkansätze neue Impulse setzte. Die Gesundheit von Körper und Geist sah Hildegard, die schon mit acht Jahren zur Erziehung ins Benediktinerkloster auf dem Disibodenberg kam, stets in unmittelbaren Zusammenhang. Sie war überzeugt; dass »Schönheit von innen« und die Seele durch »verkehrte Schlackenstoffe« zum Erliegen komme. Kräuter und Pflanzen, vor allem Gewürze, spielen in ihren Aufzeichnungen schon früh eine wichtige Rolle. So liest man oft über die Wirkung von Pfeffer, Ingwer, Zimt, Nelken oder Muskat. »Wenn ein Mensch die Muskatnuss isst, öffnet sie sein Herz, reinigt seinen Sinn und bringt ihm einen guten Verstand.« Wie dem auch sei: Hildegard von Bingen wurde für die damalige Zeit ungewöhnliche 81 Jahre alt.

Bild oben: Weinberge und nochmals Weinberge erstrecken sich rund um das Winzerstädtchen Bad Dürkheim. Kein Wunder also, dass hier der Dürkheimer Wurstmarkt stattfindet, mit über 600 000 Besuchern ist es das größte Weinfest der Welt. Bilder Mitte: »Keschde« in jeglicher Form gibt es auf dem Hauensteiner Kastanienmarkt; der Moselweinbergpfirsich ist die Grundlage des entsprechenden Likörs, den es auf dem Blütenmarkt in Cochem (Bild unten) zu erwerben gibt.

Kümmelkrusten
2,90€
Brot

500g 2.45
Sylter Vollkorn
Stange mit
Haselnüssen
Stück 3.50
500gr. 2.40 €

UNSER TÄGLICH BROT — DEUTSCHLANDS LIEBSTE SPEISE

Deutschland gilt als Brotweltmeister: Mehr als 3000 Brotspezialitäten werden hier gebacken. Das Gros davon ist dunkel – schon Goethe spricht vom »schwarz Brot« – und fast ein Drittel kommt aus Steinbacköfen. Roggen- und Roggenmischbrote machen zusammen mit Dinkel und anderen Vollkornbroten fast sechzig Prozent der gesamten Produktion aus. Gebacken wird der Löwenanteil aller deutschen Brote mit Hefe- oder Sauerteig. Woher aber kommt die ausgeprägte Vielfalt, die jeden deutschen Haushalt im Durchschnitt jährlich 44 Kilo Brot kaufen lässt und inzwischen sogar zum Berufsbild »Brotsommelier(e)« führte? Die historische Kleinstaaterei Deutschlands ist wohl der Grund. Mächtige Herzogtümer bauten ihre Eigenständigkeit damals oft bis zur völligen Autonomie aus. Unterschiedliche Böden und Klimata sorgten zudem für verschiedenes Getreide. Die »Fast-Bäcker« verarbeiteten den »fasten« (festen) Teig aus Roggen, die »Los-Bäcker« den »losen« (lockeren) Weizenteig. Erfunden wurde das Brot allerdings nicht in Deutschland, sondern im alten Ägypten. Das Zerkleinern des Getreides im Mörser oder zwischen zwei Steinen, das Trocknen des Getreidebreis in der Sonne, das Backen in heißer Asche oder befeuerten Tontöpfen, die Entdeckung der Teigsäuerung, die erstmals die Herstellung gelockerter Gebäcke ermöglichte – alles geschah ab dem 3. Jahrtausend v. Chr. in dem Land am Nil.

Was wäre Deutschland ohne sein Brot. International gilt Deutschland als das Land, in dem die meisten Brotsorten gebacken werden. Seit 2014 steht die Deutsche Brotkultur sogar als Immaterielles Weltkulturerbe auf der Liste der UNESCO.

NORDBAYERN

Zu jeder Jahreszeit hat der Norden Bayerns herausragende kulinarische Spezialitäten zu bieten. Im Frühjahr, wenn die Osterbrunnen geschmückt sind, wird Lammbraten kredenzt. Ab Ende Juni haben dann die Kirschen Saison. Sie werden zu Marmelade, Säften, Bränden oder Essig verarbeitet. Auch bei den fränkischen Kirchweihen und anderen Dorffesten wird allerlei aufgetischt: von fränkischen Bratwürsten, »Schäuferla« bis hin zu fangfrischen Karpfen und Forellen. Zum Kaffee gibt es dann »Küchla«, ein Schmalzgebäck aus Hefeteig. Zu den »Scharfen Wochen« im Oktober werden »Krensuppe«, »Krenfleisch« oder andere Gerichte mit Meerrettich (»Kren« ist bairisch-fränkisch für Meerrettich) serviert – die scharfe Wurzel hat in Franken Tradition. Der Winter ist die Zeit für knusprige Enten und Gänse.

KOCHEN

Aischgründer Karpfen

1 Karpfen
etwas Mehl
Friteuse mit frischem Fett
Kartoffeln für Salat
1 Zitrone (in Scheiben)

Friteuse auf 150 °C erhitzen. Den Karpfen halbieren und waschen. In Mehl wenden und ins heiße Fett geben. Mit dem Kopf zuerst, damit der Schwanz sich anhebt und rollt. Etwa 10 bis 15 Min. backen, bis der Fisch goldbraun ist. Kleiner Tipp: Sind die Augen weiß, ist der Fisch fertig! Den Karpfen auf Küchenpapier abtropfen lassen. Mit Zitronenscheiben belegt servieren und dazu selbstgemachten Kartoffelsalat oder auch gemischten Salat reichen.

GENIESSEN

Rauchbier

Erst das dritte »Seidla« schmecke so richtig, heißt es über die Bamberger Spezialität. Ob es wirklich drei halbe Liter braucht, um den an Rauchfleisch erinnernden Geschmack dieses Bieres zu schätzen, ist nicht verbrieft. Sicher aber ist, dass sich das besondere Aroma der ursprünglichen Herstellung des Brau-Malzes verdankt. Denn bis zum 19. Jahrhundert wurde dafür das grüne, also noch feuchte, kurz gekeimte Getreide durch den heißen Rauch offenen Holzfeuers getrocknet. Danach setzten sich auch in Franken andere Darr-Methoden durch. In Bamberg, wo das Brauwesen zurückgeht bis ins 13. Jahrhundert, blieben nur zwei kleine Familien-Brauereien dem ursprünglichen Verfahren treu: »Schlenkerla« und »Spezial«. Sie brauen mit ihrem traditionellen Rauchmalz sowohl Voll- als auch Märzen- und Bockbier sowie seit einiger Zeit auch Weizenbier.

Bamberger Hörnle

Es kommt aus dem Ofen ebenso wie aus der Erde. Denn das »Bamberger Hörnle« (oder »Hörnla«) ist sowohl ein Gebäck (aus Ziehteig, ähnlich dem Croissant) als auch eine Ackerfrucht. Letztere gehört zur schon 1819 schriftlich erwähnten Familie der Zapfenkartoffeln. Klein, fingerförmig und leicht gekrümmt, birgt diese alte Sorte von »Grumbern« oder »Äbbirn« wie der Franke im Dialekt die Kartoffel nennt, unter ihrer hauchdünnen, ockertonigen Haut, ein festes sattgelbes Fleisch. In der traditionellen Bamberger Küche war das delikate, leicht nussig schmeckende Hörnle dem Festtagskartoffelsalat vorbehalten; ansonsten passt es natürlich bestens zum fränkischen Spargel. Seit 2005 zählt es übrigens zu den Passagieren der Slowfood-Arche, da es sich aufgrund seiner Form für den maschinellen Feldanbau wenig eignet und der Ertrag entsprechend gering ist.

Aischgründer Karpfen

Das Frankenland hat viele Königinnen: für Bier, für Gemüse und auch für Fisch. Genauer gesagt: für den Karpfen. Aber nicht für irgendeinen. Sondern für jenen aus dem Aischgrund, einem der bekanntesten Teichgebiete Deutschlands. Benannt nach dem Flüsschen Aisch, erstreckt es sich auf rund 2800 Hektar zwischen Nürnberg, Bamberg und Neustadt. Die ersten Teiche wurden bereits im Mittelalter angelegt: zum Tränken des Viehs, als Löschwasser-Reservoir, für den Mühlenantrieb – und auch schon für die Fischzucht. Seit 2012 darf sich der in den rund 7000 Aischgründer Gewässern aufgezogene Karpfen – und mit ihm ein jeder der gut tausend Teichwirte – über das EU-Siegel »geschützte geografische Angabe« freuen. Der Aischgründer Karpfen reiht sich damit in die Riege der Spezialitäten wie Nürnberger Lebkuchen, Schwarzwälder Schinken oder Lübecker Marzipan ein.

Unten links: Knusprig gebacken und mit eingerolltem Schwanz kommt der Aischgründer Karpfen auf den Teller. Dazu gibt es Kartoffelsalat sowie gemischten Salat. Unten rechts: Das »Aecht Schlenkerla Rauchbier« ist eine Bamberger Spezialität.

BESUCHEN

Fränkisches Brauereimuseum
»Mehr vom Bier wissen – Mehr vom Bier haben« ist das Motto des Vereins »Fränkisches Brauereimuseum in der Bierstadt Bamberg«, wo anhand von über 1850 Exponaten auf einer Ausstellungsfläche von rund 1000 Quadratmetern im Gewölbe einer ehemaligen Benediktiner-Klosterbraustätte eine faszinierende Reise durch die Biergeschichte ermöglicht wird. Vom alten Sudhaus mit Verkostungsschulung und Bierseminar geht's in die Mälzerei, in den Gär- und Lager- sowie Eiskeller, zur Filtration und Fass- bzw. Flaschenabfüllung.
Michelsberg 10f, 96049 Bamberg, Tel. 0951/53016, www.brauereimuseum.de

Kleinstes Weinbaugebiet Bayerns
Der Weinbau entlang der Donau hat eine lange Tradition. Er kennt keine Weinmacher und Winzergenossenschaften, keine Traubenvollernter und automatische Abfüllanlagen, keine Flurbereinigung und keine Weinkönigin. Rund 20 Winzer haben sich deshalb in einem Gemeinschaftsprojekt zusammengetan, um das kleinste Weinbaugebiet Bayerns von etwa vier Hektar erlebbar zu machen. So informieren unter anderem eine Serie an Wissenstafeln entlang des Donauradwegs (der »Weinroute« folgen), ein Weinlehrpfad am Baierweinmuseum in der Gemeinde Bach und das Museum selbst über die Geschichte des Weinbaus. Auch nette Tipps zu Einkehrmöglichkeiten gehören dazu. Der hier erzeugte Wein trägt übrigens die Bezeichnung »Regensburger Landwein«.
www.regensburgerlandwein.de

Karpfenmuseum im Alten Schloss
Seit dem 8. Jahrhundert werden in Franken Karpfen gezüchtet, zunächst nur an den fränkischen Königshöfen, im Laufe der Zeit dann im ganzen Aischgrund. Dort werden inzwischen 7000 Weiher bewirtschaftet, von denen der hochrückige und schuppenarme »Aischgründer Spiegelkarpfen« als besondere Delikatesse rund um den Globus gilt. Mehr über die 1250-jährige Tradition der Zucht dieser Speisefische erfährt man in zehn Räumen des Karpfenmuseums. In einem Aquarium kann man die Hauptdarsteller beobachten.
Untere Schlossgasse 8, 91413 Neustadt/Aisch, Tel. 09161/6620905, www.karpfenmuseum.de

Schäufelewärtschaft
Urig fränkische Gemütlichkeit gepaart mit regionaler Küche findet man südlich der Nürnberger Altstadt in der »Schäufelewärtschaft«. Wie der Name verrät, ist die Spezialität des Hauses das »Schäufele« – ein deftiger Schweinebraten aus der Schulter, der mit knusprig-brauner Schwarte serviert wird. Daneben verwöhnen wechselnde Mittagsangebote wie »Krautwickale« in Specksauce oder »Fleischküchle« in Zwiebelsauce mit Karottengemüse.
Schweiggerstr. 19, 90478 Nürnberg, Tel. 0911/4597325, www.schaeufele.de

Zum Gulden Stern
Die Nürnberger Rostbratwürste werden in der Historischen Bratwurstküche über Buchenholz gebraten. Zum Schutz der Wurst hat Inhaber Martin Hilleprandt 2013 die Marke »Röstla« eingeführt. Er selbst steht für gute Küche im ältesten und vielleicht schönsten Wirtshaus Nürnbergs, mit Bratwürsten unterschiedlicher Art, zum Beispiel als »Saure Zipfel« (mit Zwiebeln im Frankenweinsud).
Zirkelschmiedsgasse 26, 90402 Nürnberg, Tel. 0911/2059288 www.bratwurstkueche.de

Landgasthof Zum Schnapsbrenner
Als vielseitiger Familienbetrieb aus gemütlicher Gaststätte mit Gewölbedecke und Kachelofen, Obsthof und Destillerie zeigt sich der traditionelle Landgasthof inmitten des Fränkischen Seenlandes. Zu den Spezialitäten zählen vor allem die Gerichte während der Krenwochen, Fischwochen oder Schnapstage, an denen auch immer ein selbst gebranntes Destillat aus dem Obst der eigenen Plantagen gratis zum Essen gereicht wird.
Dorfstr. 67, 91174 Spalt, Tel. 09175/79780, www.schnapsbrennerei.com

Unten links: Anhand von Multimedia-Stationen und Schaukästen erfährt man im Karpfenmuseum im Alten Schloss von Neustadt/Aisch Historisches und Aktuelles zur Zucht der als kulinarische Spezialität beliebten Fische. Unten rechts: »Zum Gulden Stern« in Nürnberg.

KOCHEN

Krenfleisch

2 Bund Suppengrün, 2 Zwiebeln
1 kg Tafelspitz (küchenfertig),
schwarze Pfefferkörner,
1 Lorbeerblatt, 2 EL Essig,
200 g Sahne, 4 EL frisch
geriebenen Meerrettich

Das Suppengrün putzen, die Zwiebeln schälen und vierteln. 1½ l Wasser in einem Topf aufkochen und Tafelspitz, Suppengrün, Zwiebeln, 3 schwarze Pfefferkörner, Lorbeerblatt und Essig hineingeben. Bei schwacher Hitze 2 bis 3 Stunden köcheln. Das Fleisch herausnehmen, den Sud durch ein Sieb in einen Topf gießen, aufkochen lassen und die Sahne unterrühren. Mit Semmelbröseln die Sauce andicken. Den Meerrettich unterrühren, bei schwacher Hitze weiter köcheln. Den Tafelspitz in 1 bis 2 cm dicke Scheiben schneiden und 5 bis 10 Min. in der Sauce ziehen lassen. Mit Salz und Pfeffer abschmecken. Nach Belieben mit Preiselbeerkompott, fränkischen Klößen oder Kartoffeln servieren.

GENIESSEN

Meerrettich

»Kren« heißt die scharfe weiße Wurzel im Fränkischen. Im Regnitztal, vor allem um das mittelalterliche Städtchen Baiersdorf, wird sie schon seit dem 15. Jahrhundert angebaut. Stolz nennt sich Baiersdorf daher die »schärfste« Stadt Frankens. Außerdem wird jedes Jahr am 3. Sonntag im September zu Ehren des Meerrettich der Krenmarkt gefeiert, bei dem Händler vor den Fachwerkfassaden im Herzen der Altstadt ihre Produkte aus der scharfen, weißen Wurzel präsentieren. Spätestens seit die Familie Schamel 1846 die Wurzel in ihrem Betrieb zu verarbeiten begann, gibt es den Kren gerieben im Glas.

Krenfleisch

Typisch war und ist diese Mahlzeit aus gekochtem Rind- oder Schweinefleisch zur fränkischen Kirchweih und zu anderen festlichen Gelegenheiten. Aber auch auf den Speisekarten vieler fränkischer Wirtshäuser steht das »Krenfleisch« noch heute regelmäßig. Seinen Namen hat es von der in Franken schon seit mehr als sechs Jahrhunderten kultivierten Meerrettich-Wurzel, die am Schluss der Fleischzubereitung frisch gerieben unter die Sauce gehoben wird und ihr eine gesunde Schärfe verleiht.

Frankenwein

Bis zurück ins 8. Jahrhundert reicht der Weinbau in Franken, wie aus Schenkungsurkunden Karls des Großen für Hammelburg (anno 777) und Würzburg (anno 779) ersichtlich ist. Zu Zeiten des Heiligen Römischen Reiches war Franken mit zuweilen 40 000 Hektar das größte Weinbaugebiet nördlich der Alpen. Heute umfasst die Rebfläche Weinfrankes nur noch rund 6000 Hektar. Vor allem Weißweine werden angebaut. Die wohl typischste Traubensorte ist der Silvaner – und das typische Abfüllgefäß ist seit Beginn des 18. Jahrhunderts der Bocksbeutel. Zunächst durfte allerdings nur der angesehenste und beste Wein, der Würzburger Stein vom Bürgerspital, auf die (von der praktischen Feldflasche inspirierte) Flachkugelflasche aufgezogen werden. Heute gibt es in Weinfranken sogar eine »Bocksbeutelstraße« mit fünf touristischen Routen.

Altmühltaler Lamm

Seit mehr als 200 Jahren beweiden die Altmühltaler Hüteschäfer mit ihren Tieren die steilen Hänge ihrer Heimatregion – und sorgen damit für den Erhalt der Landschaft. Bis zu einem halben Jahr knabbern sich die vierbeinigen »Mähmaschinen« am Saum der Jura-Felsen durch Stein-, Wund- und Hornklee, Esparsette, Wiesensalbei, Spitzwegerich und Thymian. Nur die stärksten Lämmer der Herde dürfen den Pferch zum Ausflug auf die Weiden verlassen – und sich an deren Kräutern ebenso gütlich tun wie an der Milch ihrer Mütter. Aromatisch, zart und mager ist daher das Fleisch vom Altmühltaler Lamm, wenn man es zubereitet: ob Nüsschen, Schulter, Krone, Kotelett oder Keule, ob auf dem Grill, als Braten oder Ragout, in Kräuterkruste oder mit Pflaumenfüllung.

Unten links: Zum fränkischen Krenfleisch gehören traditionell fränkische Klöße – ob nun »seidene« nur aus gekochten Kartoffeln oder mit zusätzlich roh geriebenen bleibt jedem Koch und jeder Köchin selbst überlassen.

EINKAUFEN

Hofladen Forellenzucht Schwegel
Hier wird frischer Fisch direkt aus dem reinen Quellwasser der Fränkischen Schweiz verkauft. Rund ums Jahr im Sortiment sind Saiblinge, Bach-, Regenbogen- und Lachsforellen, saisonal sind Karpfen, Waller, Hecht, Zander und Wildaal im Angebot. Die Fische gibt es frisch, mit Buchenholz geräuchert, filetiert oder gebeizt zu kaufen.
Wüstenstein 53 im Tal, 91346 Wiesenttal, Tel. 09196/14 24, www.aufsesstal.de

Hofladen Weidehof-Prüllsbirkig
Im ehemaligen Milchhaus des Hofes befindet sich der Hofladen mit großem Angebot: Fleisch von eigenen Weiderindern und Schweinen, Freilandeier, Honig von eigenen Bienen, selbst gemachte Liköre, Säfte aus selbst angebautem Obst sowie Kartoffeln und saisonal Erdbeeren verschiedener Sorten, die ab Mai direkt vom Erdbeerfeld gepflückt werden dürfen. Für die Kleinen gibt es die Möglichkeit, die Hoftiere zu streicheln, während die Eltern einkaufen.
Prüllsbirkig 11, 91278 Pottenstein, Tel. 09243/70 12 43

Singers Bauernladen
Im Laden im Regnitztal gibt es Eier, Kartoffeln, Spargel und Erdbeeren (je nach Saison), Gemüse und Obst aus eigener Erzeugung sowie Fränkische Hausmacher-Wurstwaren und regionale Waren wie Honig, Käse, Schnäpse und Bauernbrot.
Heroldsbacher Str. 42, 91353 Hausen, Tel. 09191/31797, www.singers-bauernladen.de

Hofladen Brennerei Kormann
Von Äpfeln und Birnen über Himbeeren und Mirabellen bis hin zu Quitten und Zwetschgen reicht die Palette an Obstsorten, die die Familie Kormann selbst anbaut und zu Bränden, Likören, Marmeladen, eingelegten Früchten, Sirups, Chutneys, Essig und Säften weiterverarbeitet. Dies und vieles mehr (Rosenlikör, Dinkelkissen etc.) gibt es im Hofladen zu erwerben.
Zum Steig 2, 91320 Ebermannstadt-Moggast, Tel. 09194/92 15, www.kormann-online.de

Hofladen Bio-Hof Friedrich
Seit 1987 schon hat sich der Hopfen (verschiedene Sorten, u. a. solche mit Fruchtaromen), Getreide, Obst (Äpfel, Birnen, Kirschen, Mirabellen, Zwetschgen) und Rindfleisch produzierende Betrieb dem ökologischen Landbau verschrieben. Das im Hofladen erhältliche Sortiment an selbst erzeugten Produkten wird samstags durch frisches Bio-Holzofenbrot, Brötchen und Gebäck ergänzt.
Lilling 10, 91322 Gräfenberg, Tel. 09192/7774, www.biohof-friedrich.de

Hofladen Öko-Gut Schönhof
Zwischen Burg Rabeneck und Burg Rabenstein gelegen, kann man auf Gut Schönhof die in der hauseigenen Metzgerei und Backstube produzierten Wurst- und Backwaren im Hofladen erwerben. Deftige Schmankerl wie Bauernseufzer, saure Zipfel, fränkische Bratwürste und weitere regionale Bio-Produkte sind erhältlich. Zum Hof gehört auch ein Gastronomiebetrieb inklusive Heuhotel.
Schönhof 10a, 91344 Waischenfeld, Tel. 09202/962 10 20, www.gut-schoenhof.de

Bäckerei Konditorei Lebküchnerei Düll
So stellt man sich die Weihnachtsbäckerei von Elfen vor: Geschäftiges Gewusel, ab und zu brummt eine altertümliche Knetmaschine und aus den Öfen duftet es nach warmen Lebkuchen, Spekulatius, Zimtsternen und mehr. Ab September hat das Weihnachtsgebäck Hochkonjunktur in der Lebküchnerei von Holger Düll. Zum Advent hin verlassen dann täglich bis zu 6000 Lebkuchen die Backstube in Richtung der zehn eigenen Filialen. In Nürnberg hat übrigens jeder Bäcker sein eigenes Rezept, das er hütet, und jeder Nürnberger schwört auf einen anderen Lebkuchen.
Mathildenstr. 28, 90489 Nürnberg, Tel. 0911/552834, www.lebkuchen-nuernberg.com

Unten Mitte und rechts: Frankenwein wird in wunderbarster Landschaft angebaut und seit dem 18. Jahrhundert traditionell im Bocksbeutel abgefüllt. Im Fränkischen Weinland ist sogar eine Weinstraße nach der typischen Flasche benannt.

KOCHEN

Fränkisches Schäuferla

4 Schweineschäuferla (Schweineschulter, küchenfertig), 2 Zwiebeln, 2 Möhren, 1 Selleriestange, 1 Lauchstange, 1 Bund Suppengrün, 1 Knoblauchzehe, 1 l Fleischbrühe, 1 l Dunkelbier, Pimentkörner, Nelken, Lorbeerblätter, Pfefferkörner

Das Fleisch mit Salz und Pfeffer würzen. Den Backofen auf 150 °C vorheizen. Die Zwiebeln vierteln, Möhren, Sellerie und Lauch klein schneiden. Das Fleisch mit dem Gemüse, dem Knoblauch, der Brühe, dem Bier, den Pimentkörnern, Nelken, Lorbeerblättern und dem Pfeffer in einen Bräter geben. Im Ofen etwa 2 Stunden knusprig braten, immer wieder mit dem Sud übergießen. Aus dem Ofen nehmen und den Sud durch ein Sieb in einen Topf gießen, mit Speisestärke oder Mehl etwas andicken. Die Schäuferla auf Tellern anrichten, mit der Sauce übergießen. Mit Klößen und Sauerkraut servieren.

GENIESSEN

Schäufele

Zu Hause, so sagt sein Freundeskreis, ist das fränkische »Schäufele« (oder »Schäuferla«) in der Gegend zwischen Kronach, Bad Windsheim, Weißenburg und Pegnitz. Hier findet man den krossen Braten aus der Schweineschulter in fast jeder Gastwirtschaft mit gut bürgerlicher Küche. Serviert wird das Schäufele unbedingt mit dem namengebenden, an eine Schaufel erinnernden Knochen und der – möglichst krossen – Schwarte. Insgesamt muss das deftige Gericht rund drei Stunden im Ofen garen. Das magere Fleisch ist danach wunderbar zart – vor allem an der Unterseite des Knochens. »Bürgermeister«- oder »Pfaffenstück« nennen die Schäufele-Kenner diesen besonders delikaten Teil des Bratens. Als Beilage werden zum Fränkischen Schäufele Kartoffelklöße mit angerösteten Weißbrotwürfeln (»Bröckla«) als Füllung gereicht.

Saure Zipfel, Presssack

Rohe fränkische Bratwürste oder die berühmten Nürnberger Rostbratwürste bilden meist die Basis für die »sauren« oder »blauen« Zipfel. Ihre Zubereitung fußt auf der uralten Methode des süßsauren Einkochens. Die Würste ziehen in einem Sud auf der Basis von Essig, Wein und Zucker gar. Angeblich nehmen sie dabei einen leicht bläulichen Farbton an – daher der zweite Name der sauren Zipfel. Beim Presssack gibt es nur die Varianten rot (mit Schweineblut) und weiß (nur aus Schweinefleisch). Ursprünglich aus Schlachtresten wie Kopffleisch und Schwarte hergestellt, die gekocht und mit Gewürzen in einen Saumagen gefüllt wurden, den man dann zwischen zwei Holzplatten presste, damit sich alle Einlagen gut im Schwartenmagen verteilten, gehört der Presssack heute zu den bayerischen Brotzeit-Spezialitäten. Man nennt ihn auch »Blunzen« oder schlicht Schweinskopfsülze.

Ziebeleskäs

Was dem Bayern sein »Obatzda« ist dem Franken sein »Ziebeleskäs«. Allerdings gibt es eine deutliche engere Verwandtschaft zum alemannischen »Bibbeleskäs« – in der Bezeichnung wie in der Herstellung und Konsistenz. Denn wie »Bibbele« bezeichnet auch »Ziebele« im fränkischen Dialekt das frisch geschlüpfte Küken – welchem man eben diesen »weißen Käs«, also gestockte Milch, angeblich zufütterte. Für die Menschen gab und gibt man dem Quark meist Zwiebeln bei – die, so meinen Sprachforscher, auch Pate gestanden haben könnten für den Ziebeleskäs. Meist nur begleitet von Kartoffeln, galt Ziebelskäs einst als Arme-Leute-Essen. Inzwischen ist er ebenso beliebt wie die Variante auf frischem Bauernbrot mit Schnittlauch.

Lebkuchen

Würzige Pfefferkuchen und süße Honigkuchen (»panis mellitus«) kannte man in Europa schon im frühen Mittelalter. Nürnberg entwickelte sich zu einem der Zentren der Lebzelterei, da es zum einen am Schnittpunkt mehrerer Handelswege und Gewürzstraßen lag. Zum anderen gab es ein

Unten links: Ein gutes fränkisches »Schäufele« oder »Schäuferla« zeichnet sich durch zartes Fleisch und eine krosse Schwarte aus.
Unten Mitte: Roter Presssack macht den Wurstsalat besonders schmackhaft.

florierendes Zeidler-Wesen. Vor allem im Lorenzer Reichswald gewannen die »Honigschneider« ihr kostbares Produkt. Zunächst waren es wohl fränkische Klosterbrüder, die Gewürze und Honig »verbuken«; der erste Nürnberger Lebküchner ist in einem Dokument von 1395 erwähnt. 1643 zählte Nürnbergs Lebküchner-Zunft 14 Mitglieder – und keines durfte, so ein Ratsbefehl, die Stadt verlassen. Denn Rezeptur der Nürnberger Lebkuchen war damals streng geheim. Heute sind vor allem die glasierten, auf Oblaten gebackenen Elisenlebkuchen aus Nürnberg weit über die Stadtgrenzen hinaus bekannt.

Nürnberger Rostbratwurst (Drei im Weggla)

Neben dem Lebkuchen ist sie unbestritten Nürnbergs zweiter kulinarischer Botschafter: die (Rost-)Bratwurst. Als »Drei im Weggla« (zu dritt im Brötchen) kennt sie jeder Einheimische. Um die Entstehung der kleinen, auch auf Sauerkraut oder zu Kartoffelsalat servierten Bratwurst ranken sich zahlreiche Legenden. So heißt es etwa, ihr Ausmaß sei so gering, damit man sie im mittelalterlichen Franken auch noch nach der Sperrstunde durchs Schlüsselloch verkaufen konnte. Damals wie heute unterliegt die Herstellung strengen Regeln: Nur hochwertiges Schweinefleisch ohne Sehnen und Schwarten sowie eine Würzmischung mit der typischen Majoran-Note kommt in die engen Schafssaitlinge. Rund 25 Gramm wiegt ein fertiges Nürnberger Rostbratwürstchen; mehr als 800 Millionen werden jährlich produziert.

BESUCHEN

Bratwurstglöcklein

Das Fachwerkhäuschen im Nürnberger Handwerkerhof am Königsturm hat seit 1313 als Bratwurstküche Tradition. Hier waren auch berühmte Nürnberger wie Albrecht Dürer zu Gast. Kein Wunder, schließlich kommen die Bratwürste aus der eigenen Metzgerei, werden über Buchenholzfeuer gegrillt und im Zinnteller in Glockenform angerichtet. Wer nicht ganz so viel Zeit hat, sollte zumindest auf die »Drei im Weggla« als Wegzehrung zurückgreifen.
Waffenhof 5, 90402 Nürnberg, Tel. 0911/227625, www.die-nuernberger-bratwurst.de

Bilder oben: Nürnberg ist vor allem für seinen Christkindlmarkt und auch für seine Lebkuchen international bekannt. In der Lebkuchenbäckerei Wicklein werden sie bis heute nach traditionellem Rezept hergestellt. Unten rechts: Nürnberger Rostbratwürstchen.

Früchte
mit feinster
Pralinen-
schokolade
Bananen
mit Schokolade

Gruß von der
Erlanger
Bergkirchweih

3
Anita SW-B 36
SW-B 45

ERLEBEN

Kulmbacher Bierwoche
Ein fröhliches »Prosit der urfränkischen Gemütlichkeit« ertönt jährlich bei der Kulmbacher Bierwoche im Außengelände der Brauerei. Neun Tage lang gilt – wie in den 1950er-Jahren – die Biermarke als Zahlmittel, die man vorab käuflich erwerben kann.
Lichtenfelser Str. 9, 95326 Kulmbach, Tel. 09221/7050, www.kulmbacher-bierwoche.de

Casteller Weinfest
Sommerzeit ist Weinfest-Zeit: An zwei aufeinanderfolgenden Wochenenden im Juli feiert das Casteller Schloss eines der schönsten Weinfeste Frankens. Die edlen Tropfen lassen sich im malerischen Schlossgarten unter schattigen Bäumen bei Blasmusik genießen.
Schlossplatz 5, 97355 Castell, Tel. 09325/60162, www.castell.de

Bamberger Weinfest
Weinanbau in Bamberg klingt zunächst wie ein Widerspruch, verbindet man mit der Domstadt doch eher die jahrhundertealte Tradition der Bierbrauer. Dass die Welterbestadt aber auch eine entsprechende Weinbautradition besitzt, belegen urkundliche Aufzeichnungen aus dem 11. Jahrhundert. Um das zu unterstreichen, wird fünf Tage lang das Weinfest auf dem Maxplatz zelebriert. Und zwar authentisch, mit Weinkönigin und dem original »Bamberger Wein« (Silvaner QbA vom Bamberger Michaelsberg).
Bühne am Maxplatz, 96047 Bamberg, www.bamberger-weinfest.mybamberg.de

Volksfest am Dutzendteich
Riesenrad, Kettenkarussell, Festumzüge und Schlemmereien locken zweimal jährlich (im Frühjahr und im Herbst) an den Dutzendteich. Das erste Nürnberger Volksfest veranstaltete die Bürgerschaft 1826 zu Ehren des bayerischen Königs Ludwig I. Die Attraktionen waren Pferde- und Hirschrennen, Sackhüpfen und Eierlaufen sowie Baumklettern.
Nürnberger Dutzendteich, www.nuernberg.de, www.stadtgarten-nuernberg.de

Fischerstechen
Dichtgedrängte Fachwerkbauten aus dem Mittelalter und winzige Gärten bestimmen das Bild der Bamberger Inselstadt. Die ehemalige Fischersiedlung wird deshalb auch liebevoll »Klein Venedig« genannt. Im August wird die Regnitz beim größten Volksfest Bambergs (»Sandkerwa«) zur Kulisse des berühmten Fischerstechens.
Klein Venedig, Am Leinritt, 96047 Bamberg, www.bamberg.info

Bergkirchweih
Ein Relikt aus der Vergangenheit ist die Bergkirchweih mit dem »Erlanger Tag«. Damals setzte die Universität noch für eine Woche den Betrieb aus. Heute schließen die Geschäfte traditionell ab 12 Uhr, dann wird der Burgberg erklommen. Ein Berg-Picknick unter alten, mit Lampions geschmückten Kastanienbäumen ist ein besonderes Erlebnis – bis zum Abschied, wenn in einem Meer aus weißen Taschentüchern die »Kerwa« endet.
Parkplatzstr., 91054 Erlangen, www.berch.info

Fränkischer Bierwandertag
Die Wandersaison im Frühling beginnt im bayerischen Hügelland auf zünftige Art. Nach dem Bierfassanstich durch die Bierkönigin geht's über zwei verschiedene ausgeschilderte Wanderwege, wie zum Beispiel durch die romantische Massendorfer Schlucht, zu den Gasthäusern, wo Musikanten zu fränkischer Kulinarik aufspielen.
Gabrieliplatz 1, 91174 Spalt, Tel. 09175/796525 (Touristeninfo), www.spalter-bier.de und www.hopfenbiergut.de

Oldtimer-Rallye Spalt
Hopfenmetropole nennt sich das beschauliche Spalt ganz selbstbewusst und lädt einmal im Jahr zur Benefiz-Oldtimer-Rallye durchs malerische Fränkische Seenland. Vor allem lustige Aufgaben wie »Knödeldrehen«, »Maßkrug-Stemmen«, »Schnäpse-Erriechen« oder »Hopfen-Wiegen« stehen auf dem Programm. Start ist am »HopfenBierGut«-Museum im Kornhaus.
Gabrieliplatz 1, 91174 Spalt,
Tel. 09175/796550 (Museum),
ww.facebook.com/SternstundenRallye

WISSEN

Grafen von Castell
Mehr als 600 Jahre regierte das fränkische Adelsgeschlecht seine Grafschaft in Unterfranken. Bereits 1057 ist ein gewisses »Rubbrath de Castele« urkundlich erwähnt. Acht Generationen später übten die Castells bereits das Geleitrecht auf der gesamten Straße zwischen Würzburg und Bamberg aus. Sie erhielten Burghaslach als Lehen und das Münzrecht. Im 16. Jahrhundert teilte sich die Grafschaft, zwei Familienlinien entstanden. Nach der Eingliederung ins Bayerische Königreich erhielten die Castell-Castell und die Castell-Rüdenhausen den erblichen Titel bayerischer Fürsten. In der NS-Zeit zeigte man sich dem System sehr zugeneigt; erst fünfzig Jahre nach Kriegsende bemühte sich Albrecht von Castell-Castell um Versöhnung mit den Erben der jüdischen Kunden der bereits seit 1774 bestehenden Fürstlich Castell'schen Bank und öffnete deren historischen Archive. Deutlich älter als die Banken-Tradition der Castells ist jene ihres Weinbaus. Sie reicht zurück bis ins Jahr 1224. Und die Bleistiftmarke Faber-Castell datiert erstmals aus dem Jahr 1898.

Bilder oben: Die Oldtimer-Ralley von Spalt dient wohltätigen Zwecken und führt durch malerische fränkische Landschaften; im Park des Schlosses von Castell kann man beim alljährlichen Weinfest erlesene Weine genießen. Bilder Mitte: Die Erlanger Bergkirchweih, im Dialekt auch »Berch« genannt, findet einmal im Jahr am Hang des Erlanger Burgbergs statt. Bild unten: Das Fischerstechen auf der Regnitz im Rahmen der Bamberger »Sandkerwa« hat eine langjährige Tradition.

AUS FREMDEN TÖPFEN – INTERNATIONALE KÜCHE IN DEUTSCHLAND

Schon vor mehr als 2000 Jahren kam Europa in den Genuss fremder Aromen. Denn lange bevor kühne Seefahrer die Weltmeere erschlossen, wurden nicht nur Gold, Juwelen und kostbare Stoffe, sondern auch Spezereien auf dem Rücken von Kamelen und Dromedaren von Ost nach West transportiert. Die legendäre Seidenstraße reichte als Handelsweg vom Kaiserlichen Hof in Chang An, dem heutigen Xian, bis ins Römische Reich. Von dort brachten Kaufleute zu Pferd oder per Barke auf den Flüssen die exotischen Güter weiter auf Märkte und Messen allerorten. Nach Frankfurt zum Beispiel, denn dieser Freien Reichsstadt am Main hatte Kaiser Karl bereits im Jahr 1240 das Messeprivileg verliehen – als erster Stadt weltweit. Fremde und Fremdes aus allen Himmelsrichtungen zählten hier somit schon bald zum Alltag, ähnlich wie in den deutschen Seehäfen oder in anderen Städten, die an wichtigen Handelsrouten lagen oder gar an ihrem Knotenpunkt – Nürnberg zum Beispiel. Orientalische Gewürze wie Zimt, Muskat, Stern-Anis, Gewürznelken, Pfeffer, Piment oder Kardamom legten in der fränkischen Stadt den Grundstein für die Blüte der Lebküchnerei.

Mancher Händler oder Kaufmann, der einst aus der Ferne gekommen war, wollte nicht mehr in seine Heimat zurückkehren. Aber an ihren Genüssen hielt er auch in der Fremde fest. Ähnlich wie später so manches Mitglied des europäischen Adels. Um ihre Territorien zu vergrößern, betrieben Könige und Fürsten eine zuweilen exzessive Heiratspolitik. Nach der Eheschließung mussten Braut oder Bräutigam dann in die jeweils neue Residenz übersiedeln: von Wien nach Paris, vom Burgund nach Italien etc. Im Tross reiste meist auch der Leibkoch mit – oder zumindest dessen Rezeptbrevier. Neben den hochherrschaftlichen Hochzeiten sorgten Kriege und Eroberungen, erste Forschungsreisen und der Ausbau diplomatischer Beziehungen dafür, dass immer mehr unbekannte Produkte und Speisen den europäischen Gaumen erreichten – und somit auch den deutschen.

In der Neuzeit waren es dann vor allem die von der jungen Bundesrepublik ins Land gerufenen »Gastarbeiter«, die neben ihrer Muskelkraft auch ihre kulinarischen Traditionen mitbrachten. Schon 1955 hatte Bonn mit Italien ein entsprechendes erstes Anwerbe-Abkommen unterzeichnet. »Spaghettifresser« nannten viele anfangs abschätzig die angeworbenen Wirtschaftswunder-Helfer, denn Nudeln kannte man in Deutschland damals allenfalls als Maultaschen oder Spätzle, nicht aber fadendünn und led glich aus Hartweizengries. Speisen wie »Pizza« und »Spaghetti Bolognese« versöhnten die Bundesbürger aber bald mit den Menschen, die aus dem »Land, wo die Zitronen blüh'n« nach Deutschland kamen. Heute zählen diese Gerichte sogar zu den Lieblingsspeisen der Deutschen.

Anfang der 1960er-Jahre kamen dann die Griechen und Spanier. Sie brachten eine weitere Variante der Mittelmeerküche in den germanischen Norden: auf der Basis von Meeresfrüchten, Fisch, neuem Gemüse wie Auberginen und viel Knoblauch als Gewürz. Wie schon die Italiener bereiteten sie ihre Speisen meist mit Olivenöl zu, bescherten uns »Paella«, »Tsatsiki«, »Mousaka« und bald auch die heute von der Nordsee bis zu den Alpen kultigen »Tapas«. Wenig später begrüßten deutsche Unternehmer die ersten Portugiesen, Tunesier, Marokkaner und Jugoslawen in ihren Betrieben. In der Folge begeistert die ebenso üppige wie günstige Balkanplatte mit ihren »Cevapcici« und anderen kräftig gewürzten Fleischspezialitäten nicht nur deutsche Studenten. Von den Portugiesen erfuhren wir, dass man Schweinefleisch durchaus schmackhaft mit Muscheln paaren kann und wie köstlich kleine Blätterteig-Törtchen mit Puddingcreme (»Pastéis de Nata«) schmecken. Nordafrika machte uns bekannt mit der Kichererbse, die sich u.a. zu einer würzigen Paste pürieren lässt (»Hummus«), mit chilischarfer »Harissa«, mit »Couscous«, Datteln und Minze. Auch lehrte uns das Land, dass so manches, was wir auf unserem Teller für typisch Französisch oder Italienisch hielten, aus der maghrebinischen Speisekultur stammt. Und wären letztlich nicht auch noch die Türken als Gastarbeiter eingeladen worden – wer hätte die Deutschen dann wohl mit dem geliebten Döner bekannt gemacht?

Ob italienisch, asiatisch oder orientalisch – mehr und mehr exotische Spezialiäten aus aller Welt mischen sich heute unter die einheimischen Gerichte der deutschen Küche.

SÜDBAYERN

Bayern ist berühmt für seine kulinarischen Genüsse, seine gemütlichen Gasthäuser und die unzähligen Brauereien. Aber nicht nur das Bier, auch die bayerische Lebensart ist typisch. Die genießt man fernab der »Schickeria« in den urigen Biergärten bei typischen »Schmankerln« wie »Fleischpflanzerl« (Frikadelle) oder »Steckerlfisch« (ein an einem Holzstab aufgespießter gegrillter Fisch, meist Makrele). Nicht zu vergessen der »Obazde« (herzhafter Käseaufstrich), der am besten frisch zur »Brezn« schmeckt. Dass traditionelle Allgäuer Spezialitäten aus einfachen Zutaten bestehen, hat einen Grund: Früher hatten die Bewohner der Alpenregion durch die harten klimatischen Bedingungen nur wenig Auswahl. Wer nach einer langen Wanderung an der frischen Luft pausiert, sollte den Bergkäse probieren. Er darf nur in Sennereien der Allgäuer Alpen hergestellt werden und zerschmilzt auch über den »Kässpätzle« oder »Kasspatzn«.

KOCHEN

Allgäuer Kässpätzle

4 Eier, ½ TL Salz, 600 g Spätzlemehl (alternativ 400 g Hartweizengries + 200 g Weizenmehl) Muskatnuss, Pfeffer, 3 Zwiebeln, 400 g geriebenen Käse (Emmentaler + Bergkäse)

Eier und Salz mit 150 ml Wasser vermengen. Zunächst ¾ des Spätzlemehls unterrühren, dann den Rest hinzufügen. Wasser hinzugießen, bis der zähe Teig sich langsam vom Schneebesen zieht. Salzwasser zum Kochen bringen. Den Spätzleteig mit einem Spätzleschaber in das Wasser schaben. Wenn die Spatzen aufsteigen, herausnehmen, mit Pfeffer und Muskatnuss würzen. Den Backofen auf 200 °C vorheizen. Den gemischten geriebenen Käse abwechselnd mit den Spatzen in eine Auflaufform schichten und 15 bis 20 Minuten backen. Inzwischen die Zwiebeln halbieren, in Ringe schneiden und anrösten. Die Kässpätzle mit den gerösteten Zwiebeln bestreut servieren.

GENIESSEN

Bärwurz

Für den Waidler, also den ostbayerischen Bayerwald-Bewohner, ist dieser Klare seine »Medizin«. Tatsächlich wird er in der Regel aus der gleichnamigen Gewürz- und Heilpflanze gebrannt, die – wie auch der Blutwurz – seit Jahrhunderten nicht nur im Bayerischen Wald zur Grundausstattung der Hausapotheke gehört. Schon Hildegard von Bingen kannte die Segnungen der buschigen, weiß blühenden Pflanze, die in Europa auf Magerwiesen und lichten Laubwäldern von Mittelgebirgen wächst. Sie empfahl sie als Zutat für die »Birnhonigkur«, welche die Migräne vertreibe und »... den Menschen so reinigt, wie man einen Topf vom Schimmel reinigt«. Mit anderen Worten: Bärwurz entfaltet seine Wirkung auch und vor allem im Magen-Darm-Bereich.

Kässpätzle

Ihre Herkunft können sie schon aufgrund des Lautmalerischen nicht leugnen: »Spätzla« und »Spätzli« macht kaum einen Unterschied zu »Spätzle«. Tatsächlich wanderte das Grundrezept für das nahrhafte Bauerngericht von den Baden-Württemberger Schwaben ins benachbarte Allgäu. Milch floss hier schon vor geraumer Zeit reichlich; das Käsen gehört traditionell zum Alltag in der (Vor-)Alpenregion. Also mischten die Allgäuer ihre »Spätzle« – ursprünglich waren es die eher runden »Knöpfle« – mit ihrem heimischen Käse. Aber erst nach dem Schwenken in der gebutterten Pfanne.

Spargel

Schrobenhausener Spargel ist deutschlandweit fast so bekannt wie die aromatischen weißen Gemüsestangen aus der Partnerstadt Schwetzingen. Angebaut wurde Spargel im Schrobenhausener Land bereits im 19. Jahrhundert; allerdings nur in kleinen Mengen. Nur rund 60 Stangen wöchentlich wurden etwa aus der Schlossgärtnerei in Sandiszell dem Herrn Grafen nach München geliefert. Großräumiger Feldanbau wird erst seit 1913 betrieben – und zwar dank eines Rheinhessen. Denn der Geometer Christian Schadt ließ auf dem von ihm gekauften Oberhaidhof zwischen Schrobenhausen und Waidhofen gleich Tausende von Spargelsprossen auspflanzen.

Radi

Vom lateinischen »radix« (Wurzel) stammt die bayerische Bezeichnung für den Meerrettich, der auf keinem Brotzeitteller zwischen Bamberg und Garmisch fehlen darf. Ebenso wenig wie seine kleine Schwester, das »Radieserl«. Rot und weiß, bilden sie gemeinsam einen hübschen Augenschmaus. Beide werden meist in dünne Scheiben geschnitten aufs Brot gelegt oder zu Presssack serviert. Für die weiße Wurzel gelten bestimmte Schnittvorschriften. Die bekannteste ist jene, bei der sich der Rettich dann wie eine Ziehharmonika auseinanderziehen lässt. Aber auch der Buchschnitt ist beliebt, bei dem der Radi »blättrig« auseinanderfällt. Der Song »Bin i Radi, bin i König ...« von 1965 ist übrigens nicht dem Rettich gewidmet, sondern dem damaligen Torwart des TSV 1860 München, Petar Radenković.

Unten links: Allgäuer Kässpätzle werden traditionell mit Röstzwiebeln serviert. Unten Mitte: Dem berühmten Schrobenhausener Spargel ist in Schrobenhausen sogar eine Skulptur gewidmet. Und schon seit 1985 befindet sich hier das Europäische Spargelmuseum.

BESUCHEN

Europäisches Spargelmuseum
Direkt an der historischen Stadtmauer liegt das Museumsviertel mit Stadtmuseum, Galerie und seit 1991 dem Europäischen Spargelmuseum. Während im Erdgeschoss spezielle Arbeitsgeräte und Werkzeuge die mühevolle Kultivierung des Spargels zeigen, dreht sich im ersten Obergeschoss alles ums Spargelessen.
Am Hofgraben 3, 86529 Schrobenhausen, Tel. 08252/90237, www.museen-schrobenhausen.byseum.de

Konditorei Erbshäuser
Im Mai 1875 gründete der Münchner Konditormeister Heinrich Georg Erbshäuser seine Konditorei, die nach mehrjähriger Verpachtung seit 2017 wieder in Familienbesitz ist. Spezialität des Hauses ist nach wie vor die Prinzregententorte, die nach dem Originalrezept des Urgroßvaters aus dem Jahr 1886 hergestellt wird. Er soll die mehrschichtige Leckerei aus dünnen Biskuitböden und Schokoladenbuttercreme samt Schokoladenguss anlässlich des 65. Geburtstags von Prinzregent Luitpold von Bayern kreiert haben und wurde 1890 prompt zum königlich-bayerischen Hoflieferanten ernannt. An die Backstube mit Ladengeschäft ist heute auch ein Café angeschlossen.
Glückstr. 1, 80333 München, Tel. 089/284429, www.cafe-erbshaeuser.de

Kloster Andechs
Auf dem Heiligen Berg über dem Ammersee thront das Benediktinerkloster Andechs. Die älteste Wallfahrt Bayerns lockt bereits seit dem 12. Jahrhundert Pilger auf den Aussichtsberg, auf dem die Mönche ihren berühmten Gasthof samt Bräustüberl betreiben. Besonders beliebt ist das »Helle«, das als Maß (1 Liter) oder Halbe (0,5 Liter) zu kalten und warmen Spezialitäten wie »Wammerl« (gegrillter Schweinebauch), Wurstsalat oder »Leberkäs'« (Fleischkäse) ausgeschenkt wird.
Bergstr. 2, 82346 Andechs, Tel. 08152/3760, www.andechs.de

Waldwirtschaft
Mit einem geschichtsträchtigen Haupthaus und einem herrlichen Biergarten lockt die Waldwirtschaft, auch »WaWi« genannt, als beliebtes Ausflugsziel. Die Geschichte geht zurück ins 7. Jahrhundert als Landgut des Herzogs Tassilo, im 15. Jahrhundert kam die Bierschank-Genehmigung und 1930 kaufte die Spaten-Brauerei das Anwesen. Zu Schmankerln vom Grill wie »Steckerlfisch« oder hausgemachtem »Obazdn« (herzhaft-cremige Käseaufstrich) mit Brezn lässt sich unter den schattenspendenden Kastanienbäumen die Zeit vergessen.
Georg-Kalb-Str. 3, 82049 Pullach im Isartal, Tel. 089/74994030, www.waldwirtschaft.de

Restaurant Allgäu
Wer im Allgäu ist, sollte nicht nur die traumhafte Landschaft und die frische Luft genießen, sondern auch die einmalige Küche der Region. Herzhaftes wie Zwiebelrostbraten mit Semmelknödel oder von Hand geschabte Kässpätzle mit kräftigem Allgäuer Bergkäse und abgeschmolzenen Zwiebeln verwöhnen seit 2009 mitten in der Oberstorfer Fußgängerzone. Die roten Wände und die dunkle Holzbalkendecke sorgen zusammen mit alten Gegenständen wie Sense, Kaffeemühle oder Schreibmaschine als Dekoration für wohliges Ambiente.
Pfarrstr. 10, 87561 Oberstdorf, Tel. 08322/809657, www.restaurant-cafe-allgäu.de

Alte Hausbrennerei Penninger mit Schnapsmuseum
Der Stammsitz der Alten Hausbrennerei befindet sich seit über 111 Jahren im südlichen Bayerischen Wald und ist ebenso fest verwurzelt wie die Zutaten des vor allem bekannten Kräuterlikörs »Penninger Blutwurz«. Seit 1991 präsentiert das »Erste Bayerische Schnapsmuseum« Exponate aus den Gründerjahren, historische Geräte der Obstverarbeitung und einen Museumsladen mit Gratis-Verkostung.
Industriestr. 18, 94051 Hauzenberg, Tel. 08586/96110, www.penninger.de

Unten rechts: In der Klosterbrauerei Andechs produzieren geschäftstüchtige Benediktiner ihr klostereigenes Bier, das beliebte »Andechser« nach traditionellem Mehrfach-Maischverfahren. Zur Klosterwirtschaft führt auch ein schöner Spazierweg.

KOCHEN

Speckknödel

250 g Knödelbrot
¼ l lauwarme Milch,
½ Zwiebel, 1 Knoblauchzehe,
120 g geräucherten Schweinebauch (bayerisch: »Wammerl«) in feine Würfel geschnitten,
2 EL gehackte Petersilie, 2 Eier

Knödelbrot mit der lauwarmen Milch in eine Schüssel geben, salzen und zugedeckt einweichen lassen. Inzwischen die Zwiebel in Würfel schneiden. Den Knoblauch fein hacken. Etwas Öl in einer Pfanne erhitzen, die Speckwürfel anbraten. Vom Herd nehmen und die gehackte Petersilie untermischen. Eier, Zwiebeln, Knoblauch und die Petersilien-Speckwürfel unter das eingeweichte Knödelbrot kneten. Mit Salz und Pfeffer abschmecken. 6 etwa gleich große Knödel formen. Salzwasser zum Kochen bringen und die Knödel darin knapp unter dem Siedepunkt (das Wasser darf nicht mehr kochen) zugedeckt etwa 20 Minuten ziehen lassen.

GENIESSEN

Knödel

Breznknödel, Kaspressknödel, Speckknödel, Semmelknödel, Kartoffelknödel: Bayerns Knödelvielfalt ist groß. Wo genau die schmackhafte »bayerische Weltkugel« erfunden wurde, weiß man nicht. Denn Teigklöße kennt man auch in anderen deutschen Regionen – ebenso wie in Wien und Prag. Aber das bayerische Deggendorf rühmt sich namentlich als Knödelstadt, lässt einen Knödelexpress regelmäßig in den Bahnhof einrollen und hat eine bronzene Knödelwerferin als Brunnenfigur aufgestellt. Sie soll daran erinnern, dass man einst böhmische Truppen mit den nahrhaften Kugeln in die Flucht schlug. Mit einer Knödelschussmaschine feuerte auch der Münchner Grafiker Helmut Winter 1967 auf landende Starfighter, die über seinem Haus in Pasing lärmten.

Brezn

Bekannt ist ein ähnliches »Gebilde-Gebäck« schon aus römischer Zeit. Sein Name verweist auf das lateinische Wort »brachiatellium«, zu Deutsch: Ärmchen. Tatsächlich symbolisiert das einstige (klösterliche) Ringbrot zwei zum Gebet verschränkte Arme. Gebacken wurde es meist nur zu Festtagen. 1494 wurden im Elsass und in Bamberg am Gründonnerstag »Eierbrezeln und Wein« für die Ritterschaft gereicht. Die Laugenbreze indes entstand erst 1839 – wohl durch einen Irrtum. Denn statt mit Zuckerwasser glasierte der Bäcker Anton Nepomuk im Münchner Kaffeehaus des Hoflieferanten Johann Eilles damals seine Brezn versehentlich mit der eigentlich zur Blechreinigung dienenden Natronlauge. Doch dem königlichen Gesandten mundete das »Laugengebäck« bestens.

Weißwurst

Nicht nach dem Mittagsläuten verzehren und auf keinen Fall schneiden, sondern »zuzeln« lautet die Anweisung zu diesem Münchner Klassiker. Erstmals serviert, so heißt es, wurde die feine Brühwurst aus Kalb (und Schwein) 1857 im Gasthaus »Zum ewigen Licht« am Marienplatz. Die Gäste dort hatten zwar Bratwürstl für ihren Frühschoppen bestellt. Aber der Wirt hatte keine der dazu nötigen Schafsdärme vorrätig. Also füllte er das Brät rasch in Schweinsdärme. Da er aber nicht wusste, ob diese beim Braten vielleicht platzen, ließ er sie nur in heißem Wasser ziehen. Traditionell gehören zur Weißwurst frische »Brezn«, Weißbier und süßer Senf.

Rohrnudeln

Nach christlicher Tradition gilt der Freitag als Fastentag. Um dennoch warm und nahrhaft zu essen, kamen in Bayern überwiegend Teigwaren auf den Tisch. Sie wurden meist im Rohr (Ofen) gebacken. Je nach Vorräten waren die bis zu faustgroßen Hefe-»Nudeln« mit Zwetschgen (mus) oder anderen Früchten gefüllt. Ursprünglich buk man sie in einer mit Butterschmalz gefetteten Form. In der heutigen Variante werden sie noch warm mit Puderzucker bestreut und oft mit einer Vanillesauce serviert – allerdings kaum noch als Hauptmahlzeit, sondern als Dessert.

Unten links: Bayerische Knödel gibt es in allen möglichen Variationen. Unten rechts: Dank heutiger Kühlmöglichkeiten darf man Weißwürste inzwischen auch nach 12 Uhr Mittag »zuzeln« – also mit der Hand essen und das Brät vorsichtig aus dem Darm saugen.

EINKAUFEN

Sennerei Lehern
Im Käseladen gibt es frischen Allgäuer Käse aus hochwertiger Heumilch. In der »Käse-Alp« werden Allgäuer Gerichte mit und ohne Käse angeboten.
Lehern 158, 87659 Hopferau, Tel. 08362/7512, www.sennerei-lehern.de

Hofladen Anton Steiner
Die Spezialität des Hofes ist Fleisch vom Weideochsen. Neben Rindfleisch aus eigener Zucht und Haltung können Schweinefleisch sowie Bio-Käsesorten erworben werden. Ferienwohnungen auf dem Bauernhof.
Füssener Str. 21, 87484 Nesselwang, Tel. 08361/1271, www.steiners-hofladen.de

Maxenbauer Biohof
Hier zählt Frische. Der Bauernhof vertreibt verschiedene Sorten Kartoffeln sowie je nach Saison frische Erdbeeren.
Weiger-Guardini-Str. 25, 88319 Aitrach-Mooshausen, Tel. 08395/911364, www.maxenbauer.de

Ammerseer Hofladen
Familie Perger in Breitbrunn am Ammersee stellt seit mehr als 60 Jahren Obstprodukte aus eigenem Bio-Anbau her. Im Angebot hat der Hofladen neben Säften und Limonaden auch Bier, Wurstwaren, Käse und Honig.
Herrschinger Str. 51, 82211 Breitbrunn am Ammersee, Tel. 08152/9937570, www.ammersee-hofladen.de

Andechser Wildspezialitäten
Familie Hemberger, die außerdem das »Hotel zur Post« und das »Trachtenladerl« in Andechs führt, betreibt am Fuße des heiligen Berges einen Wild-Hofladen, in dem man Wildfleisch, -wurst und -fertiggerichte samt Beilagen aus eigener Haltung und Schlachtung erwerben kann. Auch schöne Geschenkkörbe und Wurstgestecke gibt es hier zu kaufen.
Starnberger Str. 2, 82346 Andechs, Tel. 08152/3433, www.wild-andechs.de

Bio-Hofladen Stuhlmiller
Rinder, Schafe, Hühner und Schweine tummeln sich auf dem Hof. Im Hofladen kann man Fleisch- und Wurstwaren aus eigener Herstellung, Eier sowie Kartoffeln und Gemüse aus eigenem Anbau kaufen, aber auch Schaffelle, Schafwollprodukte und Naturkostartikel. Außerdem wird Urlaub auf dem Bauernhof angeboten.
St.-Sebastian-Str. 7, 82343 Pöcking-Aschering, Tel. 08157/997189, www.hofladen-bauernladen.info

Wastlhof Freilandeier
Honig, Nudeln, Käse und saisonale landwirtschaftliche Produkte gibt es bei Familie Riepertinger.
Elperting 4, 83209 Prien-Atzing, Tel. 08051/1813, www.priener-freilandeier.de

Fritz'n Hof
Hier wird eine Obstmosterei betrieben, zudem werden verschiedene Essigsorten hergestellt. Die Brennerei und Mosterei liegt direkt am Obst- und Kulturweg.
Ratzinger Höhe/Dirnsberg 1, 83253 Rimsting, Tel. 08051/968600, www.obstmosterei-fritznhof.de

Bilder oben: Käsespezialitäten wie der Bockshornkleekäse aus der Käseküche in Isny sind regionaltypisch für das Allgäu, die Milch dafür kommt von Allgäuer Kühen. Bilder unten: Die Höfe der Region bieten Produkte aus eigener Haltung und eigenem Anbau.

KOCHEN

Steckerlfisch

4 ganze Weißfische (küchenfertig), z.B. Forelle, Makrele, Saibling
Saft von ½ Zitrone
Holzstecken oder -spieße

Die Fische ggf. entschuppen, innen und außen waschen und trocken tupfen. Die Fische innen mit Zitronensaft beträufeln. Mit Salz und Pfeffer aus der Mühle innen und außen gut würzen. 15 Minuten ruhen lassen. Auf die Stecken oder Spieße stecken, rundum mit Mehl bestäuben und über der Grillglut grillen, dabei mehrfach wenden. Bei einem Lagerfeuer können die Fische auch schräg zur Glut in den Boden gesteckt werden. Zu den Steckerlfischen passen am besten Kartoffelsalat mit Essig und Öl und frische Laugenbrezn.

GENIESSEN

Steckerlfisch

Entrindete Weidenzweige waren es einst, auf die man in Bayern die in den Seen und Flüssen gefangenen Renken, Brachsen oder Weißfische zum Braten aufspießte. Heute ist das »Steckerl« meist ein gewässerter Holzstab, an dem die mit einer kräftigen Marinade eingepinselten Fische kopfunter schräg über oder knapp neben der Holzkohleglut garen. Neben den traditionellen Arten verwendet man auch Zuchtfische wie Forellen, Saiblinge, Makrelen oder andere Seefische. Gegessen wird der »Steckerlfisch« allerdings fast immer traditionell von jenem Papier, in das er nach dem Grillen eingewickelt wurde – nur begleitet von einer frischen Brezn oder Semmel.

Leberkäs-Semmel

Die »Lebakas-Semmel« hat weder was mit Leber noch mit Käse zu tun. Und der Erfinder ihrer Hauptzutat stammte wohl aus der Pfalz. Jedenfalls holte der dortige Pfalzgraf Karl Philipp Theodor, nachdem er als Karl II. auch Kurfürst von Bayern geworden war, einen Fleischer nach München, welcher das Brät von fein gehacktem Schweinefleisch mit Rindfleisch kombinierte und in einer kastigen Brotform buk. Leber kam wohl nicht zu der Masse, der Name Leberkäs stammt angeblich von dem Wort Laib. Eine »Leberkäs-Semmel«, also eine Scheibe des warmen oder kalten Fleischkäses zwischen zwei Brötchenhälften, gibt es meist direkt beim Metzger, aber auch im Biergarten.

Apfelstrudel

Ein gerollter Kuchen mit Apfelfüllung ist keine rein bayerische Angelegenheit. Man denke nur ans Nachbarland Österreich (Wiener Apfelstrudel) oder an die böhmische Version. Zwar basieren alle drei Varianten auf dem typischen, möglichst papierdünn ausgezogenen Strudelteig. Aber der bayerische »Äpfel-Reindl-Striezl«, wie der (meist mit Rosinen und Zimt aromatisierte) Strudel im Dialekt mitunter noch heißt, unterscheidet sich deutlich von den anderen durch seine cremige Saftigkeit. Denn er wird traditionell in Milch und Sahne gebacken – und zwar in der »Reine«, einem großen, meist rechteckigen feuerfesten Gefäß.

Bayrisch Creme

»Rahmsulz« heißt diese Süßspeise auf Bayerisch – und angeblich gelangte sie schon Ende des 14. Jahrhunderts im Zuge der Eheschließung von Prinzessin Elisabeth von Bayern mit dem König Karl VI. nach Frankreich. Unter dem Namen »fromage bavarois« (bayerischer Käse) findet sich das Rezept zum ersten Mal 1815 verschriftlicht: im »Pâtissier royal parisien« von Marie-Antoine Carême. Gleich mehr als 30 Varianten stellt der berühmte französischen Koch vor, darunter eine mit Kaffee, eine mit »Blütenduft«, eine weitere mit Vanille und mehrere auf der Basis von Früchten. In einem deutschen Kochbuch von 1858 gibt es ein Kapitel mit dem Titel »Von den gestürzten Rahm-Schnee-Crêmes – Des fromages ou Crêmes Bavaroises«. Als Grundzutaten werden Milch, Sahne, Zucker und Eigelb genannt.

Unten links: »Steckerlfisch« – die an Holzstäben gegrillten Fische haben ein ganz besonderes Aroma. Unten rechts: Ursprünglich hat der »Leberkäs« seinen Namen nicht von den Zutaten. Vielleicht gab es aber einst eine Variante mit Labmagen oder anderen Innereien.

Renke

Sie tummelt sich in den kühlen Tiefen vieler bayerischer Gewässer: im Ammersee etwa und im Simsee, im Bodensee und im Chiemsee. Doch Renke ist nicht gleich Renke. Jene des Chiemsees ist deutlich größer und fetter als ihre Kolleginnen anderorts. Doch auch die – mit der Forelle verwandte – Chiemsee-Renke genießt man am besten gebraten oder frisch geräuchert. Chiemsee-Renken werden erst ab ihrem vierten Lebensjahr gefangen. Die Fischerfamilien rund um Deutschlands drittgrößtes Binnengewässer setzen auf Nachhaltigkeit und verwenden daher nur Netze mit recht großen Maschen. Da die Chiemsee-Renke mit eigenem Fischlaich gezüchtet wird, können mehr als hundert Millionen Renken zweimal im See ausgesetzt werden.

Auszogne

»Schmalznudeln« werden sie genannt, »Kerwa Kiachl«, »Faschingsküchle« oder »Bauernkrapfen« – je nachdem in welcher Region dieses bayerische Schmalzgebäck auf den Teller kommt. Zubereitet aus einem Hefeteig und in Butterschmalz ausgebacken, ähneln »Auszogne« geschmacklich den Berliner »Pfannkuchen« oder den hessischen »Krebbel«. Nicht jedoch in der Form, denn der Teig muss »aus(einanderge)zogen« werden, damit das Gebäck in der Mitte schön dünn und am Rand fluffig wird. Versteht sich von selbst, dass da kein Platz mehr ist für eine Füllung. Früher zogen die Bauersfrauen den Teig übrigens oft über dem Knie auseinander – daher ist auch der Name »Knieküchle« geläufig.

Obazda

Wie so viele traditionelle Speisen verdankt sich auch dieser bayerische Brotaufstrich besonderen geografischen und klimatischen Umständen. Denn als vor gut 150 Jahren parallel zum Aufkommen der Biergärten im Allgäu die Produktion von Weichkäsesorten begann, wurden diese aufgrund unzureichender Kühlmöglichkeiten schnell überreif. Findige Gastwirte kamen auf die Idee, dem überreifen, also schon sehr weichen Camembert, Brie oder Limburger Butter, Zwiebeln, Paprikapulver, Kümmel und Bier zuzugeben und die Käse so »obazd« (zerquetscht, vermischt) als Brotaufstrich wieder genießbar zu machen.

Münchner Helles

»Himmlisch wie die Frauenkirche« sagt der Münchner gern über sein Münchner Helles. Schon lange wird diese untergärige, hellgelbe und schwach gehopfte Bierspezialität an der Isar gebraut. Als ihr »Vater« gilt Joseph Pschorr. Schon mit 15 Jahren lernte der Junge aus Kleinhadern in München das Brauhandwerk: beim Oberkandler Bräu zunächst, dann bei Simon Hacker. 1793 heiratete er dessen Tochter und übernahm bald darauf den Hackerbräu. Pschorr wies seine Angestellten an, Feuerholz zu sparen und das Grünmalz nicht wie bisher dunkel geröstet in den Läuterbottich zu geben, sondern nur halbgedarrt. Dadurch wurde das Bier nicht mehr braun, sondern bekam eine goldene Farbe – und verlor zudem seinen Rauchgeschmack. Bereits 1829 wurden schon mehr als die Hälfte der rund 50 Münchner Biere als »weingelb« eingestuft.

WISSEN

Prinzregententorte

Zwei Münchner Hofkonditoren und ein bayerischer Hofbäcker werden immer wieder als Väter dieser Köstlichkeit genannt: Anton Seidl von der »Königlich Bayerischen Hofbäckerei Seidl« versuchte angeblich 1869 eine Torte mit Biskuitböden und Buttercreme herzustellen. Neun Lagen habe sie umfasst, eine für jedes Kind des Prinzregenten Ludwig I. Heinrich Georg Erbshäuser hingegen will die Torte 1886 zum Geburtstag des Prinzregenten Luitpold kreiert haben – mit allerdings nur sieben Böden (andere Quellen sprechen von acht): einen für jeden Kreis des damaligen Königreichs Bayerns. Bleibt noch Johann (Julius) Rottenhöfer. Der Würzburger Koch und Haushofmeister der bayerischen Könige Maximilian II. und Ludwig II. bereitete als »Mundkoch« in der Münchner Residenz ausschließlich Speisen für die königliche Familie und ihre Gäste zu. Und veröffentlichte schon 1858 eine Sammlung mit mehr als 2000 Koch- und Backrezepten.

Unten links: Der Teig des bayerischen Apfelstrudels erhält durch den Milch-Sahne-Aufguss während des Backens besonders viel Feuchtigkeit. Unten rechts: »Obazda mit Brezn« ist ein traditionelles Gericht in bayerischen Wirtschaften und Biergärten.

Gruß vom
Bärenmoos

ERLEBEN

Oktoberfest

O'zapft is: Was am 17. Oktober 1810 als Pferderennen auf der Theresienwiese (»Wiesn«) zu Ehren des königlichen Brautpaars Ludwig von Bayern und Prinzessin Therese von Sachsen-Hildburghausen begann, ist heute das größte Volksfest der Welt. Das Bier fließt nach dem Einzug der Festwirte und Anstich durch den Oberbürgermeister in Strömen, und das Tanzen auf Bierbänken bestimmt inzwischen die Stimmung in den Festzelten. Damit das Oktoberfest auch für Familien und ältere Gäste attraktiv bleibt, wurde erstmals zum 200. Jubiläum 2010 auf dem Südteil zusätzlich die »Oide Wiesn« gefeiert. Sie erinnert seither mit alten Karussellen und Traditionen an die vergangenen Zeiten.

Theresienwiese, Bavariaring, 80336 München, www.oktoberfest.de

Auer Dult

»Duit is in der Au« – diesem Ruf folgen die Münchner seit 1905 dreimal im Jahr. Die Maidult beginnt Ende April, die Jakobidult im Juli und die Kirchweihdult im Oktober. Aus dem ursprünglichen Kirchenfest wurde im Lauf der Zeit ein Jahrmarkt, der noch immer mit einzelnen nostalgischen Fahrgeschäften und »Standln« (Buden) stattfindet. Neben Trödel und Holzschnitzereien lockt vor allem der Duft von »Apfelkücherl« und »Bavesen« (meist mit Zwetschgenmus gefüllte, in Fett ausgebackene Weißbrotscheiben).

Mariahilfplatz, 81541 München, Tel. 089/23396500 (Touristeninfo), www.muenchen.de

Kocherlball

Am dritten Samstag im Juli finden sich Tausende Münchner und Neugierige um 6 Uhr morgens am Chinesischen Turm im Englischen Garten ein, um gemeinsam zu tanzen. Die Damen tragen Dirndl, die Herren Jancker oder Trachtenhemd zu Lederhose. Begründet wurde die Tradition des »Kocherlballs« im 19. Jahrhundert von Hausangestellten (Gärtnern, Kindermädchen oder Zofen), den sogenannten »Kocherln«. Einer der Höhepunkte ist noch heute die »Münchner Française«, die zur Fledermaus-Quadrille von Johann Strauß getanzt wird. Danach geht's beim »Frühschoppen« (geselliges Beisammensein am Vormittag mit Essen und Trinken, gerne mit Weißwürsten) zünftig weiter.

Chinesischer Turm im Englischer Garten 3, 80538 München, www.muenchen.de

Open-Air-Sommerparty am Gärtnerplatz

Der Gärtnerplatz in München ist nicht nur ein schön gestalteter Platz mit südländischem Flair, sondern gleichzeitig auch ein Lehrstück darüber, wem die Stadt eigentlich gehört. Straßen und Plätze sind öffentlicher Raum, der dazu dient, neue Leute kennenzulernen und zu feiern. Genau das geschieht am Gärtnerplatz an jedem Wochenende. Dann versammeln sich nämlich Hunderte Leute mit Bier und Musik.

Gärtnerplatz, 80469 München, www.muenchen.de/sehenswuerdigkeiten/sehenswerte-plaetze

Viehscheid – Almabtrieb im Allgäu

Der Alpsommer dauert im Allgäu etwa 100 Tage, nachdem die Bauern ihr Vieh im Mai/Juni im Zuge des Almauftriebs auf die Bergweiden gebracht haben. Der Almabtrieb wird dann traditionell mit dem »Viehscheid« gefeiert: Wenn die ca. 30 000 Rinder mit Glockengeläut und Hufschlagen zurückkehren, werden sie von mindestens doppelt so vielen Menschen erwartet – in den rund 32 Allgäuer Orten haben die Veranstalter Festzelte aufgestellt. Hier werden nach altem Brauch auch die besten Hirten mit großen Kuhschellen ausgezeichnet.

Allgäu, Termine der einzelnen Orte unter www.allgaeu-viehscheid.de, www.stadtgarten-nuernberg.de

Augsburger Sommernächte

Lange Tage, lange Nächte: Wenn Sommernächte in der Augsburger Innenstadt sind, feiert, schlemmt und tanzt die ganze Stadt auf 23 000 Quadratmetern an drei Abenden im Juni. Auf der prächtigen Maximilianstraße und in der gemütlichen Altstadt bis zum Stadtmarkt vergnügen sich jährlich Zehntausende Besucher.

Innenstadt, 86150 Augsburg, Tel. 0821/45010210 (Augsburg Marketing), www.augsburg.de und *www.sommernaechte.augsburg-city.de*

WISSEN

Oktoberfest

Ein großes Pferderennen anlässlich der Hochzeit Ludwigs von Bayern mit Prinzessin Therese von Sachsen-Hildburghausen war der Keim, aus dem die »Wiesn«, also das Münchner Oktoberfest, erwuchs. Das Paar hatte sich am 12. Oktober 1810 in der Hofkapelle der Residenz vermählt – und danach wurde in der ganzen Innenstadt ausgiebig öffentlich gefeiert. Mit Schützenparade, Musik, Illuminationen und kostenloser Volks-Verköstigung. Allein am Abend des 13. Oktober sollen 232 000 Mass Bier getrunken worden sein. Am fünften Festtag ist dann auf einer Fläche vor dem Sendlinger Tor, »seitwärts der Straße, die nach Italien führt«, das Reiterspektakel der Kavallerie anberaumt. Neun Bauernpaare in Tracht empfangen dort Ludwig und Therese, die ein Kleid in den bayerischen Nationalfarben trägt. Schon im nächsten Herbst wird auf der »Theresienwiese« wieder kräftig gefeiert – und ab 1819 übernehmen die Münchner Stadtväter die Organisation des Oktoberfests.

Bilder oben: Wenn sich beim Oktoberfest in München alles ums Bier dreht, dürfen deftige bayerische Spezialitäten dazu natürlich nicht fehlen. Bilder Mitte: Der Münchner »Kocherlball« hat eine lange Tradition und ist trotz der frühen Uhrzeit noch immer ein beliebtes Ereignis; Nostalgieliebhaber und Sammler werden auf der Auer Dult, die dreimal im Jahr auf dem Münchner Mariahilfplatz stattfindet, garantiert fündig. Bild unten: Zum »Viehscheid« sind die Allgäuer Kühe prachtvoll geschmückt.

BIER — DIE KUNST DES BRAUENS

Es waren wohl die Sumerer, die den Gerstensaft erfanden. Per Zufall allerdings. Denn Bilddarstellungen und Keilschriften dieses Volkes, das vor 6000 Jahren zwischen Euphrat und Tigris ansässig war, belegen, dass ihm Veränderungen an stehen gelassenem Brotteig auffielen. Wilde Hefen, vom Wind herbeigeweht, wurden bald als Grund erkannt.

Im Mittelalter widmen sich dann mitteleuropäische Klosterbrüder dem Thema Brauen, anfänglich nur, um ein nahrhaftes und wohlschmeckendes Getränk zu ihren kargen Fastenmahlzeiten zu gewinnen. Denn Flüssiges war immer erlaubt. Ein erstes deutsches Braukloster erwähnen Chroniken im 9. Jahrhundert im heute schweizerischen St. Gallen. Die Anlage beherbergte drei Braustätten mit Darre, Malzquetsche, Kühl-, Gär- und Lagerhäusern sowie eine Böttcherwerkstatt. In den Folgejahren trat die Braukunst ihren Siegeszug durch die deutschen Lande an. Schon 1375 zählt allein Hamburg mehr als 450 selbstständige Brauer. Zur Zeit der industriellen Revolution erlebt das deutsche Braugewerbe eine neuerliche Blüte. Die Zollschranken zwischen den deutschen Kleinstaaten fallen; die erste Heißluftdarre und die erste Kältemaschine werden in Betrieb genommen. Und Luis Pasteur legt um 1860 mit seinen Forschungen über die Rolle der Hefezellen bei der Gärung den Grundstein für die moderne Brauwissenschaft.

Bierbrauen will gelernt sein. Die Zutaten des bayerischen Volksgetränks sind im Reinheitsgebot von 1516 ganz genau geregelt. Die älteste Lebensmittelvorschrift der Welt verhalf dem bayerischen Bier einst zu einer Spitzenstellung und gilt seit Anfang des 20. Jahrhunderts in ganz Deutschland.

SCHWÄBISCHE ALB, BODENSEE & SCHWARZWALD

Für die Küche Baden-Württembergs sind insbesondere der Schwarzwald, die Schwäbische Alb sowie die Region rund um Bodensee und Stuttgart typisch – allerdings ist auch das nur ein kleiner Ausschnitt von dem, was das »Ländle« für Gourmets bereithält. Denn auch die elsässische und französische Küche bereichern das kulinarische badische Angebot. Flammkuchen wird gerne mit Schwarzwälder Schinken gegessen. Speckkuchen wird »Grüner Kuchen« genannt, sobald ein höherer Lauchanteil verarbeitet ist. Die wohl beliebteste Spezialität sind »Maultäschle« (flach gerollte Nudelteigstücke), auch bekannt als »Herrgotts Bescheißerle« (in der Fastenzeit wurde hier Hackfleisch oder Schinkenwurst »versteckt«). Eine köstliche Besonderheit sind »Felchen«, forellenähnliche Lachsfische, aus dem Bodensee. Allgemein ist die Küche nicht für Diätwillige geeignet, schon gar nicht, wenn man an die Schwarzwälder Kirschtorte denkt.

KOCHEN

Alblinsen mit Spätzle

Für den Spätzleteig:
6 Eier, Salz, 600 g Spätzlemehl (alternativ 400 g Hartweizengries + 200 g Weizenmehl vermengen)

Für die Linsen:
1 Zwiebel, 1 Knoblauchzehe, 200 g Bauchspeck (würfeln) + 4 Scheiben Bauchspeck
500 g Alblinsen, 70 g Tomatenmark, 50 ml Rotwein, 2 l Rinderbrühe, 3 Lorbeerblätter, 2 Gewürznelken, Essig

Aus den angegebenen Zutaten Spätzle zubereiten (siehe auch S. 210), warm halten. Die Linsen waschen. Speck, Zwiebeln und Knoblauch andünsten. Das Tomatenmark hinzugeben, mit Wein ablöschen, einkochen lassen. Brühe, Lorbeerblätter, Nelken und Linsen hinzugeben, zum Kochen bringen, je nach Größe der Linsen ca. 30 Min. köcheln. 1 EL Essig untermischen, salzen und pfeffern. Mit Spätzle, 1 Scheibe Bauchspeck und 1 Bockwürstchen servieren.

GENIESSEN

Alblinsen mit Spätzle

Auf den mageren, steinigen Böden der Schwäbischen Alb gedieh einst nicht viel. Nur eine kleine Linsenfrucht fühlte sich dort offenbar wohl. Noch bis Ende des 19. Jahrhunderts galt die Region zwischen Nördlingen und Donaueschingen als eines der Hauptanbaugebiete der Alblinsen in Deutschland. 1950 stellten die Albbauern den Anbau aber aufgrund der billigen internationalen Konkurrenz ein. Seit aber kurz nach der Jahrtausendwende in St. Petersburg die Originalsorten wiederentdeckt wurden, wird die Ur-Alblinse wieder angebaut. Auf rund 150 Hektar, zwischen Stürzgetreide wie Hafer und Gerste.

Knöpfle

»In dem gesegneten Schwabenland besteht die löbliche Gewohnheit, daß man täglichs Tags fünf Mal ißt, und zwar fünf Mal Suppe, und zwei Mal dazu Knöpfle oder Spätzle«, schreibt der Türkheimer Schriftsteller Ludwig Aurbacher Anfang des 19. Jahrhunderts in seinem »Volksbüchlein«. Da die Herstellung der Spätzle mühsam ist – der zähflüssige Mehl-Eier-Teig wird in schmalen Streifen von einem Spätzlebrett direkt ins kochende Wasser geschabt – gab es schon früh Versuche, diese zu mechanisieren. Als Pionier auf diesem Gebiet gilt Philipp Mehne. Der Schlosser erfand bereits 1786 eine »Knöpflemaschine«, bei der ein Spindelkolben den Teig in einem Metallzylinder-Behälter durch eine Lochscheibe presst.

Schwäbisch-Hallisches Landschwein

»Nirgends versteht man sich so gut wie im Hällischen auf Schweinemast und Schweinezucht«, schreibt 1844 das »Landwirtschaftliche Correspondenzblatt«. Und weiter: »Nirgends trifft man die eigentümliche und vorzügliche Race von Schweinen an, welche der Hällische Bauer hat«. Tatsächlich entstand die schwarz-weiße Rasse Anfang des 19. Jahrhunderts im Hohenloher Land durch Kreuzung des wildschweinartigen Landschweins mit dem chinesischen Jinhua-Schwein. Mitte des 20. Jahrhunderts wurde sie wegen ihres fettreichen Fleisches aus dem Markt gedrängt; in den 1980er-Jahren galt sie sogar als ausgestorben. Inzwischen Passagier der Slowfood-Arche, wird das Schwäbisch-Hallische Landschwein nun neu gezüchtet und erfreut sich bei Gourmets großer Beliebtheit.

Weine (Trollinger, Riesling, Grauburgunder)

Weingarten heißt eine Gemeinde am Rande des Kraichgaus, und nicht nur hier sind die Reben von der Sonne verwöhnt. Baden ist das südlichste Weinbaugebiet Deutschlands, es zieht sich in der Rheinebene vom Neckarzufluss über die Ortenau und den Kaiserstuhl bis zum Bodensee. Bedingt durch diese geographische Ausdehnung gibt es klimatische und geologische Unterschiede innerhalb des Weinbaugebietes. Daher gedeihen auf den Böden sowohl weiße als auch rote Trauben. Die wichtigsten Weißweine sind Grauburgunder und Müller-Thurgau; bei den Roten bauen die Winzer der Region inzwischen neben dem traditionsreichen Trollinger auch Spätburgunder aus.

»Alb-Leisa«, wie die Alblinsen im Dialekt heißen, gibt es bis heute als Traditionsgericht: leicht säuerlich gekocht mit (handgeschabten) Spätzle und vielleicht noch einem Paar »Saitenwürstle« (Wiener).

EINKAUFEN

Obstbau Bernhard
Im Hofladen von Familie Bernhard gibt es leckere Bodensee-Äpfel, saisonal frische Kirschen, Apfelsaft, Most und selbst gebrannten Bodenseeobstler.
Untere Seestr. 20, 88085 Langenargen, Tel. 07543/2762, www.obstbau-bernhard.de

Bodenseefischerei Boesenecker
Fangfrische Bodenseefische und Fische aus der eigenen Räucherei werden im Hofladen der Fischerei angeboten. Fischsalate und Marinaden ergänzen das appetitliche Sortiment.
Langenargener Str. 12, 88079 Kressbronn/Gohren, Tel. 07543/547156

Spargelhof Geiger
Auf dem Spargelhof dreht sich alles rund um das köstliche Gemüse. Außerdem erhält man Erdbeeren, Apfelsaft, Weine und Erzeugnisse aus der Brennerei,
Moosstr. 26, 88069 Tettnang, Tel. 07542/8242, www.tt-spargel.de

Obst vom Oberhof
Frisches Obst und Gemüse direkt vom Hof. Hier bekommt man leckere Beeren und Salate der Saison, Marmelade, Honig, Wurst und Rauchfleisch sowie Schnäpse und Liköre aus der eigenen Brennerei.
Oberhofer Str. 90, 88069 Tettnang, Tel. 07542/6951

Gierer's Bauern-Lädele
Obst und Gemüse aus eigener Erzeugung gibt es bei den Gierers: Äpfel, Birnen, Kirschen, Erdbeeren, Himbeeren, Pflaumen, Kohl, Spargel, Salate, Zwiebeln, Möhren, Tomaten, Kartoffeln, Kürbis, Gurken und Zucchini. Dazu frisches Brot und Gebäck aus dem Steinbackofen.
Tettnanger Str. 18, 88085 Langenargen-Oberdorf, Tel. 07543/3884, www.gierers-bauern-laedele.de

Obsthof Mülhaupt
Auf dem Hof wird Obst zu jeder Jahreszeit angeboten. Äpfel, Birnen, Zwetschgen, Kirschen und Kartoffeln aus integriert-kontrolliertem Anbau, naturreine Obstsäfte und hausgemachte Marmeladen aus eigenen Früchten ergänzen das köstliche Angebot. Dazu gibt es Edelbrände und Liköre.
Ortsstr. 35, 88085 Langenargen-Oberdorf, Tel. 07543/1200, www.obsthof-muelhaupt.de

Bergpracht Milchwerk Tettnager Käserei
Hier kann man leckere Käsespezialitäten aus der Allgäuer Milch nicht nur kaufen, sondern auch einzelne Schritte der Käseproduktion kennenlernen.
Eisenbacher St. 4, 88069 Tettnang, Tel. 07542/933430, www.bergpracht.de

Weinkellerei Steinhauser
Wer Bodenseeweine liebt, sollte unbedingt in dieser Weinmanufaktur vorbeischauen. Im Sortiment sind außerdem Kressbronner Weine, Edelbrände und Liköre aus eigener Herstellung. Natürlich darf auch verkostet werden.
Raiffeisenstr. 23, 88079 Kressbronn, Tel. 07543/9397600, www.weinkellerei-steinhauser.de

Berghof Rabel
An Weihnachten 1958 bezog die Bauernfamilie den Berghof in Teck, einem Ortsteil von Owen. Dort begannen sie, nicht nur Kartoffeln und Getreide anzubauen, sondern auch die Früchte der Streuobstwiesen in der Umgebung zu Destillaten zu veredeln. Später folgte die Herstellung von Whisky aus Dinkel und Quellwasser der Region. Im Laden können die Edelbrände und der Schwäbische Albdinkel-Whisky ebenso verkostet und gekauft werden wie Fruchtweine, Liköre und Fruchtsäfte
Berghof, 73277 Owen, Tel. 07021/86 19 61, www.berghof-rabel.de

Hohensteiner Hofkäserei
Im Mittelpunkt des breiten Sortiments an frischen Produkten der Region steht der Bio-Käse aus eigener Herstellung. Eine »Käsehütte« ermöglicht Ferien für die ganze Familie in erholsamer Natur.
Heidäcker 1, 72531 Hohenstein, Tel. 07387/12 97, www.albkaes.de

Unten links: In der ganzen Region gibt es zahlreiche Hofläden, in denen man regionales Gemüse, oft auch aus Bio-Anbau, erwerben kann. Unten rechts: Auch Weinanbau wird hier großgeschrieben. Verkosten kann man die edlen Tropfen auf Weinfesten.

KOCHEN

Maultaschen

Für den Teig:
300 g Mehl, 2 Eier, 1 TL Öl, Salz, frisch geriebene Muskatnuss

Für die Füllung:
1 Zwiebel, 1 Bund Bärlauch, 1 Büschel Petersilie, 400 g Spinat, 1 altbackenes Brötchen, 250 g Hackfleisch

Die Teig-Zutaten verkneten, kühl stellen. Für die Füllung: Zwiebeln andünsten. Bärlauch und Petersilie hacken. Den Spinat putzen, blanchieren, ausdrücken. Das Brötchen einweichen, ausdrücken und in Stücke zupfen. Hackfleisch, Zwiebeln, Kräuter und Spinat unterkneten. Den Nudelteig ausrollen, kleine Rechtecke schneiden. Jeweils etwas Füllung auf eine Hälfte der Rechtecke geben, zusammenklappen, an den Rändern festdrücken. In köchelndem Salzwasser ca. 20 Min. gar ziehen lassen. Herausnehmen. In Butter angebraten, als Suppeneinlage oder mit Salat servieren.

GENIESSEN

Maultaschen/Flammkuchen

Teigwaren gehören zum südlichen Deutschland wie die Kehrwoche und die Kuckucksuhr. Allen voran die »Herrgotts Bescheißerle«, wie die Schwaben ihre Maultaschen auch liebevoll nennen. Denn der Legende nach waren es Mönche des Klosters Maulbronn, die diese Spezialität erfanden, indem sie ein während der Fastenzeit als Geschenk erhaltenes Stück Fleisch mit Nudelteig »tarnten« – damit ihr Herrgott den Frevel nicht sehe. Wie dem auch sei: Die kleinen Nudeltaschen werden heute meist in Brühe serviert oder in der Pfanne gebraten. Aus dem Backofen indes kommen »Dinnete«, die schwäbische Variante des Flammkuchens: aus Hefeteig (der nicht so dünn ausgerollt wird wie in Frankreich), belegt mit Zwiebeln, Schmand und Speckwürfeln.

Kartoffelsalat

Echt »schlonzig« muss er sein, dieser Klassiker der schwäbischen Küche. Und das wird er nur, wenn er beim Mischen »schwätzt«, also Geräusche von sich gibt (die einem Schmatzen ähneln). Bis es so weit ist, müssen die Kartoffeln (feste Sorte!) natürlich zunächst gekocht sein – und auch die Gemüsebrühe, die man tunlichst aus Suppengemüse sowie einer Zwiebel selbst ansetzt. Für das Dressing kommt in die noch heiße, abgegossene Brühe ein zweite, allerdings fein gewürfelte Zwiebel sowie (Kräuter-)Essig und etwas Senf. Erst wenn die Brühe-Essig-Mischung sorgfältig unter die möglichst dünnen Kartoffelscheiben gehoben ist, kommt das (Pflanzen-)Öl darüber. Schwäbischer Kartoffelsalat schmeckt sowohl lauwarm als auch kalt – wobei der echte Schwabe die erste Variante bevorzugt.

Bib(b)eliskäs

Nach dem »Bib(b)ele«, wie ein Hühner-Küken auf Alemannisch heißt, ist diese typische Schwarzwälder Spezialität benannt. Aber sie enthält weder Hühnerfleisch noch Flaumfedern. Vielmehr päppelte man damit auf den Bauernhöfen einst die kleinen Küken auf. Als Zutaten für den »Bib(b)eliskäs« verwendet man heute Magerquark und Sahne, mischt eine klein geschnittene Zwiebel unter und verfeinert mit Schnittlauch, Salz und Pfeffer. Das Ganze isst man auf Bauernbrot oder zu Kartoffeln, zu »Gschwelldi« (Pellkartoffeln) ebenso wie zu »Brägele« (Bratkartoffeln).

Wähe

Ein traditionelles alemannisches Gebäck stand für diesen flachen Blechkuchen nicht nur namentlich Pate. Denn wie bei der wohl aus der Mittelschweiz stammenden »Waie« gibt es auch bei der badischen »Wähe« eine süße und eine salzige Version. Beide ähneln zudem der französischen »Quiche« oder »Tarte«. Wie bei diesen wird ein Mürbeteig (Hefeteig ist seltener) flach ausgerollt und enthält einen Belag aus Früchten (Zwetschgen oder Äpfeln). Oder man legt Gemüsestücke auf. Beide Varianten erhalten nun noch einen Guss aus Rahm oder Milch und Eiern. Bei der Obstwähe wird er gezuckert, bei jener mit Zucchini, Spinat oder Kartoffeln gesalzen.

Unten links: Schwäbische Maultaschen sind inzwischen überregional als Spezialität bekannt. Unten rechts: »Dinnete« sind schwäbische Flammkuchen aus Hefeteig, die meist mit Schmand, Zwiebeln und Speck zubereitet werden.

BESUCHEN

Konzil Konstanz
Drei Päpste sind zu viel, darum fand im Jahr 1414 das Konstanzer Konzil statt. Nach vier Jahren, Tausenden von Besuchern und florierenden Geschäften in der damaligen Kleinstadt und erst, nachdem der Reformator Jan Hus auf dem Scheiterhaufen landete, einigte man sich auf einen einzigen Papst. In den historischen Gemäuern lädt heute das Restaurant »Konzil« samt mediterran gestalteter Terrasse mit Blick auf den Bodensee zum Genießen ein. Wie wäre es mit »Fischmaultäschle« gefüllt mit Lachsforelle und Zandermousse auf Gemüsen mit leichter Safransauce oder Kretzerfilet mit Mandeln gebraten und Dampfkartoffeln?
Hafenstr. 2, 78462 Konstanz, Tel. 07531/21221, www.konzil-konstanz.de

Marktstüble
Ein Tipp für schwäbische Feinschmecker ist das Restaurant »Marktstüble« direkt neben den Verkaufsständen der Stuttgarter Markthalle im zentralen Jugendstilgebäude. Hier sind der »Schwäbische Filder-Rostbraten« auf Weinsauerkraut mit hausgemachten »Maultäschle« ebenso zu haben wie das »Stuttgarter Linsengericht« mit Spätzle. Die Klassiker der Schwabenküche lassen sich im Sommer auch im dazugehörigen Biergarten unter großem Kastanienbaum genießen.
Dorotheenstr. 4, 70173 Stuttgart, Tel. 0711/4704400, www.looss-kulinarisches.de/Marktstueble

Alte Kanzlei Stuttgart
Wo sich einst die Vorratskammern des Alten Schlosses befanden, treffen seit 2002 Tradition und Moderne aufeinander. Alleine die Lage ist einzigartig, denn ob man vom benachbarten Schloss, Kunstmuseum oder Staatstheater kommt, der Weg führt automatisch in die »Alte Kanzlei«. Der Duft der schwäbischen Klassiker zieht magisch an. Auf der Karte stehen »Flädlesuppe« (Rindfleischbrühe mit Pfannkuchenstreifen als Einlage) mit Schnittlauch, »Maultaschen mit Zwiebelschmelze und Jus« und hausgemachter »Ofenschlupfer« (schwäbischer Auflauf mit Äpfeln, Rosinen, Zimt und Zucker) auf Vanillesauce je mit einem erlesenen Tropfen von der imposanten Weinbar.
Schillerplatz 5a, 70173 Stuttgart, Tel. 0711/294457, www.alte-kanzlei-stuttgart.de

Max & Moritz Gasthaus-Brauerei
Hoch über Kressbronn ist das »Max & Moritz« ein beliebtes Ausflugsziel. Mit Blick über den Bodensee lassen sich im Restaurant, vor allem aber auf der Terrasse, die hausgebrauten Bierspezialitäten seit 1994 im ehemaligen Bauern- und Gasthof »Torggel« schmecken. Ganz zu schweigen von der kreativen Küche, die mit »Schwäbischer Brätstrudel-Suppe«, »Krautkrapfen« (aus Nudelteig) an Zwiebel-Senfrahmsauce, Schwäbischen Maultaschen und dem panierten Brauhausschnitzel mit Braumalz-Senfpanade, hübsch angerichtet, verwöhnt. Hier isst das Auge definitiv mit.
Weinbichl 6, 88079 Kressbronn, Tel. 07543/6508, www.maxmoritz-bier.de

Restaurant Wielandshöhe
Als »Kultstätte mit Tradition« wird der Traditionsbetrieb gerne gelobt. Dabei ist das Restaurant »Wielandshöhe« alles andere als eingestaubt. So folgt das Küchenteam dem Ruf nach Raffinesse. Das Schwäbisch-Hällische Landschwein ist als Krustenpastete mit Apfelsalat beliebt.
Alte Weinsteige 71, 70597 Stuttgart-Degerloch, Tel. 0711/6408848, www.wielandshoehe.de

Lauteracher Alb-Feld-Früchte
In der Heimatgegend der Alblinse liegen auch die Höfe der Öko-Erzeugergemeinschaft Alb-Leisa. Die kleine, dunkelgrün marmorierte Linsensorte, die ursprünglich aus Frankreich stammt, wird dort seit Jahrhunderten zusammen mit Getreide ausgesät und besitzt hervorragende Geschmacks- und Kocheigenschaften. Erhältlich sind sie hier im Hofladen am Südrand der Schwäbischen Alb zusammen mit weiteren regionalen Produkten.
Am Hochberg 25, 89584 Lauterach, Tel. 07375/922293, www.lauteracher.de

Unten links: Schwäbischer Kartoffelsalat schmeckt besonders gut, wenn man ihn nach der Zubereitung einige Stunden ziehen lässt.
Unten rechts: Klein aber fein – der Schwarzwälder »Bib(b)eliskäs« schmeckt vor allem mit »Brägele« (Bratkartoffeln).

KOCHEN

Kirschenplotzer

3 Brötchen vom Vortag,
150 ml warme Milch,
3 Eier (trennen), 125 g Zucker,
1 P. Vanillezucker,
500 g Speisequark,
2 EL Zitronensaft, 75 g Grieß,
3 TL Backpulver (gestrichen),
750 g (Sauer-)Kirschen (entsteint),
30 g Mandeln (gehobelt)

Die Brötchen in dünne Stücke schneiden und in der Milch einweichen. Eigelbe, Zucker und Vanillezucker schaumig schlagen. Quark, Zitronensaft und Grieß mit Backpulver vermischt unterrühren. Die Brötchen mit dem Handrührgerät gut durchrühren. Die Quarkmasse und die Kirschen unterheben. Die Eiweiße steif schlagen und ebenfalls unterheben. Die Masse in eine gefettete Auflaufform füllen, mit den Mandeln bestreuen und bei 180 °C etwa 30-40 Min. backen. Mit Puderzucker bestäuben.

GENIESSEN

Schwarzwälder Kirschtorte

»Göttin in Weiß, Rot und Schwarz« nennen ihre Fans schwärmerisch die sahnige Köstlichkeit. Doch niemand weiß so recht, woher sie stammt. Die Kombination von Kirschen, Rahm und Kirschwasser servierte man zwar schon früh im Südschwarzwald als Dessert, aber nicht in Tortenform. Hingegen gab es in der Schweiz eine Torte aus Biskuit, Nüssen, Kirschen und Rahm, aber ohne Schnaps. Ein Bad Godesberger Konditor reklamierte 1915 ebenfalls die »Schwarzwälder« für sich; ein Berufskollege aus Tübingen, der zuvor im Schwarzwald gearbeitet hatte, will sie 1930 erfunden haben. Wie dem auch sei: Ein wenig ähnelt die Torte, die heute kaum in einem guten Kaffeehaus fehlt, auf jeden Fall der Schwarzwälder Frauen-Tracht. Denn deren Kleid ist schwarz wie die Schokostreusel und die Schokoböden, die Bluse weiß wie die Sahne, und die roten Kugeln des Bollenhuts erinnern an Kirschen.

Kirschenplotzer

Zum sommerlichen badischen Sonntags-Nachmittagskaffee gehört unbedingt ein »Kirschenplotzer«. Woher der fruchtige Brotauflauf seinen Namen hat, ist allerdings nicht ganz klar. Aber im Süddeutschen steht »plotzen« für »geräuschvoll vom Baum fallen«. Es ist also gut möglich, dass die Süßspeise in früheren Zeiten nicht mit frisch gepflückten, sondern vom Boden aufgesammelten Kirschen gebacken wurde. Aber vielleicht heißt der Kirschenplotzer auch so, weil die roten Früchte zum Schluss aus ihrer Schüssel in den lockeren Teig aus eingeweichten Brötchen und Eischnee purzeln. Denn ursprünglich war der Kirschenplotzer ein preisgünstiges, sommerliches Resteessen.

Scheiterhaufen

Zwar gilt die badische Küche mit ihrem Einfluss aus dem nahen Frankreich als die feinere, verglichen mit der deftigen, oft kargen schwäbischen. Aber oft beeinflussen sie auch einander und die Grenzen verschwimmen. So basieren viele der badischen Nachspeisen und Kuchen gleich den schwäbischen auf »armen« Grundzutaten wie Milch und Brot. Das gilt auch für den »Scheiterhaufen«, einen Auflauf, für den altbackene, in Scheiben geschnittene und in Milch eingeweichte Brötchen immer abwechselnd mit einer Mischung aus Rosinen, Zucker und Zimt in eine Form geschichtet und im Ofen gebacken werden.

Brägele

Kartoffeln sind eine beliebte Beilage auch in der badisch-schwäbischen Küche. Und zwar in vielerlei Varianten. Da gibt es etwa »Gschwelldi«, schlichte Pellkartoffeln, und »Gedämpfte«, die aber keineswegs nur in Wasser gegart, sondern vor und nach dem Kochen in der Pfanne angebraten werden. Bei den »Brägele« indes handelt es sich um ganz »normale« Bratkartoffeln aus gekochten Kartoffeln; »Rauhbrägeli« hingegen sind Bratkartoffeln, deren Scheiben roh in die Pfanne gegeben werden. Aber damit noch nicht genug der Verwirrung: Die Frage »Schmecksch de

Unten links: Fleißige Bienen verarbeiten den Honigtau, den Rindenläuse in den Schwarzwälder Nadelwäldern ausscheiden. Unten Mitte: Vom Resteessen entwickelte sich der »Kirschenplotzer« zum Süßgebäck und wird heute zum Nachmittagskaffee genossen.

Brägl« meint keineswegs, ob die Bratkartoffeln schmecken, sondern ob man etwas ahnt oder die Problematik einer Sache »riecht«. Und »Do häsch de Brägl«, bedeutet in etwa: »Da hast du den Salat« – im Sinne von: »Jetzt ist es passiert!«.

Flädlesupp

Pfannengebackene Eierspeisen mit Milch und Mehl waren und sind vielerorts seit Langem als rasche, günstige Speisen bekannt – angefangen von den französischen »Crêpes« und »Galettes« über die österreichischen Palatschinken bis hin zu den slawischen Plinsen. Von der ungesüßten Variante der Eierkuchen wurden früher die vom Vortag übrig gebliebenen in Streifen geschnitten und als Suppeneinlage verwendet. Im schwäbisch-badischen Raum heißen diese Streifen »Flädle«. Man legt sie in einen tiefen Teller und begießt sie mit einer deftigen Fleischbrühe.

Kirschwasser und Obstbrände

Die Kunst des Schnapsbrennens hat im Schwarzwald eine lange Tradition. Ausschlaggebend dafür waren die kleinbäuerliche Struktur und die ausgedehnten Streuobstwiesen mit Früchten aller Art. Das Schnapsbrennen ermöglichte den Bauern ein Nebeneinkommen und half ihnen, ihr oft dürftiges Überleben zu sichern. Gleichzeitig konnte so der Überschuss an Obst verarbeitet werden und nicht lagerfähige Früchte wurden verwertet. Das Schwarzwälder Kirschwasser sowie Williamsbirnen- und Pflaumen-Brände genießen über die Grenzen des Schwarzwaldes hinaus einen ausgezeichneten Ruf.

Bodenseefelchen/Kretzer

Noch immer recht lebendig ist die Fischerei im Bodensee. Gut 30 Fischarten kommen dort vor – nicht alle sind jedoch endemisch. Schon im Mittelalter wurden Karpfen, ab 1886 Zander und die Regenbogenforelle in das Gewässer eingesetzt; andere Arten wanderten, wie etwa der »Kretzer« (Flussbarsch), über die Flüsse ein. Als »Brotfisch« gilt heute der Felchen. Er hat festes, weißes Fleisch und kommt in den Varianten Blau- und Sandfelchen vor. Angeboten wird der Felchen ganz, als Filet und als Räucherfelchen. Aus dem noch unreifen Rogen der weiblichen Tiere wird der sogenannte Felchenkaviar gewonnen.

Honig aus dem Schwarzwald

Schwarzwälder Honig ist meist Tannenhonig: dunkelbraun bis schwarz in der Farbe, malzig-herb und kräftig im Geschmack. Eine regionale Spezialität und mitunter sogar eine Rarität, denn nicht jedes Jahr gibt es eine gute Ernte. Ursache dafür ist ein winziges Tier – die grüne Honiglaus. Anders als bei Blütenhonigen sammeln die Bienen in den Nadelwäldern des Schwarzwaldes keinen Nektar, sondern Honigtau. Er entsteht, wenn die Rindenläuse die Tannensäfte anzapfen und dabei kleine, zuckersüße Tröpfchen ausscheiden. Diesen Honigtau sammeln die Bienen ab und verarbeiten ihn in den Waben. Gibt es witterungsbedingt weniger Rindenläuse, haben die Imker keinen oder nur einen sehr geringen Ertrag. Unter Imkern gilt die Regel, dass nur alle sieben bis zehn Jahre mit einer guten Weißtannenhonigernte zu rechnen ist.

KOCHEN

Felchenfilets »Reichenauer Art«

4 Felchenfilets
(à ca. 300 g; küchenfertig)
Salz, Pfeffer
1 Handvoll Salbeiblätter
400 g Sahne

Die Filets auf beiden Seiten mit Salz und Pfeffer aus der Mühle würzen. In Mehl wenden.
Die Salbeiblätter waschen, trocken tupfen und in Streifen schneiden. Butter in einer Pfanne erhitzen und die Filets darin zunächst auf der Hautseite kurz anbraten, die Salbeiblätter über den Fisch streuen. Dann die Filets wenden. Die Sahne dazugeben und bei schwacher Hitze ca. 10 Min. köcheln lassen.
Die Sauce mit Salz und Pfeffer aus der Mühle abschmecken. Heiß servieren.

Unten rechts: Die »Flädlesupp« gehört heute über Schwaben und Deutschland hinaus auch – in abgewandelter Form – zur traditionellen Küche anderer Länder wie beispielsweise in Österreich, Schweiz und Frankreich.

ERLEBEN

Lindauer Genussherbst

Bodensee-Fisch auf dem Teller, frisch gepresster Apfelsaft im Glas und eine Wanderung durch bunt gefärbte Rebberge: Am Lindauer Bodensee ist der Herbst die genussvollste Zeit des Jahres. Seine kulinarischen Schätze feiert die Region deshalb jährlich im Oktober gebührend mit einem vielseitigen Programm, das an 15 Tagen bei mehr als 30 Veranstaltungen Einblicke in Küche und Weinkeller gibt.

Diverse Orte, www.lindauerbodensee.de und *www.bodensee.eu*

Schwarzwälder Kirschtortenfestival

Zuckerbäcker und Hobbykonditoren stellen ihre Kreationen aus Sahne, Biskuit, Kirschen, Schokolade und Kirschwasser einem großen Publikum vor, denn im April wird in der Bergwelt Todtnau die schönste, schmackhafteste und handwerklich beste Schwarzwälder Kirschtorte prämiert.

Kurhausstr. 3A, 79674 Todtnau,
Tel. 07671/969690 (Touristeninfo),
www.kirschtorte.de

Cannstatter Wasen

1818 von König Wilhelm I. in Zeiten politischer Wirren und wirtschaftlicher Schwäche dem Volk gestiftet, lockt das Cannstatter Volksfest auf dem Wasen mittlerweile jedes Jahr zur Herbstzeit rund vier Millionen Gäste nach Stuttgart. Der Traditionsmorgen vor der Fruchtsäule, der Festumzug mit mehr als 3500 Mitwirkenden, eine Wettfahrt der Heißluftballone, zwei Familientage, der Krämermarkt und zum Abschluss ein Musikfeuerwerk stehen neben Fahrgeschäften und Festzelten im Vordergrund.

Mercedesstr., 70372 Stuttgart,
Tel. 0711/955430 (Veranstalter),
www.cannstatter-volksfest.de und *www.wasen.de*

Stuttgarter Sommerfest

Jedes Jahr strömen zahlreiche Gäste in die Schwabenmetropole, um beim Stuttgarter Sommerfest bei Musik, schmackhaften Klassikern und kühlen Drinks den Sommer zu genießen. Bezaubernde Lichtspiele laden vor dem Neuen Schloss, dem Kunstgebäude, rund um den Eckensee und am Opernhaus vier Tage und Nächte lang zum Flanieren, Mitsingen und Tanzen ein.

Schlossplatz, 70173 Stuttgart,
Tel. 0711/955430 (Veranstalter),
www.stuttgart-tourist.de und *www.in.stuttgart.de*

Lindauer Oktoberfest

»Krüge hoch« heißt es drei Tage lang in Lindau, wenn nach dem Fassanstich mit Böllerschüssen Oktoberfeststimmung herrscht. Auch Weinliebhaber kommen mit erlesenen Tropfen vom Gut Lanz aus Nonnenhorn zu Ochsen à la Landzunge auf ihre Kosten. Mit Tanz und Musik wird lustig und gesellig gefeiert.

Festplatz, Ludwig Kick-Str. 19, 88131 Lindau,
Tel. 08382/22511 (Organisator) und
08382/260030 (Lindau Tourismus),
www.lindauer-oktoberfest.de

Winzerfestival Komm & See

Im Sommer laden zwölf Weingüter zwischen Lindau, Hattnau und Nonnenhorn zum beliebten Winzerfestival ein. An zwei Tagen im Juli wird das Weinglas eingepackt und von einem Weingut zum nächsten gefahren (es verkehren kostenlose Shuttle-Busse im Halbstundentakt), um die Vielfalt der Seeweine kennenzulernen.

Diverse Weingüter, Tel. 08382/8291 (Weinbauverein),
www.kommundsee.de

Konstanzer Weinfest

Fruchtig-süßer Müller-Thurgau, beliebter Spätburgunder, kräftiger Ruländer und prickelnder Kerner warten beim Konstanzer Weinfest darauf, zu hausgemachten »Dünnele« (Flammkuchen) aus dem Holzofen, frischem Fisch oder deftigen Käsespätzle probiert zu werden. Nirgendwo sonst lässt sich die »Konschtanzer Lebensart« wohl mehr zelebrieren als vier Tage im Juli am St. Stephans-Platz.

St. Stephans-Platz, 78462 Konstanz,
www.weinfest-konstanz.de

WISSEN

Schwarzwälder Schinken

Zu den badischen Spezialitäten gehört unbedingt auch der echte Schwarzwälder Schinken. Für seine Herstellung werden die entbeinten Schweinekeulen mit einer streng geheimen Mischung aus Pökelsalz und diversen Kräutern eingerieben und dann für etwa zwei Wochen in Trockenpökelbehälter gelegt. Vom Salz befreit, ruhen die Schinken rund 14 Tage in kühlen Reifekammern, bevor sie über Schwarzwälder Tannenreisig und Sägemehl über mehrere Wochen kalt geräuchert werden. Dadurch erhält das Fleisch seine typische Farbe und den typischen Rauchgeschmack. Der Austrocknungsgrad beträgt mindestens 25 Prozent. Nach der Kalträucherung reift er noch einmal für zwei bis drei Wochen bei etwa 15 °C.

Besenwirtschaften

Wo Wein wächst, gibt es auch urige Wein-Wirtschaften. Manche dieser Lokale haben einen besonderen Status. Nur zwei Mal im Jahr je einen Monat dürfen sie öffnen und nur maximal vierzig Gäste empfangen. »Straußen« heißen sie im Badischen, »Besen« sagt man im Schwäbischen. Denn nur wenn selbiger am Straßen- oder Ortsrand steht, darf ausgeschenkt werden. Serviert wird dann meist deftige Kost: »Schupfnudeln«, »Ripple« und Kesselfleisch im Schwäbischen; Wurstsalat, Schlachtplatte im Schwarzwald. Das alles passt bestens zu den meist eigenen und unkomplizierten Fassweinen.

Bilder oben: Vor herrlichen Kulissen findet alljährlich das Stuttgarter Sommerfest statt; das Winzerfestival Komm & See führt Besucher durch herrliche Weinlandschaften zu verschiedenen Weingütern der Region. Bilder Mitte: Der berühmten Schwarzwälder Kirschtorte wird in Todtnau jedes Jahr ein Festival gewidmet, bei dem die höchsten Backkünste herausgefordert und prämiert werden. Bild unten: Bunt leuchten am Abend die Fahrgeschäfte und Buden auf dem Canstatter Wasen.

REGISTER

BILDNACHWEIS, IMPRESSUM

A = Alamy, C = Corbis, G = Getty, L = Laif, M = Mauritius,

Cover: Getty/Westend61, Getty/Ulrich Baumgarten, Getty/Westend61, Getty/KabVisio, Getty/Jorg Greuel

S. 2 /3 C/Daniel Schoenen, S. 4/5 G/Vicuschka, S. 6/7 G/Larry Washburn, S. 8/9 G/Hinterhaus Productions, S. 10 Clint McKoy/ https://unsplash.com/photos/AnBKV3nIIZg, S. 10 M/Sabine Lubenow, S. 10 Look/Travelstock44 , S. 10/11 Look/Ulf Böttcher, S. 11 Look/Travel Collection , S. 11 Look/Sabine Lubenow, S. 11 M/Sabine Lubenow, S. 10/11 Look/Sabine Lubenow , S. 12/13 M/Alamy, S. 12 G/Felbert+Eickenberg, S. 13 G/Klug Photo, S. 13 M/Christian Bäck, S. 14 M/Rphstock, S. 15 Zosia Korcz/https://unsplash.com/photos/gAFO9T4URjM, S. 15 M/Westend61, S. 15 M/Michael Dietrich, S. 16 M/Sabine Lubenow, S. 17 Fischhaus Loof, S. 16/17 M/Sabine Lubenow, S. 17 Look/Tina und Horst Herzig , S. 18 Look/Thomas Grundner, S. 18 M/Bahnmueller, S. 18 Dithmarsche Kohltage, S. 18 M/foodcollection, S. 18 Sylter Lammtage/Oliver Franke, S. 18 M/Manfred Habel, S. 19 H. & D. Zielske, S. 20 H. & D. Zielske, S. 20 M/Justus de Cuveland, S. 20 C/Axel Schmies, S. 20 Look/Hauke Dressler, S. 21 M/Alamy, S. 20/21 M/Thomas Ebelt, S. 21 C/Jason Langley, S. 21 M/Christian Bäck, S. 21 Estela Shaddix/https://unsplash.com/photos/kzkH7Vh11fs, S. 22 M/foodcollection, S. 22 Carlsberg Deutschland GmbH, S. 23 C/Murat Taner, S. 23 M/Ingo Boelter, S. 23 M/foodcollection, S. 23 M/foodcollection, S. 24 M/foodcollection, S. 24 M/foodcollection, S. 25 M/Prisma, S. 25 M/Justus de Cuveland, S. 25 M/Westend61, S. 26/27 M/Rosenfeld, S. 26 M/foodcollection, S. 27 M/Elisabeth Cölfen, S. 29 Alex Block/https://unsplash.com/photos/mmWFY27jjIU, S. 29 M/Fritz Mader, S. 29 M/Westend61, S. 29 Look/Heinz Wohner, S. 29 Gut Wulksfelde/Douglas Antonio , S. 30 Muyuan Ma/https://unsplash.com/photos/eDlLunQ1_Rs, S. 30 C/Fabian Bimmer, S. 30 M/Glasshouse, S. 30 M/Alamy, S. 31 Tina Guina/https://unsplash.com/photos/obV_LM0KjxY, S. 30/31 H. & D. Zielske, S. 30/31 M/Alamy, S. 32 C/Jan/Peter Westermann, S. 32 Look/Heinz Wohner , S. 32 Look/Heinz Wohner , S. 32/33 M/Manfred Habel, S. 33 Ostfriesisches Teemuseum Norden/Thomas Schreiber, S. 33 G/Jorg Greuel, S. 33 M/Manfred Mehlig, S. 33 M/Peter Rathmann, S. 34 M/Alamy, S. 34 Ostfriesisches Teemuseum Norden, S. 35 Ostfriesisches Teemuseum Norden/Thomas Schreiber, S. 35 Thomas Schreiber, S. 35 Ostfriesisches Teemuseum Norden, S. 36 M/Paul Williams / Funkystock, S. 36 Food Centrale Hamburg/Kramp & Goelling, S. 37 Look/Karl Johaentges , S. 37 M/Manfred Habel, S. 38 M/foodcollection, S. 38 G/Brandon Sawaya, S. 38 C/Debi Treloar, S. 39 Look/Ulf Böttcher , S. 39 M/Alamy, S. 40 M/foodcollection, S. 40 Tourist/Information und Mobilitätszentrale Emden, S. 40 M/Manfred Habel, S. 40 Annie Spratt/https://unsplash.com/photos/gl_z1P5zC/M, S. 41 M/Alamy, S. 42 BTZ Bremer Touristik/Zentrale, S. 42 BTZ Bremer Touristik/Zentrale, S. 42 H. & D. Zielske, S. 42 BTZ Bremer Touristik/Zentrale/Ingrid Krause , S. 43 H. & D. Zielske, S. 43 BTZ Bremer Touristik/Zentrale, S. 42/43 BTZ Bremer Touristik/Zentrale/Carolin Hinz , S. 43 BTZ Bremer Touristik/Zentrale/Ingrid Krause , S. 44 Bremer HACHEZ Chocolade GmbH & Co. KG, S. 45 BTZ Bremer Touristik/Zentrale/Ingrid Krause , S. 45 BTZ Bremer Touristik/Zentrale/Lea Kleinspehn , S. 45 BTZ Bremer Touristik/Zentrale/Lea Kleinspehn , S. 44/45 BTZ Bremer Touristik/Zentrale/Ingrid Krause , S. 46 BTZ Bremer Touristik/Zentrale/Ingrid Krause , S. 46 Schüttinger FS Bremen GmbH, S. 46 BTZ Bremer Touristik/Zentrale/Ingrid Krause , S. 46 BTZ Bremer Touristik/Zentrale/Ingrid Krause , S. 47 Schüttinger FS Bremen GmbH, S. 48 BTZ Bremer Touristik/Zentrale, S. 48 BTZ Bremer Touristik/Zentrale/Ingrid Krause , S. 48 BTZ Bremer Touristik/Zentrale, S. 48 BTZ Bremer Touristik/Zentrale/Lea Kleinspehn , S. 48 BTZ Bremer Touristik/Zentrale, S. 49 M/Alamy, S. 50 Look/Heinz Wohner, S. 50 M/Falkner, S. 50 M/Alamy, S. 50/51 L/Gerhard Westrich, S. 51 G/Karsten Simon, S. 51 H. & D. Zielske, S. 51 G/Zuzana Gajdosikova, S. 51 Deutsches Kartoffelhotel Lüneburger Heide, S. 52 M/foodcollection, S. 52 G/StockFood, S. 53 M/Blume Bild, S. 53 Food Centrale Hamburg/Kramp & Goelling, S. 54 M/Westend61, S. 54 Look/Karl Johaentges, S. 54 1. Deutsches Kartoffelhotel Lüneburger Heide/Jochen Arndt , S. 54 Look/Karl Johaentges, S. 55 1. Deutsches Kartoffelhotel Lüneburger Heide/Marco Herzog , S. 55 Deutsches Kartoffelhotel Lüneburger Heide, S. 56 M/Westend61, S. 56 M/Alamy, S. 57 M/Hubertus Blume, S. 57 Brandon Wilson/https://unsplash.com/photos/2eFgPIEoBsA, S. 57 M/Siegfried Kuttig, S. 57 M/Siegfried Kuttig, S. 58 M/Uwe Gernhoefer, S. 58 Look/Karl Johaentges, S. 58 M/Patrice von Collani, S. 59 Bahlsen GmbH & Co. KG, S. 60 G/George Marks, S. 62 Look/Rainer Mirau, S. 62 C/Peter Adams, S. 62 G/Frank Bienewald, S. 62/63 G/Arnt Haug, S. 63 M/foodcollection, S. 63 H. & D. Zielske, S. 63 M/Christian Handl, S. 63 G/Andreas Jäckel, S. 64 C/P. Nilsson, S. 64/65 G/Vladislav Nosick, S. 65 M/Alamy, S. 65 M/Alamy, S. 66 C/Mallet, S. 67 G/Foodcollection RF, S. 66/67 M/foodcollection, S. 68 G/Urbancow, S. 68 M/foodcollection, S. 69 M/Alamy, S. 69 G/Alle12, S. 70 Usedom Tourismus GmbH/Roy von Elbberg, S. 70 bergmann/gruppe.net/Foto Werkstatt Lumen, S. 70 bergmann/gruppe.net/Foto Werkstatt Lumen, S. 70 Kurverwaltung Ostseebad Ückeritz, S. 70 Usedom Tourismus GmbH/Andreas Dumke, S. 71 G/Imagno, S. 72/73 Eiliv/Sonas Aceron/https://unsplash.com/photos/IKiaxurgYMo, S. 74 H. & D. Zielske, S. 74 Look/Hauke Dressler, S. 74 Look/Konrad Wothe, S. 74 Look/Ulf Böttcher, S. 74/75 Look/Konrad Wothe, S. 75 G/Ronald Jaeger, S. 75 Look/Konrad Wothe , S. 75 M/foodcollection, S. 75 Look/Martin Siering , S. 76 Food Centrale Hamburg/Seiffe, S. 76 M/foodcollection, S. 77 Look/Konrad Wothe , S. 77 Look/TerraVista, S. 77 M/Creativ Studio Heinemann, S. 78 M/Westend61, S. 78 Look/Travel Collection , S. 78 G/Hakan Jansson, S. 79 Look/Travel Collection , S. 80 Monika Grabkowska/https://unsplash.com/photos/S3g2H4Acw4g, S. 80 Jonathan Pielmayer/https://unsplash.com/photos/aZzYKVLVki8, S. 81 G/Maximilian Stock, S. 081 M/Roland Hottas, S. 81 G/Westend61, S. 81 M/Roland Hottas, S. 82 M/Alamy, S. 82 Stadt Teltow, S. 82 C/Hans P. Szyszka, S. 82 Stadt Teltow, S. 82 Stadt Teltow, S. 84 M/Imagebroker, S. 84 Look/age, S. 84 M/Imagebroker, S. 85 M/Alamy, S. 85 Look/Andreas Straufl, S. 085 Look/Travel Collection , S. 84/85 H. & D. Zielske, S. 084/85 G/Siegfried Layda, S. 86 M/Creativ Studio Heinemann, S. 86 M/Alamy, S. 87 M/Robert Schlesinger, S. 87 M/Hans/Peter Merten, S. 88 G/Foodcollection, S. 88 G/Westend61, S. 89 C/Fabrizio Bensch, S. 89 M/Imagebroker, S. 89 Zazza Roesterie/Tobi Bohn, S. 89 Zazza Roesterie/Tobi Bohn, S. 90/91 G/Weisschr, S. 90 M/Tom Schneider, S. 91 M/foodcollection, S. 91 G/Steffen Tretschok, S. 92 mfe Berlin/Mario Priske, S. 92 mfe Berlin/Mario Priske, S. 92 Veganes Sommerfest Berlin/Martin Smedjeb , S. 92 Veganes Sommerfest Berlin/Bjoern Fehl , S. 92 Messe Berlin/Volkmar Otto, S. 92 Messe Berlin/Volkmar Otto, S. 93 C/Bettmann, S. 94 Laura Johnston/https://unsplash.com/photos/_zV74zUnwmc, S. 94 H. & D. Zielske, S. 94 H. & D. Zielske, S. 94 Look/Heinz Wohner, S. 95 Look/Heinz Wohner, S. 95 M/Karl F. Schöfmann, S. 95 M/Dieter Heinemann, S. 94/95 M/Bahnmueller, S. 95 Look/Ernst Wrba, S. 96 C/Photo Division, S. 96 M/Karl Newedel, S. 97 Schierker Feuerstein GmbH & Co. KG, S. 98 M/foodcollection, S. 98/99 M/foodcollection, S. 99 Look/age, S. 99 G/Verdina Anna, S. 100 M/foodcollection, S. 100/101 G/Westend61, S. 101 Look/Ernst Wrba, S. 101 M/Alamy, S. 101 Look/Karl Johaentges, S. 102 Tourismus GmbH Ilsenburg/Andreas Lander, S. 102 M/Siegfried Kuttig, S. 102 M/Miha Lorencak, S. 102 M/Alamy, S. 102 G/Alexandra Panella, S. 104 G/Herbert C. Lanks, S. 106 M/Alamy, S. 106 M/Lori Rice, S. 106 G/Wrangel, S. 106 G/H. Meischner, S. 107 G/Darius Dzinnik, S. 107 M/Tom Schneider, S. 107 Look/Günther Bayerl , S. 107 H. & D. Zielske, S. 106/107 G/Tetra Images, S. 108 M/foodcollection, S. 108 G/Nicolas Leser, S. 109 KRABAT/Mühle Schwarzkollm GmbH/Daniel Reiche , S. 109 Restaurant Wjelbik GmbH/Martin Voigt, S. 109 Restaurant Wjelbik GmbH/Martin Voigt, S. 109 KRABAT/Mühle Schwarzkollm GmbH/Daniel Reiche , S. 110 M/Dieter Heinemann, S. 110 G/Silvia Jansen, S. 111 M/foodcollection, S. 111 G/Oleksandra Korobova, S. 112/113 G/Milanfoto, S. 112 M/Julie Woodhouse, S. 113 Look/Bethel Fath , S. 113 G/Jupiterimages, S. 114 Stadtverwaltung Kamenz, S. 114 M/Chromorange, S. 114 Look/Günther Bayerl , S. 114 Stadtverwaltung Bautzen/Norman Paeth, S. 114 Stadtverwaltung Bautzen/Norman Paeth, S. 115 Look/Heinz Wohner, S. 116 H. & D. Zielske, S. 116 H. & D. Zielske, S. 116 M/foodcollection, S. 116 G/Mlenny Photography, S. 116/117 H. & D. Zielske, S. 117 Dresdner Stadtfest GmbH/Michael Schmidt, S. 117 M/Peter Enzinger, S. 117 Look/Roetting/Pollex, S. 117 M/foodcollection, S. 118 G/Creativ Studio Heinemann, S. 118 M/Josef Beck, S. 119 M/Gourmet/vision, S. 119 M/Peter Enzinger, S. 120 C/Guido Cozzi, S. 120 M/Ernst Wrba, S. 121 KeXerei / DIE KEKSMANUFAKTUR, S. 121 M/Dieter Heinemann, S. 121 KeXerei / DIE KEKSMANUFAKTUR, S. 120/121 M/Gourmet/vision, S. 122 Nick Grappone/https://unsplash.com/photos/bTFPfoVOqb0, S. 122 M/Alamy, S. 123 M/Larissa Veronesi, S. 123 G/L. Pedicini, S. 124 Ökolöwe/Lukas Speck , S. 124 Dresdner Stadtfest GmbH/Michael Schmidt, S. 124 Dresdner Stadtfest GmbH/Michael Schmidt, S. 124 M/Ernst Wrba, S. 124 M/Ernst Wrba, S. 125 G/Tom Werner, S. 126/127 G/Bertlmann, S. 128/129 Look/Thomas Staniewicz, S. 128 M/Manfred Mehlig, S. 128 Weimar GmbH/Candy Welz , S. 128 H. & D. Zielske, S. 129 M/Novarc, S. 129 M/Frigesch Lampelmayer, S. 129 G/StockFood, S. 128/129 Huber/Szyszka, S. 130 G/Elisabeth Cölfen, S. 131 M/foodcollection, S. 131 M/Alamy, S. 132 M/Westend61, S. 133 M/Alamy, S. 132/133 M/Fotoknips, S. 133 M/foodcollection, S. 134 M/Rene Nüsser, S. 135 M/Novarc, S. 136 Altstadtfest Nordhausen/Medienhaus Heck GmbH, S. 136 Look/Tina und Horst Herzig , S. 136 M/Alamy, S. 136 Weimar GmbH/Candy Welz , S. 136 Freunde der Thüringer Bratwurst e.V./Deutsches Bratwurstmuseum, S. 136 G/Michael Jacobs, S. 137 M/Nick Spurling, S. 138 G/Vicuschka, S. 140 Wiesbaden Marketing GmbH/Oliver Hebel , S. 140 M/Christian Bäck, S. 140 Look/Holger Leue , S. 140 Look/Heinz Wohner, S. 141 L/Georg Knoll, S. 140/141 H. & D. Zielske, S. 141 G/Christian Kargl, S. 141 Look/Rainer Martini, S. 142 G/Foodcollection, S. 142/143 G/R.Tsubin, S. 143 Weingut Fritz Allendorf/Woody T.Herner, S. 144/145 M/Siepmann, S. 144 M/foodcollection, S. 145 M/foodcollection, S. 146 G/Jurgen Wiesler, S. 147 M/Alamy, S. 147 Alex Block/https://unsplash.com/photos/9p3HzaZMC4g, S. 147 M/Günter Lenz, S. 148 G/instamatics, S. 148 Wiesbaden Marketing GmbH/Oliver Hebel , S. 148 Wiesbaden Marketing GmbH/Annika List , S. 148 Wiesbaden Marketing GmbH/Oliver Hebel , S. 150 H. & D. Zielske, S. 150 Look/age, S. 150 M/Eva Gründemann, S. 151 G/Raimund Koch, S. 150/151 Look/Ingolf Pompe, S. 151 Visitfrankfurt/Holger Ullmann , S. 151 M/Martin Siepmann, S. 151 M/foodcollection, S. 152/153 Timotheus Fröbel/https://unsplash.com/photos/GeuqLqpgZ6k, S. 152 M/foodcollection, S. 153 Zum Gemalten Haus, S. 153 Zum Gemalten Haus, S. 154 M/Ina Peters, S. 155 M/Ulrike Emmert, S. 155 M/Doris.H, S. 154/155 M/Ina Peters, S. 156 M/Nicole Godt, S. 157 M/Rnu, S. 157 M/Werner Dieterich, S. 156/157 G/Wsmahar, S. 157 M/Bernd Wittelsbach, S. 158 Visitfrankfurt/Holger Ullmann , S. 158 M/Alamy, S. 158 Visitfrankfurt/Holger Ullmann , S. 158 Visitfrankfurt/Holger Ullmann , S. 159 M/Bernd Wittelsbach, S. 160 G/Johannes Eisele, S. 160 G/Johannes Eisele, S. 162 Look/Sabine Lubenow, S. 162 M/Dieter Heinemann, S. 162/163 Look/Heinz Wohner, S. 163 M/Christian Bäck, S. 163 Food Centrale Hamburg/Seiffe, S. 163 M/F. Lukasseck, S. 163 H. & D. Zielske, S. 162/163 Look/Brigitte Merz, S. 164 M/Alamy, S. 164 C/Larissa Veronesi, S. 165 Peter Wendt/https://unsplash.com/photos//r5KSMkyoSc, S. 165 Dane Deaner/https://unsplash.com/photos/w4XNPJNMIIA, S. 166 M/Creativ Studio Heinemann, S. 166/167 M/foodcollection, S. 167 M/foodcollection, S. 168/169 M/Susan Brooks/Dammann, S. 168 M/Jens/Christof Niemeyer, S. 169 M/Rene Nüsser, S. 170 STUDIO/GIELEN.DE / Michael Gielen, S. 170 G/Maja Hitij, S. 170 Wirtschaft und Marketing Soest GmbH, S. 170 www.dasteam.de/das Team, Agentur für Marketing GmbH, S. 170 Wirtschaft und Marketing Soest GmbH, S. 171 M/Walter G. Allgöwer, S. 172 M/foodcollection, S. 174 C/Top Photo Corporation, S. 174 M/Gary Smith, S. 174/175 G/Thomas Barwick, S. 174 M/Natalia Lisovskay, S. 175 Look/Brigitte Merz, S. 175 Look/Brigitte Merz, S. 175 Look/Brigitte Merz, S. 175 M/Hans/Peter Merten, S. 176 M/Chassenet, S. 176 M/Creativ Studio Heinemann, S. 177 G/Thomas Barwick, S. 178 G/Doris.H, S. 179 M/Creativ Studio Heinemann, S. 179 Obstbau & Kelterei Schmitt/Angelika Zinzow, S. 178/179 G/Silvia Jansen, S. 180 G/Bogdan Vija, S. 181 M/Alamy, S. 181 M/Helmut Meyer zur Capellen, S. 181 M/foodcollection, S. 182 M/Torsten Krüger, S. 182 M/Cecilia Drotte, S. 182 M/Gary K. Smith, S. 182 Kulturamt Saarbrücken/Becker Bredel, S. 183 M/Ingo Schulz, S. 184 Look/Robertharding , S. 184 Look/Brigitte Merz, S. 184 Samuel Zeller/https://unsplash.com/photos/piR6qwg11Fo unsplash.com, S. 185 M/age, S. 185 M/foodcollection, S. 184/185 M/Alamy, S. 185 C/Marc Dozier, S. 185 M/Chris Seba, S. 186/187 M/Roman Märzinger, S. 186 M/foodcollection, S. 187 Spinnrädl Kaiserslautern, S. 188 M/Alamy, S. 188 Look/Heinz Wohner , S. 188 M/Imagebroker, S. 189 Karsten Würth/https://unsplash.com/photos/49aQgxkOrO4, S. 190 M/Natalya Danko, S. 190 M/foodcollection, S. 191 M/Anna Ivanova, S. 191 M/Gourmet/vision, S. 191 M/ClickAlps, S. 192 M/Christian Bäck, S. 192 G/Asiafoto, S. 192 Tourist/Information Cochem, S. 192 M/foodcollection, S. 193 Look/Brigitte Merz , S. 194 M/Tom Chance, S. 194 M/Travel Collection, S. 194 M/Steve Vidler, S. 194 G/Claudia Dewald, S. 194/195 M/Michael Jaeger, S. 194/195 G/Felbert+Eickenberg , S. 195 M/Jochen Tack, S. 196 G/Martin Siepmann, S. 196 G/Heinz Wohner, S. 196 G/Habub3, S. 196 G/RudyBalasko, S. 197 H. & D. Zielske, S. 197 M/Siepmann, S. 196/197 G/Westend61, S. 197 M/Maria Breuer, S. 197 M/Martin Siepmann, S. 198 M/Alamy, S. 198 M/Martin Siepmann, S. 199 M/Alamy, S. 199 Museen im Alten Schloss Neustadt/Aisch/Andreas Riedel , S. 200 M/foodcollection, S. 201 Look/age, S. 200/201 G/Martin Siepmann, S. 202 M/Martin Siepmann, S. 202/203 M/foodcollection, S. 203 Lebkuchen/Schmidt GmbH & Co. KG/Sebastian Pieknik , S. 203 Lebkuchen/Schmidt GmbH & Co. KG/Sebastian Pieknik , S. 203 M/Siepmann, S. 203 G/Imagno, S. 204 M/Alamy, S. 204 Stephanie Fischer, S. 204 M/Martin Siepmann, S. 204 Look/Holger Leue , S. 204 Look/Holger Leue , S. 206 G/Tbralnina, S. 206 G/REDA&CO, S. 206 G/REDA&CO, S. 206 G/Natalia Lisovskaya , S. 206 G/Alberto Bogo, S. 208 G/Ingrid Firmhofer, S. 208 M/Christian Bäck, S. 208 G/Foodcollection RF, S. 208 M/Stefan Schulte/Ladbeck, S. 209 G/Emanuel M Schwermer, S. 209 M/Steve Vidler, S. 209 Look/Brigitte Merz , S. 208/209 L/Frank Heuer, S. 209 M/Stefan Schulte/Ladbeck, S. 210 M/Gourmet/vision, S. 210/211 G/Johannes Simon, S. 211 G/Daniel Candal, S. 212 M/Yevgeniya Shal, S. 212 M/Hans Lippert, S. 213 M/Konrad Kleiner, S. 213 M/Katja Kreder, S. 213 M/Dr. Wilfried Bahnmueller, S. 213 Look/Florian Werner, S. 214 M/Westend61, S. 214 M/foodcollection, S. 215 G/Tamar Mirianashvili, S. 215 M/Susan Brooks/Dammann, S. 216 M/Siepmann, S. 216 M/Martin Siepmann, S. 216 G/Nikada, S. 216 Look/Peter von Felbert, S. 216 M/Manfred Bail, S. 217 M/HeK, S. 218/219 Look/Florian Werner, S. 220 Look/Heinz Wohner, S. 220 Look/age, S. 220 H. & D. Zielske, S. 221 Look/Heinz Wohner, S. 221 M/Alamy, S. 221 Hochschwarzwald Tourismus GmbH/Bildtechnik Spiegelhalter , S. 220/221 Huber/Schmid, S. 221 M/Markus Keller, S. 222 G/Harald Walker, S. 223 M/Markus Keller, S. 223 Look/Daniel Schoenen, S. 224 G/Alexandra Panella, S. 224 M/Gourmet/vision, S. 225 M/Larissa Veronesi, S. 225 M/Susan Brooks/Dammann, S. 226 M/J. Borris, S. 226/227 M/foodcollection, S. 227 M/Teubner Foodfoto GmbH, S. 228 M/Werner Dieterich, S. 228 Hochschwarzwald Tourismus GmbH, S. 228 Stuttgart Marketing GmbH (SMG)/Christine Garcia Urbwa , S. 228 M/Bruno Kickner, S. 228 Hochschwarzwald Tourismus GmbH

St.-Cajetan-Str. 41
81669 München
Telefon +49 89 45 80 20-0
Fax +49 89 45 80 20-21
www.kunth-verlag.de
info@kunth-verlag.de

Printed in Slovakia

Redaktion: Stefanie Schuhmacher, Julia Schott
Gestaltung: Melanie Beutel, Christopher Kunth
Texte: Rita Henss, Stephanie Fischer